정신장애인의 회사 창업 성공기

지금 이대로도
괜찮아

NAYAMU CHIKARA by Saito Michio

Copyright © 2003 by Saito Michio
All rights reserved.
Original Japanese edition published by MISUZU SHOBO, LTD. Tokyo.
Korean translation rights arranged with MISUZU SHOBO, LTD. Japan.
through Dorothy Agency, Seoul.
Korean translation rights © 2006 Samin Books

이 책의 한국어판 저작권은 Dorothy Agency를 통한 (株)みすず書房와 독점 계약한 삼인출판사에 있습니다. 저작권법에 의해 한국 내에서 보호를 받는 저작물이므로 무단전재와 무단복제를 금합니다.

정신장애인들의 회사 창업 성공기
지금 이대로도 괜찮아

| 초판   1쇄 펴냄 | 2006년 1월 5일 |
| 개정판 1쇄 펴냄 | 2025년 9월 30일 |

지은이	사이토 미치오
옮긴이	송태욱
펴낸이	김경섭
펴낸곳	(주)도서출판 삼인
전화	02-322-1845
팩스	02-322-1846
이메일	saminbooks@naver.com
출판등록	1996년 9월 16일 제25100-2012-000045호
주소	(03716) 서울시 서대문구 성산로 312, 북산빌딩 1층

표지디자인	김은선
사진	사메시마 아키코(鮫島晶子)
제작	수이북스

ISBN 978-89-6436-289-1(03830)

* 이 책의 판권은 지은이와 도서출판 삼인에 있습니다.
   저작권법에 의해 보호받는 저작물이므로 무단 전재와 복제를 금합니다.
* 잘못된 책은 구입처에서 교환해드립니다.
* 가격은 뒤표지에 있습니다.

정신장애인들의 회사 창업 성공기

지금 이대로도
괜찮아

사이토 미치오 지음 * 송태욱 옮김

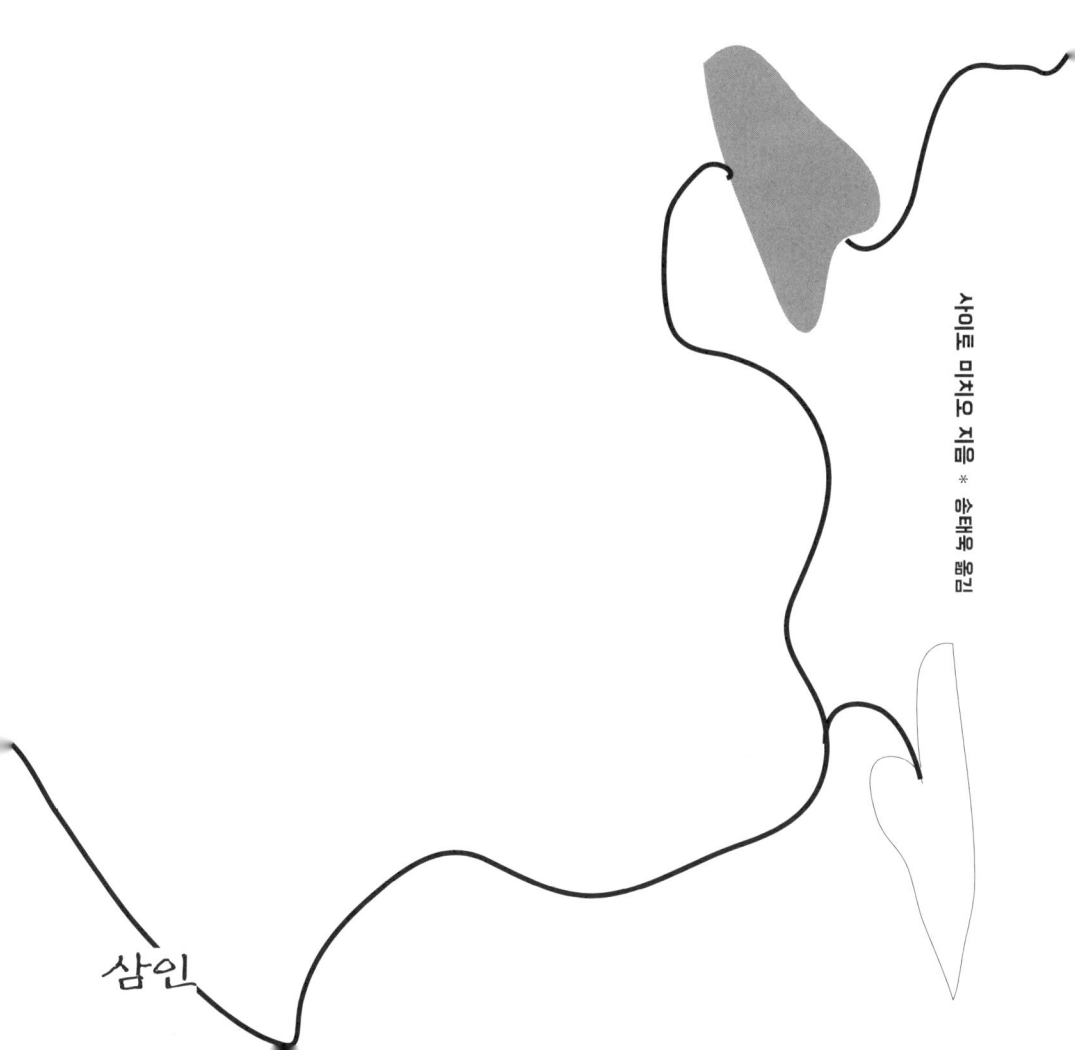

삼인

한국 독자 여러분께

'베델의 집'은 정신장애인이라 불리는 사람들이 모여 사는 곳이다.

처음에는 일본열도의 북쪽 끝에 있는 우라카와 마을에서 몇 명의 사람이 오순도순 살아가는 낡아빠진 한 건물에서 시작했다. 얼마 안 있어 동료가 생기고 활동이 넓어져 '베델의 집'은 이제 스무 곳 가까운 공동주거와 작업장, 유한회사, 그리고 거기에 관련된 백 수십 명 남짓한 사람들의 공동체가 되었다.

그들은 정신병(통합실조증)을 비롯해 알코올 중독이나 인격장애, 그리고 그들이 말하는 '폭발형'이나 '먹고 토하기'(거식증), 손목 긋기 등 여러 가지로 살아가기 힘든 점을 안고 있다. 그런 사람들이 모여 살아왔으므로 당연히 '베델의 집'은 언쟁이나 다툼, 병의 재발, 그 모든 것이 가져오는 문제투성이로 점철된 나날이었다. 그러나 문제투성이 속에서도 그들은 20년 넘게 모이는 것과 서로 논의하는 것을 결코 그만두지 않았다. 그런 끊임없는 행위가 '세 끼 밥보다 회의'라는 유명한 표어가 되었고 서로 '약함의 정보 공개'를 해나가고 있으며 정신병이라고 해도 '지금 이대로도 괜찮아' 하는 생활 방식으로 결실을 맺게 되었다.

정신장애를 치료하려고만 하는 것이 아니라 지금 이대로도 괜찮다, 우선 살아보자라고 생각한 데서 그들은 정신의료의 세계에 새로운 지평을 열어젖혔다. 그뿐만이 아니다. 살기 힘든 것과 약함을 스스로 받아들이고 그 안에서 찾아나가는 진정한 유대야말로 인간 회복을 가져온다는 그들의 메시지는 의료의 틀을 넘어 확대되고 공명하여 사람들에게 살아가는 것의 의미를 묻고 있다.

이 책이 나온 후 4년 동안 '베델의 집'은 더욱 확대되어 사회복지 법인이 설립되었고, 연간 2천여 명의 견학자가 찾아오는 공동체가 되었다. 방문자 중에는 사회학자나 철학자, 종교가의 모습도 보이는데, 그것은 '베델의 집'이 인간관계 문제의 보고(寶庫)이고 살아 있는 '철인'(哲人)들의 집합체를 이루고 있기 때문이라고 할 수 있다. '베델의 집' 사람들은 각지에서 초대를 받고 있고, 이제는 국제정신의학회나 제네바의 유엔 기관으로까지 발을 넓혀 '베델의 집'식의 생활 방식을 전하고 있다.

마치 순풍에 돛단배처럼 순조로운 발전처럼 보이는데, 우리는 그렇게 발전하는 모습을 조금도 걱정할 필요가 없다. 왜냐하면 '베델의 집'은 지금도 변함없이 문제투성이기 때문이다. 문제투성이라서 사람들은 부딪치고 서로 이야기한다. 문제투성이라서 사람들은, 생각하고 산다는 것의 의미를 계속해서 묻는 것이다. 그렇게 해서 '베델의 집' 사람들은 고민하는 것, 고생하는 것, 그리고 살아가는 것의 이른바 전문가가 되었다. 그들의 경험과 이야기는 일본에서도, 한국에서도 점점 더 많은 사람들을 촉발하게 될 것이다.

2005년 12월
사이토 미치오

옮긴이의 말

언젠가 텔레비전 9시 뉴스 생방송 화면에 얼굴을 들이밀고 "내 귀에 도청 장치가 설치돼 있다"고 외친 남자가 있었다. 이 책을 번역하면서 그 남자가 궁금해졌다. 지금 그 남자는 어디에 있으며 어떻게 되었을까? 그때 우리 사회는 그를 어떻게 이해했을까?

'미쳐버리기라도 했으면 마음이라도 편할 텐데'. 우리는 흔히 이런 말을 하고 또 듣는다. 미쳐버린 사람들은 정말 마음이 편한 걸까, 이 말에 아무런 의심도 하지 않았다. 진짜 그런 걸까? 텔레비전이나 영화 등에서 그들이 고통스럽게 우는 모습을 보았을 때도 그들의 눈물이 고통으로 다가오지 않았다. 왜 그런 의문조차 들지 않았던 것일까? 아마도 그들의 고통과 눈물은 현실의 것이 아니라, 환각이나 망상에서 온 것이라고 믿었기 때문일 것이다. 그러니 그들의 고통과 눈물도 환각이나 망상, 즉 현실의 것이 아닌 가짜라고 보았던 것이다. 그렇다면 그들에게 현실은 무엇일까? 없는 것일까? 왜 이런 의문조차 갖지 않을 수 있었을까? 그들의 현실을 보지 않으려고 한 이유는 무엇이었을까?

이 책 『지금 이대로도 괜찮아』는 홋카이도 남쪽 우라카와라는 동네에 있는 정신장애인 공동 주거 '베델의 집'에서 자립적인 생활을 하는 사람들의 이야기를 담고 있다. '베델의 집'은 한마디로 관리가 미치지 않는 곳이다. 즉 '한 사람 한 사람의 의견이나 판단에 앞선 규칙을 요구하지 않는' 곳, 관리나 규칙을 배제한 방식으로 생활하는 곳이다. 그렇게 살자고 정한 것이 아니라 그렇게 하지 않으면 제대로 살아갈 수 없는 사람들이 스스로 찾아낸 생활 방식이다.

사회복지사 무카이야치 씨의 말대로 정신장애인 문제의 최대 불행은 사회가 그들을 사회의 일원으로 받아들여 그들의 고통과 목소리를 들으려 하지 않는다는 점에 있다. 그들은 항상 '자립'과 '사회 복귀'라는 십자가를 짊어지고 훈련에 힘쓰는 조역에 지나지 않으며, 언젠가는 사회 안으로 복귀해 자립해야 할 존재로서만 취급된다. 그러니 고통을 참으며 미래를 위한 치료에 매달릴 수밖에 없다. 치료에 성공하지 못하는 한 그들은 언제까지고 사회 바깥에 놓인 투명한 존재일 뿐이다.

정신장애인은 아직도 공동 주거나 작업장에서 '주역'이 아닌 경우가 많다고 한다. 대부분은 이른바 정상인이 주창하고 계획하며 추진한다. 그들이 주창하는 사회 복귀나 자립은 항상 정상인을 기준으로 삼는다. 조금이라도 정상인에게 다가가는 것, 병을 치료하는 것, 환각이나 망상을 없애는 것, 훌륭한 사람이 되어 어엿하게 제 몫을 하는 것, 그런 것이 이미지화되어 있다. 그러한 모든 것은 "병에 걸려서는 안 된다", "지금 이대로의 당신이어서는 안 된다"라는 메시지를 질리도록 계속해서 발신하는 것이나 다름없다. 그런데 고치라, 없애라, 이런 말을 듣는 그 병은 다름 아닌 정신병이다. 감기나 위염과 달리 간단히 고칠 수 있는 병이 아닌 것이다. 많은 사람들이 평생 이 병과 함께 살아가야 한다면, 병을 고치라, 정상인이 되라, 이런 말을 계속한다는 것은 그 사람들에게 "지금의 당신이어서는 안 된다"고 말하는 것과 같다. '베델의 집'의 생활 방식은 병이 있든 없든 지금 그대로도 괜찮다고 생각하는 데서 출발한다. 이러한 생활 방식은 하루아침에 만들어진 것이 아니다. 모두가 함께 생활하며 고민하고 고생하며 시행착오를 거듭하는 과정에서 자연스럽게 얻어진 것이다.

'베델의 집'은 여러 어려움을 겪으면서 장사를 시작하고 회사를 설립한다. 그것은 '아무도 잘라버리지 않는' 일과 '이익'을 낸다는 상반된 주제에 대한 도전의 역사이기도 했다. 이는 정상인의 사회에서는 결코 실현할 수 없는 일이다. 일할 수 없는 사람은 자도 좋다는 그런 불평등한 시스템을 일반 사회는 허용하지 않기 때문이다. 일하고 싶어도 일할 수 없는 사람이 있다는 것을, 병의 증상이 나타나면 일할 수 없게 된다는 것을 서로 인정함으로써 안심하고 일에서 빠져도 된다는 보장을 받았을 때, 그들은 진정한 의미에서 자유였다. '세 끼 밥보다 회의'라고 할 만큼 회의를 강조하고 그 회의를 통해 모든 의사 결정을 하는 그 공동체는 마르크스가 『독일 이데올로기』에서 언뜻 비친 공산주의 사회의 일상에 한없이 가까워 보인다. 일할 수 있는 사람만 일하고 빈둥거려도 아무런 제

재가 없으며 해고도 없다. 늘 똑같은 이야기만 반복하는 지루한 회의는 비효율의 극치다. 이렇게 비합리적인 생활 방식은 자본주의 사회의 효율성과 합리성을 비웃기라도 하듯 웃음과 행복을 과시한다. 불손할 만큼. 자본주의 사회에 대한 그 어떤 정치적, 이념적 대안에서도 찾아보지 못한 무엄한 도전의 역사가 아주 작은 이 마을에서 시작된 것이다.

정상적인 사회에서는 어찌할 도리가 없는 사람들이 모여, 사람이 사람을 관리하지 않고 그 누구도 누군가를 지배하지 않는다는 아주 단순한 생활 방식을 실천하는 '베델의 집' 사람들. 이 사람들은 지금 이대로도 괜찮다, 치료해주지 않아도 좋다, 당신들처럼 우리도 고생하며 살아보고 싶다고 말한다. 이성으로 광기를 포착하고 격리하며 교정하고 치료하려고 해온 정신의학계는 이들의 요구에 어떻게 답할 수 있을까. 의학이 증상을 완화시킬 수는 있지만 치료할 수 없는 환자는 이 사회 안에서 어떻게 살아가야 할까. 그들이 제기하는 이 질문은 의학이라는 경계를 넘어선 질문이다. 어떻든 지금 이 질문이 우리에게 던져졌다.

이른바 정신장애인이라 불리는 사람들이 문제를 일으켰다는 뉴스를 가끔 듣는다. 정상인들이 문제를 일으켰다는 뉴스는 항상 듣는다. 문제는 해결해야 하고 대책도 세워야 한다. 다만 쉽게 해결할 생각을 해서는 안 될 것 같다. 문제가 전혀 일어나지 않도록 하겠다는 대책만큼 무서운 것도 없기 때문이다.

송태욱

차례

한국 독자 여러분께 5
옮긴이의 말 8

흙을 파먹다

마사루의 환청 17 | 공동 주거 24 | 관리가 아니라 36
베델의 얼굴 46 | 고민하는 교회 57 | 그대로도 괜찮다 70
겐짱의 전화 82 | 장사를 하자 88 | '베델의 집'의 생명 97

터를 닦다

마을로 105 | '베델의 집'의 책 118 | 지금의 행복 133 | SST 145
떨어져볼까? 159 | 고생이 가득 차 있다 172 | 즐거운 분열병 180

등불을 밝히다

마성의 여자 203 | 병에 대한 센스 225
다른 사람과 이야기하는 일 242 | 고고한 전사 249
분열병의 진실 260 | 절망에서 272

후기 283
주석 286

일러두기

1. 이 책은 齋藤道雄의 『悩む力: べてるの家の人びと』(日本: みすず書房, 2003)을 완역한 것입니다.
2. 본문에서 일련번호가 붙은 주는 지은이와 옮긴이의 주를 구분 없이 순서대로 표시한 것이며, 모두 후주로 했습니다. 후주의 옮긴이의 주는 '*─옮긴이'로 표시했습니다.
3. 모든 외래어 고유명사는 한글 외래어 표기법에 따라 표기했습니다.

흙을 파먹다

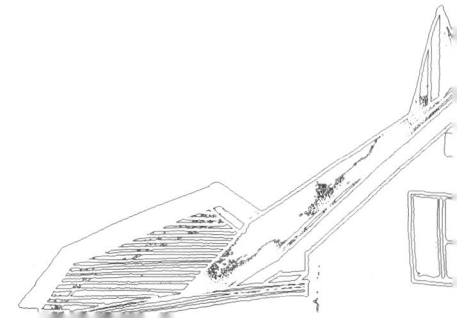

마사루의 환청

"오사카 마사루(大坂勝), 정신분열병, 18세."

오사카 군은 마이크를 꽉 쥔 채 무뚝뚝하게 말하기 시작했다.

"저……, 지금 정신분열병에 걸려서, 굉장히 지금, 중병에 걸려 있는데요……, 그래서, 곤란한데……."

단상에 놓인 의자에 다리를 꼬고 앉은 오사카 군은 허공을 바라보며 띄엄띄엄 이야기를 한다. 빡빡 깎은 머리, 밀어버린 눈썹, 한곳을 응시하는 눈. 온몸에 분열병 환자 특유의 긴장된 태평함이 감돌고 있다.

홋카이도(北海道) 우라카와정(浦河町) 문화회관에서 열린 '베델의 집' 총회에서 오사카 마사루는 자기 병에 대해 이야기하려 하고 있었다. 회계 보고와 대표의 인사말에 이어 열린 '토크 & 토크'라는 행사에서 '베델의 집' 구성원들이 차례차례 정신분열병이라는 자신들의 병에 대해 말하고 있는 것이다. 그 세 번째가 오사카 군 차례였다.

"그래서, 곤란한데……지금 고민되는 것은 특별히 없는데요, 저는, 연립주택, 플라워 하이츠에, 살고 있거든요…….."

천천히, 천천히, 말을 끊으면서 하는 이야기에 이백 명쯤 되는 청중이 가만히 귀 기울이고 있다. '베델의 집' 관계자만이 아니라 마을 주민이나 멀리 일본 각지에서 찾아온 이들도 섞여 있다.

"……살고 있는데요, 그래서, 그게 가장 싫거든요, 그, 제가 싫어하는 건, 좀 사람들이 하는 말에, 트집 잡는, 싫은데요…….."

이야기가 건너 뛰어 알아듣기 힘들다.

뭔가 힘든 일이라도 있는지, 싫은 일이라도 당한 건지.

마이크를 쥔 손이 내내 흔들리듯 떨리고 있다. 약의 부작용일 것이다. 환청이 심한 오사카 군은 항정신병 약을 복용하고 있다. 분열병 환자가 흔히 그러는 것처럼, 그는 말 중간에 숨을 쉬고, 막히면 뜸을 들이고 조금씩 질금질금 이야기를 이어나간다. 발음이 군데군데 명료하지 않는 것 역시 약 탓인데, 극단적인 생략을 거듭한 듯한 이야기는 여느 때보다 훨씬 난해하다. 하지만 오사카 군은 혼란스러워하는 것처럼 보여도 그 말 속에서 우리에게 뭔가를 전하려 하고 있다.

"……싫은데요, 그래서, 저도, 확실히, 말하도록 하고, 말하게, 되는……, 저도, 분명히, 가장 필요한 점은, 그러니까…….."

처음 듣는 사람은 이제 거의 알아들을 수가 없다.

하지만 오사카 군을 아는 사람은 그가 무슨 말을 하려는지 대충 알아들을 수 있다. 그는 환청과 대치하면서 유지되고 있는 자기 생활의 위태로움을 말하고 있는 것이다. 집에 있어도 밖으로 나가도 항상 따라다니는 그 환청. 아무리 뿌리치려고 해도, 무슨 일을 하고 있어도 들려오는 아주 심한 환청 때문에 혼자 중얼중얼하거나 헛웃음을 치는 나날로, 일은 고사하고 일상생활에도 집중할 수 없으며 그래서 말썽이 끊이지 않는다. 그런 식으로 환청에 지배당하고 있는 자신에 대해 "싫어요"라고 반복해서 말하고 있다.

어쨌든 분열병 환자에게 환청은 아주 생생해 도저히 공상의 산물로는 생각되지 않는다. 항상 머릿속에서 갑자기 목소리가 들리고, 느닷없이 "뭘 하는 거야!"라거나 "그러면 안 되잖아!"라고 꾸짖는다. 환청이 들리는 방식은 사람마다 다르다고 한다. 그런데 오사카 군에게 환청은 세 사람의 목소리가 번갈아가며 들려온다고 한다. 마치 거기에 진짜 사람이 있어서 말을 걸어오는 것 같다. 그래서 무심코 깜짝 놀라기도 하고, 아차 하는 순간에 대답해버리기도 한다. 게다가 오사카 군의 환청은 아주 심술궂어서, 자신이 하려는 것을 항상 앞질러 말해버린다. "약 먹어"라든가 "목욕해"라고 말하는데, 그가 하려고 생각하는 일을 하라는 말을 이렇게 먼저 듣게 되면 그만 짜증이 나서 화를 내거나 웃음을 터뜨린다. 가장 견딜 수 없는 것은 어느 게 환청이고 어느 게 현실의 목소리인지 분간할 수 없는 경우가 있다는 사실이다.

무엇 때문에 이렇게까지 환청에 시달려야 하는가. 생각해도 혼란스러울 뿐이지만, 당분간 어쩌면 평생, 자신은 환청 속에서 살아야만 한다. 그 성가심, 골치 아픔, 괴로움. 오사카 군은 그런 자신의 심정을 열심히 말하려 하고 있다.

발병한 지 3년, 증상은 아직 가볍지 않고 단상에서 이야기하는 동안에도 환청이 들리는지도 모른다. 하지만 언뜻 혼란스러워하고 있는 것처럼 보여도, 발병 당시의 지리멸렬함에 비한다면 지금의 오사카 군은 마치 다른 사람인 것 같다. 자신의 병을 알게 되었고, 불완전하게나마 그럭저럭 다른 사람에게 자신의 병을 말로 설명할 수 있게 되었다. 오사카 군을 아는 사람은 누구나 요 3년의 기복 많은 경과를 떠올리면서 "마사루가 이렇게까지 변하다니" 하고 감개무량해할 것이다.

그때였다.

"바—오!!"

무대 맨 뒤에서 정적을 깨는 외침 소리가 들렸다.

겐 씨, 이시이 겐(石井健) 씨다. 발병한 지 40년이나 되는 베테랑 정신병 환자가 갑자기 무대 밑에서 고함을 지르기 시작한 것이다. 너무 흥분한 나머지, 바보라고 한다는 것이 '바오'가 되었다. 무슨 일이 일어난 걸까?

"빨리 해! 아—, 정말, 열 받어!"

무슨 말을 하는지 알아들을 수가 없다. 오사카 군 쪽을 보고 고함을 지르고 있지만, 그에게 화를 내는 것은 아닌 것 같다. 모두들 의자에 앉아 있는 행사장에서 겐 씨 혼자만 마룻바닥에 털썩 주저앉아 정좌를 한 채 고함을 지르고 있다.

때로 겐 씨는 이렇게 사람들을 놀라게 하는 일이 있다. 사람들이 모이는 자리에 나가서는 느닷없이 노래를 부르거나 고함을 지르는데, 오늘도 고함을 지르는 것을 보면 뭔가에 짜증이 났을 것이다. 그런데 말을 그친 단상의 오사카 군은 돌아보지도 않은 채 가만히 앞만 보고 있다. 그 모습은 나무에 앉은 작은 새가 겨울을 앞두고 묵상이라도 하는 것 같다.

겐 씨는 다시 뭔 소린지 모를 고함을 질러대고, 곧 정좌한 채 머리를 감싸 쥐고 웅크렸다. 그 사이는 불과 몇십 초. 그 광경을 끝까지 지켜보기라도 한 것처럼 오사카 군은 다시 입을 연다.

"그래서 저한테 필요한 점, 인데요. 저는, 환청이 있어서……"

중요한 이야기로 들어가려는 순간, 다시 외침 소리가 허를 찌른다.

"이돔! 마래도, 소요어써……"

이놈, 여기까지는 알겠지만, 그 다음은 무슨 말인지 모르겠다. 누구를 보는 것도 아니고 누구를 향한 것도 아니다. 겐 씨는 몸을 구부린 채 뭔가에 홀린 것처럼 계속 외쳐댄다. 그 외침 소리가 갑자기 낮은 톤으로 바뀌더니 급기야 울음소리로 변한다.

"바리 해, 이 그마해, 아아. 마사루!"

'빨리 해'라고 말하는 걸까? '이제 그만해'라고 말하는 걸까? 어쩐 일인지 아주 처량한 울음소리가 되었다. 그러나 마지막에 '마사루!' 라는 곳에서만은 갑자기 명령조로 바뀌었다. 그 다채로운 변화에 행사장에서는 무심코 웃음소리가 터진다. '무슨 일이에요? 겐 씨, 오늘은 기분이 상당히 안 좋은가 보네요.' 하지만 겐 씨는 고함을 멈추고는 쓰윽 일어나 아무 일도 없었던 것처럼 객석 앞을 지나 무대 반대쪽으로 걸어갔다. 좀 있으면 다시 그쪽에서 고함을 지를 것인가.

이런 소동으로 오사카 군의 이야기는 중단되어버렸다. 행사장의 웅성거림이 가라앉았을 때, 사회를 보는 정신과 의사 가와무라 도시아키

(川村敏明) 선생이 '이제 됐겠지'라는 듯이 마이크를 잡는다. 그리고 잠자코 있던 오사카 군의 얼굴을 들여다보면서 말을 걸었다.

"대충 다 말했니?"

말하고 싶은 걸 조금은 말했던 것일까?

"지금 이야기하는 동안, 머릿속이 새하얗게 됐지?"

"네, 뭐, 그런 것 같아요."

오사카 군은 쓴웃음을 지으면서 머리를 긁적인다.

"그렇지 않아도 이야기가 혼란스러운데, 도중에 그렇게 고함을 질러대면, 아무것도 생각할 수 없게 되지."

오사카 군의 얼굴을 보면서, 잠시 사이를 두고 선생이 중얼거린다.

"환청이 들린 것 같아서."

"조금 전 겐 씨 목소리말야, 환청이란 그런 식으로 들려오는가 보지, 그런가?"

가와무라 선생의 이 한마디에 행사장에 있는 사람들은 한순간 틈을 두고, 와하고 웃어대기 시작했다.

"사람이 진지하게 이야기하고 있을 때, 제멋대로 목소리가 비집고 들어오니까, 그게 바로 환청이지. 그래도 오사카 군, 그렇게 말하는 데는 익숙하지, 그렇지? 뭔가 일부러 짓궂은 짓을 하는 것처럼 들리기는 하지만 말야."

현실과 종이 한 장 차이의 아슬아슬한 농담에, 행사장은 자지러졌다. '네, 뭐, 그런 식이죠.'라고 오사카 군도 굳은 얼굴에 미소를 띠었다.

긴장이 가시자 가와무라 선생이 청중을 향해 말한다.

"지금 이것이 정신병 세계의 체험이라고도 생각되는데요. (다시 말해) 뭔가 하려고 하면 (환청이) 이렇게 들려와서 아무것도 할 수 없게 되어버리는 거 말이죠. 그러니까 그들이 엄청나게 부자유한 세계에서 살아가고 있다는 것을 좀 상상할 수 있었습니다만."

행사장에서 이야기를 듣고 있는 사람들 대부분은 분열병 환자나 가족, 간호사나 사회복지사 등 의료 관계자들이다. 모두들 일상적으로 정신병과 접하고 있지만, 크든 작든 이 병에 어떻게 대처해야 좋을지 모르는 고민을 안고 있다. 그러한 전문가들이, 바로 지금 눈앞에서 벌어진 일을 보며 이것이 역시 분열병의 주요 증상인 환청이란 것인가, 혹은 이렇게 이해하면 되는가 하고 새삼 깨닫는 것이었다.

하지만 여기서 중요한 것은 환청을 어떻게 이해하면 되는가가 아니다. 또는 분열병 환자를 어떻게 대하면 되는가 하는 것도 아니다.

중요한 것은 함께 웃는 정신이다.

오사카 군이 진지하게 자기 병에 대해 이야기하고, 겐 씨가 그것을 깨뜨려버리고, 그들 사이에 가와무라 선생이 "그게 환청이죠"라고 끼어든다. 그 유머에 모두들 웃는다. 그것은 결코 정신병을 깔보거나 가볍게 여겨서 나온 웃음이 아니다. 오히려 반대로 정신병이 얼마나 곤혹스런 병이고, 이 병 앞에서 우리는 얼마나 무기력한가를 다 알아버린 사람들이 만들어내는 아주 정직한 웃음인 것이다. 그것은 광기를 배제하는 것이 아니라 끌어안고, 두려워하기보다는 오히려 인간 존재의 일부로 인정하려는 사람들이 그 일상 안에서 만들어내는 웃음인 것이다.[1]

공동 주거

우라카와는 어디를 가든 갈매기와 까마귀 울음소리가 들리는 동네다. 에리모미사키(襟裳岬)에 가까운 홋카이도 남쪽 끝자락에 있으며 해안선을 따라 난 국도에 몇몇 취락이 기다랗게 늘어선 이 마을은, 인구 1만 6천이 사는 결코 작지 않은 동네인데, 인구가 많지 않은 여느 지역과 마찬가지로 최근 20년 동안 인구는 계속 줄고 있다. 마을 중심에 있는 산뜻한 대로에도 인적은 뜸하고 한 발짝 뒷길로 들어서면 인적보다 더욱 드문드문한 주택들이 해안선을 따라 나란히 늘어서 있으며, 항구에는 오징어 낚싯배가 조는 듯 안벽에 바싹 붙어 있다.

그 항구 끝에 있는 제빙 창고 옆에서 산 쪽으로 난 오솔길을 따라가면, 길은 국도와 히다카 본선(日高本線)의 건널목을 지나 순식간에 주택지를 벗어나 완만한 오르막길이 된다. 그 오르막길이 시작되는 곳, 항구에서 걸어서 불과 이삼 분 거리에 '베델의 집'이 서 있다.

'베델의 집'은 오래된 교회 건물을 개조해 만든 정신장애인 공동 주거다. 목조 모르타르로 된 2층 건물인데, 현관 위에 남아 있는 첨탑으로 예전에 이 건물이 교회였다는 것을 알 수 있다. 지은 지 반세기 가까이 된 낡은 교회당은, 예배용 강당을 공용 거실과 작은 방으로 구획하고, 2층도 개조해 열한 명의 구성원이 살 수 있도록 만들었다. 하얀 페인트 벽과 짙은 초록색 지붕은 여기저기 녹이 슬었고, 마루와 벽은 잇거나 기운 자국투성이어서 역시 건물이 오래되었다는 것을 감출 수는 없다. 하지만 그 모든 것에서 풍설에 견딜 수 있도록 사람의 손길이 주의 깊게 미쳤음을 알 수 있으며 마음에 스며드는 온화함이 전해온다.

현관에 들어서자마자 바로 있는 거실의 넓이는 다다미 20첩 정도다. 24시간 모든 사람들이 모여드는 집합소로, 언제든지 누군가의 모습을 볼 수 있는 곳이다. 거주자는 그저 소파에 가만히 앉아 있는 일도 있고, 종잡을 수 없는 이야기를 하며 담배를 피우고, 텔레비전을 틀어놓고 식사를 하기도 한다. 공동 주거에 사는 사람만이 아니라 병원에 입원 중인 동료나 작업장에 찾아온 구성원이 들러, 각자 나름대로 자기 시간을 보내는 곳이기도 하다.

내가 찾아간 시월의 어느 화창한 날 아침, 거실에서는 마침 하야사카 기요시(早坂潔) 씨가 막 아침을 먹는 참이었다. 부엌의 10인용 전기밥솥에서 그릇에 밥을 퍼 담아 날계란과 간장을 끼얹은 간단한 아침이었다. 밥그릇을 감싸 쥐고 마루 위에 책상다리를 하고 털썩 앉아서 김이 모락모락 나는 밥을 후룩후룩 그러넣는 모습은 아주 맛있어 보였는데, 절반 정도 먹었을 때쯤 이야기를 꺼냈다.

"우린 돌이켜보고 말하는 건 아닌데 말이지, 우리 같은 사람은 역시 사람들한테 지시를 받는달까, 무슨 말을 듣고 말이지, 무슨 말을 듣고 하는 인간이 아니란 말이거든. 무슨 말을 들으면 좀 뒤틀려서 말이지, 성질이 비뚤어져서 옆길로 새는 인간이란 말이거든, 근본이 말이야."

처음 만나서는 그가 무슨 이야기를 하는지 잘 알 수가 없다. '하야사카 가락'이라고나 이름을 붙이고 싶은 독특한 말투로, 느닷없이 말을 꺼내고 화제는 맥락 없이 건너뛴다. 듣고 있는 건지 아닌 건지, 옆의 소파에서는 이시이 겐 씨와 사카모토 다쓰오(坂本辰男) 씨가 우두커니 담배를 피우고 있다.

"우리 같은 사람은 지시를 받고 하는 건 잘 못하는 편이거든. 하물며 새삼스럽게 병원 출신이라든가 하는 건 아니지만, 뭐가 뭔지 잘 모르겠는데 말이지, 성질이 비뚤어져 있거든, 조금 말이지."

정신장애인이라는 건, 생각해보면 고분고분한 사람이 아니다. 이렇게 하라, 저렇게 하라고 해도 그대로 할 수 없고, 원래 재주가 없는데다 사람들에게서 정신병원에 있었다는 등의 이야기를 듣고 만다……고, 잠시 듣고 있자니, 하야사카 씨는 그런 이야기를 하고 있다는 것을 알 수 있었다. 부분적으로 의미는 분명치 않지만, 듣고 있으면 전체적으로 이야기가 확실히 전해지는 신기한 화법이다. 더욱이 이야기만 전해지는 것이 아니라, 그가 아니라면 낼 수 없는 절묘한 뉘앙스가 따랐다.

나머지 계란밥을 후루룩 쓸어넣으면서 하야사카 가락은 이어졌다.

"보통이라면 있을 수 없지, 보통 가정에서는 말이지, 정신장애라는 말을 듣는 사람이 병이 들어 굳어지거나 밥을 먹지 않거나 하면 말이지,

우라카와 바닷가.

우라카와 철길 위에서 바라본 풍경.

금방 추궁당하거든."

'굳어진다' 는 것은 정신병의 '발작' 과 같은 의미로, 발작이 일어나면 하야사카 씨는 정말 조각처럼 몸이 굳어져버린다. 다시 말해 자신들 같은 정신장애인은 보통 가정에 있는 것은 어렵고, 병이 들면 발작이 일어나고 식사도 못 하고 난폭해지거나 하기 때문에 '추궁을 당한다'. 즉 사람들이 화를 내고 만다. 그러므로 여기 이곳 말고 다른 데서 살기란 쉽지 않다.

"하루 종일, 제대로 해, 제대로 해, 이런 말을 들어도 할 수 없어. 그게 뭔지 알 수도 없고, 제대로 하는 게 뭔지도 모르는걸. 제대로 되지 않은 사람한테 제대로 하라고 해봤자, 그건 임마."

불가능한 상담인 것이다.

한마디로 정신병이라고 해도, 실로 다채로운 증상이나 상태를 드러내기 때문에 모두가 칠칠치 못한 것은 아니다. 너무 결벽적이어서 병인 사람도 있다. 하지만 정신장애인은 오히려 하야사카 씨처럼 자기 주변의 일 처리를 말끔히 할 수 없다거나, 깔끔하게 정리된 생활을 하는 것이 어려운 것이 보통이다. 결코 게으름을 피워서라거나 성격이 칠칠치 못해서 그런 것이 아니라 병의 증상이라고도 할 수 있다. 그런데 세상 사람들은 좀처럼 그것을 이해하려들지 않는다. 정신장애인에게 똑바로 하라는 것은, 감기에 걸린 사람한테 기침을 하지 말라는 것과 같은 일인데도 말이다.

"('베델의 집'에) 막 왔을 때는 아무것도 하지 않았거든, 담배만 피우고 말이지. 생활이라는 것도 불가능했고, 청소 같은 것 하나도 제대로 못했고, 밥도 먹을 수 없었고 말이지. 여기 왔을 때는 어디서부터 어떻게 해야 좋을지 나도 전혀 알 수 없었으니까."

지금 하야사카 씨는 쌀로 밥을 짓고 스스로 식사도 할 수 있게 되었다. 그러나 청소나 목욕은 아직 잘하지 못한다. 누가 말하지 않으면 한 달이 지나도 목욕탕에 들어갈 생각조차 하지 않는다.

'제대로 하는' 것이 불가능한 사람들이 모여 함께 생활하면 어떻게 될까? 모두들 극도의 혼란 상태일 거라고 생각할 것이다. 사실 '베델의 집'도 예전에는 엉망인 상태로 문제투성이에다 말썽투성이였다. 혼란스런 와중에 발작이 일어나면 아무것도 모른 채 '얼이 나간 상태'가 되는 하야사카 씨는 그때마다 이 사람 저 사람 가리지 않고 부딪쳤다.

"나도 허세를 부려서 말이지. 그래서 오카모토 씨하고도 붙었어. 몇 번인가 싸움을 했는데 말이지, 코를 물어뜯기도 하고 귀를 물어뜯기도 한 그런 사이지. 그래서 요즘엔 말이지, 싸움을 하지 않게 되었어. 전쟁은 그만두기로 했거든."

하야사카 씨가 이야기하는 동안 거실에는 어느새 '사회 견학'을 끝내고 돌아온 오카모토 마사루(岡本勝) 씨가 앉아 있었다.

분열병의 환청 탓에 오카모토 씨는 혼자서 자주 우라카와 마을을 걸어다니고 있다. 대개는 건널목에 있는 미타무라(三田村) 상점까지 캔 커피를 사러 가거나 도중에 도랑을 보면서 길가에 가만히 쭈그리고 앉아 있는 정도지만, 큰 소리로 웃거나 울거나 하면서 우라카와 역까지 걸어가는 일도 있다. 그렇게 계속 걷는 것을 '사회 견학'이라고 한다. 여름에는 메리야스 하나에 작업 바지, 겨울에는 검은색 방한 코트에 장화와 목장갑이 기본이고, 얇은 눈썹과 고정된 눈, 딱딱한 얼굴에 빡빡 깎은 머리로, 너무나 무섭게 보이지만 본성은 착하다. 그런 오카모토 씨도 십 년 전 '베델의 집'에 왔을 때는 자주 싸움에 휘말렸다고 한다.

"처음에 들어와서는 금방 싸움을 했어. 나만이 아니라 주변에 있는 사람들은 누구나 했었어. 그러니까 그런 거 없애, 없애자고 말해왔지. 세상은 평화로운 게 더 낫다고 말이지. 전쟁보다는 평화라고, 난 말해왔거든. 그러던 게 3년 전부터는 평화롭게 되었어. 그때까지 7년 동안은 말이야, 역시 이런저런 형태의 전쟁이 일어난 거지."

'전쟁'이 일어나면 공동 주거의 유리창이 깨지고 문이 박살나고 순찰차나 소방차가 출동했다. 식칼을 내지른 일도 있었다. '전쟁'은 꼭 싸움만이 아니었다. 컨디션이 안 좋은 사람이 혼자 아우성치거나 날뛰는 일도 있고, 방에 틀어박힌 동료를 도와주기 위해 모두가 문을 부수고 들어간 일도 있다. 하야사카 씨 등에게 낡은 교회당은 결코 늘 평온함으로 가득 찬 거처는 아니었다.

"그러니까 '베델의 집'은 말이지, 여러 가지 의미에서 모두가 좋아, 좋다고. 하지만 말이야, 역시 살아보지 않으면 말이지, 잘 모르거든. 장점이랄까, 무서운 것이나 좋은 점 같은 여러 가지 면이 나오니까 말이지. 그저 베델이 좋다고 말하면서 말이지, 살고 있긴 해도 살 수 없는 곳이야. 맥주병이 날고 식칼이 휙 날아들고 말이지. 무시무시한 곳이야, 싸움도 있고 말이지. (모두들) 병자니까."

하야사카 씨 자신은 그 무렵 왜 그렇게 싸움만 했을까, 하는 생각을 한다.

"건방졌어, 젊었을 때는. 그러니까 내 친구들은 말이지, 싸움 친구들인 셈이지. 저, 뭐라고 해야 좋을까, 대화 친구들이 아니라 몸 친구들이지, 이상한 이야기이지만 말이야."

그러던 것이 세월이 지나 몸 친구들에서 대화 친구들로 변해갔다.

"역시 나 혼자 힘보다도 모두가 지탱해주고 있구나 하는 건 최근에 알게 됐지. 요 2, 3년. 나 혼자가 아니구나 하고 말이야. 그러니까 얼이 나간 상태가 되어도 이렇게 돌아와서 살 수 있다고 할까, (모두가) 받아들여준 덕분에 다시 살 수 있구나 하는 걸 알 수 있었지. 그리고 그런 고민을 말이지, 역시 오카모토 씨나 모두에게 이야기하는 자리가 필요하구나 하는 걸 점차 알게 되었다고 할까, 음."

하지만 그것으로 이제 '베델의 집'에 전쟁이 없어지고 평화가 찾아온 것은 결코 아니었다. 공동 주거, 혹은 '베델의 집' 전체는 여전히 다툼이나 실랑이가 끊이지 않는 문제투성이인 곳이다. 예컨대 다른 날 공동 주거를 찾아가 보니 사사키 미노루(佐々木實) 씨가 이마에 커다란 반창고를 붙이고 거실 소파에 앉아 있었다. '신사인 오카모토 씨'한테 맞았다고 한다. 이마와 귀가 찢어져 피투성이가 된 채 병원에 가서 네 바늘이나 꿰매는 큰 소동이었다. 사사키 씨에 따르면 발단은 아주 사소한 것이었다고 한다.

"결국은 말이죠, 재활용 쓰레기 문제인데, 우유 팩, 이것 좀 펴달라고 했더니 말이죠, '나한테 명령하지 마!'라고 하잖아요."

'베델의 집'에서도 쓰레기를 버릴 때 우유 팩은 펴서 내놓게 되어 있는데, 그런 쓰레기 분리수거 방법을 모르는 오카모토 씨는 짜증이 나서

공동 주거 '베델의 집' 거실에서 쉬고 있는 구성원들. 담배를 피우는 사람이 이시이 겐 씨, 그 뒤에 있는 사람이 하마다 유조 목사

13년 만에 그만 사람들을 때린 것이었다. 그때는 '통 영문을 알 수 없었지'라고 말하는 오카모토 씨는 고개를 숙이고 나직이 덧붙이는 것이었다.

"정신병이니까."

정신병이라고 해서 사람을 때리면 안 된다고 말하자, 이번에는 위를 보고 말한다.

"그치만 그런 정신병인걸 뭐."

그런 오카모토 씨의 어디까지가 변명이고 어디까지가 본심인 것일까?

그 말을 듣고 있던 간다 츠기오(神田次男) 씨가 참견을 한다.

"아니지, 그건 안 되지. 사람을 한 대 때리면 만 엔 뺏기는 거야."

왜 만 엔을 뺏기는지 모르지만 알코올 중독자인 간다 씨의 말을 듣고 순순히 사과하는 오카모토 씨도 아니었다.

"그치만 싸움이나 전쟁 같은 건 말야, 어느 쪽이 옳은지는 재판 같은 걸 하지 않으면 모르잖아."

"그러니까 말이지, 오카모토 씨, 인간이라는 건 서로 도움을 주고받으며 즐겁게 지내지 않으면 안 되거든."

간다 씨 역시 무뚝뚝한 얼굴에 어울리지 않게 마음씨가 부드럽다.

"그러니까 모두들 그렇게 생각하면 되거든. 세상에 그렇지 않은 사람도 있어. 싸움을 해서 울분을 풀어버리는 놈도 있거든. 그게 난처하지."

"그게 인간 아닐까?"

"싸움하는 게 당연해."

"싸움은 안 돼. 싸움을 걸어와도 좋으니까 상대하지 말라는 거야."

간다 씨에게 설득을 당한 오카모토 씨는 이번에는 옆에 앉아 있는 사사키 씨에게 창 끝을 돌린다.

"(사사키 씨는) 여기서는 하지 않지만 병원에서는 간호사를 흠씬 두들겨 팼는데."

그런 일 없어, 절대 그런 일 없다고 사사키 씨는 쓴웃음을 지으면서 손사래를 쳤다.

사사키 씨도 병이 나빠졌을 때는 여러 사람들에게 폐를 끼쳤다. 하지만 그건 이제 옛날 이야기다. 사사키 씨는 좋은 사람이라고 간다 씨가 말하면, 언제나 오카모토 씨도 더 이상 말하지 않았다. 누군가 사이가 틀어졌다는 것이 아니라, 다툼은 일어나고 다시 원래 상태로 돌아간다. 거실 구석에서 대화를 듣고 있던 겐짱, 이시이 겐 씨가 갑자기 자리를 박차고 일어나 "맥주 사러 간다"고 말하고는 밖으로 나갔다. 처음부터 아무 말도 하지 않았던 다키 겐이치(滝源一) 씨는 여전히 소파에 앉은 채 물끄러미 눈앞을 응시하고 있다. 우연히 그 자리에 모인 다섯 명의 분열병자와 알코올 중독자들은 맥락 없이 주고받던 대화를 갑자기 끝내버렸다.

열어둔 창 밖에서는 초가을 비가 줄기차게 내리고 있었다. '베델의 집' 처마 끝에서는 지붕에서 흘러내린 빗물이 떨어지고 있었다.

'베델의 집'에서는 이런 대화가 줄곧 반복되어 왔다.

이 낡은 공동 주거는 20여 년 동안 그곳에 사는 사람들이나 출입하는 동료의 이러저러한 사건들을 지켜봐 왔다. 낡아서 검은빛을 띠는 마루나 기둥은 그들의 외침과 중얼거림, 고민과 한탄, 소동과 침묵을 정신이 아찔해질 정도로 듬뿍 빨아들여 왔다.

  최근 20년 동안 '베델의 집' 사람들은 결코 평화롭고 사이좋게 살아온 것은 아니었다. 따뜻한 웃음 속에서 하루가 다간 날도 있었겠지만, 대부분은 말썽과 싸움, 병과 발작과 혼란, 끊이지 않은 다툼으로 가득 찬 나날이었다. 그것은 지금도 변하지 않았다. '베델의 집'은 항상 문제 투성이였고 앞으로도 그럴 것이다. 그러나 그 안에서 그들은 하나의 터를 만들어왔다. 그 터가 '베델의 집'이라 불리는 공동 주거에 그리고 그것으로 상징되는 그들의 생활에 생명을 불어넣어 왔던 것이다.

관리가 아니라

'베델의 집'의 특징을 한마디로 하라는 말을 듣고, 사회복지사인 무카이야치 이쿠요시(向谷地生良) 씨는 주저하지 않고 "관리가 미치지 않는 곳입니다"라고 대답했다.[2]

우라카와 적십자병원 의료 상담실에 근무하면서 오랫동안 '베델의 집'과 함께해 온 무카이야치 씨는, 예전에 자신들도 규칙이나 관리 지침이 필요할지도 모른다고 생각한 적이 있었다고 한다. 하지만 그렇게 하지 않은 것은 규칙이나 지침을 만들어도 현실에서 도움이 되지 않을 거라고 판단했기 때문이다. 그리고 그 이상으로 자신들은 자신들 나름대로의 생활 방식을 생각해보고 싶었기 때문이기도 하다. 무카이야치 씨는 그것을 『'베델의 집'의 책』(べてるの家の本, '베델의 집'의 책 제작위원회, 1992)에서 이렇게 쓰고 있다.

만약 관리 규칙이 있다면, 모든 것이 '규칙에 이렇게 쓰여 있으니까'라고 정리해버려서, 한 사람 한 사람의 자유롭고 활달한 의견이나 발상이 파묻혀버릴 거라고 생각했습니다.

생활이나 일에서 의견이 달라 서로 부딪치고 만나고 하면서 자신들 나름의 생활을 구축하고, '장사'의 노하우를 축적하고 키워온 '베델의 집' 구성원들에게 그것을 포기하는 것은 사활이 걸린 문제입니다. 바깥에 있는 사람들이 보면 매우 이해하기 어려운 일일지도 모릅니다. 그러나 '한 사람 한 사람의 의견이나 판단에 앞선 규칙을 요구하지 않는다'는 것은, 예컨대 가정이 규칙으로 성립되지 않은 것과 같은 일입니다.

문제가 있으면 자유롭고 활달한 의견이나 발상으로 그 문제와 '서로 부딪치고 만나고 하면서' 해결해나간다. 그것이 '베델의 집' 생활 방식의 가장 기본적인 선택이었다. '관리가 미치지 않는 곳'이라는 것은 자못 베델식의 유머를 담은 표현으로, 더 직접적으로 말한다면 '관리하려 하지 않는 곳'이며 '관리나 규칙을 배제한 생활 방식'이기도 하다.

그렇지만 관리도 규칙도 없는 곳에서 모두가 어떻게 생활할 수 있을까? "외부에 있는 사람들이 보면 매우 이해하기 힘든 일"일지도 모른다. 『'베델의 집'의 책』은 이 점에 대해, 예를 들어 가족을 생각해보면 알 수 있다고 말한다. 가족은 규칙으로 유지되고 있는 것이 아니다. '서로 부딪치고 만나고' 하는 것으로 이루어져 있을 터이다. 마찬가지로 만약 '베델의 집'을 규칙이나 지침으로 꽉 묶어버린다면 '베델의 집'은 가장 소중한 것을 잃어버리게 된다. 그것은 무엇보다도 우선 거기에 사는 사람들이 몸으로 느끼고 있는 거라고 하야사카 기요시 씨는 말한다.

"뭐라고 하지, 저……, 규칙을 정해서 하는 게 아니거든. 규칙을 정해도 지키지 않으니까. 절대 지키지 않아. 지키지도 않고 이상해지거든, 병이 드는 거지."

규칙 같은 것을 만들면 그렇지 않아도 이상한 그들은 정말 병이 들어 버린다. '관리가 미치지 않는 곳'이란, 구실이 아니라 하야사카 씨 같은 사람들이 살아가는 데 사활이 걸린 문제기도 한 것이다.

그러므로 '베델의 집'에는 문제가 끊이지 않고 일어난다.

다툼이나 언쟁, 드잡이가 있고 위협을 하거나 위협을 당하는 틈틈이 환각과 망상이 왔다 갔다 하는 등 화제에 부족함을 느끼는 일은 없다. 어쨌든 문제투성이 사람들이 문제투성이 나날을 보내고 있으므로, 당연한 일이지만 '베델의 집' 사람들은 그러한 문제를 어떻게 하면 없앨 수 있을까라든가, 또는 어떻게 하면 막을 수 있을까 하는 것은 생각하지 않는다. 문제가 일어나는 것은 당연하고 문제가 일어났을 때 한 사람 한 사람이 어떻게 대처할까, 그러한 문제를 어떻게 살려나갈까, 그리고 또 거기에서 어떤 충돌과 만남을 전개해나갈까 하는 것을 여기서 묻고 있다. 그것이 '관리가 미치지 않는 곳'의 관례이고, '베델의 집'의 생활 방식인 것이다.

그러한 장소로서 시작된 '베델의 집'은 원래 버려진 교회당이었다.

1956년에 지어졌으나 목사가 없어지고 나서 사람이 없는 건물이 된 이 낡은 건물에 사회복지사인 무카이야치 씨가 자리를 잡고 살게 된 것은 1979년의 일이다. 취직한 지 2년째 되는 해였다. 근무하던 병원에서 2킬로미터나 떨어진 곳에 있는 폐허나 다름없는 건물로 일부러 이주한 것은 젊은이의 분방함에서 비롯된 일이기도 했겠지만, 동시에 사회복지에 깊은 관심을 가진 사람으로서 이곳을 거점으로 해 얼마 동안 활동을 시작하려 했기 때문일 것이다. 실제로 그 후 몇 년 동안 이 낡은 교회당과 그 옆에 있는 새로운 교회 건물을 사용해, 무카이야치 씨는 지역 아이들의 토요 학교를 열기도 하고, 알코올 중독자의 자주 그룹이나 정신과를 퇴원한 사람들의 모임을 여는 등 다양한 활동을 전개했다.

그러한 활동이 아직 활동이라고 할 수 있을 만큼 형태를 갖추지 못했을 무렵, 오래된 교회당에는 어느새 한 사람 두 사람 정신장애인들이 찾아와 무카이야치 씨와 함께 한 지붕 아래서 생활하게 되었다. 맨 처음에 찾아온 사람이 사사키 미노루 씨였다.

당시 사사키 씨는 일본적십자병원 정신과에서 막 퇴원한 몸이었다. 일자리도 찾아봐야 하고 친척도 전혀 없어서 어떻게 하면 좋을지 모르던 참에, '도깨비라도 나올 것 같은 곳'이어도 괜찮다면 오지 않겠느냐고 무카이야치 씨가 말을 걸어왔던 것이다.

"지붕에 구멍이 숭숭 나 있고 거기로 별이 보였어요. 외풍이 심해서 겨울 같은 때는 집 안으로 눈이 들이쳐서 말이죠. 저야 좋은 데서 산 적이 없으니까 익숙했지만 말이에요, 이런 덴가 하고."

겨울에는 방 안 주전자 물까지 얼어버렸지만 사사키 씨에게는 마음이 훈훈해지는 거처였다. 정신과 환자는 퇴원한다고 해도 간단히 혼자 사는 생활을 시작할 수 없다. 병이 완치된 것도 아니고 약을 먹으면서 일을 하는 것은 어렵다.[3] 충분한 수입도 없고 지원해주는 사람도 없으며 조직도 없다. 무엇보다 우선 '병원 출신자'에게 집이나 아파트를 빌려주는 사람이 없었다. 폐가나 다름없는 건물에서의 혹독한 생활은 그 밖에 갈 곳이 없기 때문이기도 했지만, 그래도 사사키 씨가 그때까지 경험한 '밑바닥' 생활에 비하면 훨씬 나았다. 사사키 씨는 20대 후반에 정신분열병이 발병한 당시를 이렇게 회상하고 있다.

> 그 무렵에는 내성적인 성격이어서 사람 사귀는 것도 잘하지 못했고 좋은 친구도 사귀지 못했으며, 결국 병이 들어 회사를 무단결석하다가 막무가내로 그만둬 버리고 고향으로 돌아왔습니다. 식구들도 상태가 이상하다는 것을 알고 곧바로 우라카와 적십자병원의 신경정신과에 입원시켰습니다. 입원하고 있을 때는 지겹도록 자신의 무력감을 느꼈고, 이것으로 내 인생도 끝장인가 하고 생각할 때는 정말 슬펐습니다.(『'베델의 집'의 책』)

세월이 지난 다음의 회상이라 담담한 글이지만, 주변 사람들 이야기를 들으면 이 글에서는 도저히 들여다 볼 수 없는 고생이 떠오른다.

1941년에 태어난 사사키 씨는 우라카와 고등학교를 졸업하고, 그곳에서 몇 년 동안 일한 다음 요코하마(横浜)에 있는 대기업에 취직했다. 타고난 성실함과 부지런함으로 아무 일도 없었다면 아마 보통 이상으로 잘 살 수 있었을 것이다. 하지만 낯선 지역과 환경의 변화, 게다가 직장에서 받은 인간관계의 스트레스로 취직하고 얼마 지나지 않아 몸 상태가 이상해지고 말았다. 밤에는 잠을 잘 수 없어서 내과에 가서 진찰을 받고 수면제를 먹게 되었다. 그런데 혼란 상태는 심해질 뿐이어서 스물일곱 살에 정신분열병이 발병했다. 고향으로 돌아가 우라카와 적십자병원에 입원했는데, 그때는 병이라고 생각하지 않아서 "설마 정신과에 입원하리라고는 생각도 못했기" 때문에 곧바로 병원에서 탈출해버렸다. 멀리 오타루(小樽)까지 도망쳤으나 가족들이 데려와서 다시 입원시켰다. 그 사이의 경과에 대해 희미하게나마 기억하고 있다는 걸 보면 가벼운 증세였는지도 모른다.

　탈출은 한 번뿐이었다. 처음의 흥분이 가라앉고 치료를 받게 되고 나서부터 사사키 씨는 '모범적인 환자'였다. 간호사의 신뢰도 두터웠고 조금씩 병에 대한 자각도 생기기 시작했다. 그러던 어느 날 병동의 격자창으로 우라카와 고등학교가 보였다. 예전에 교실에서 매일 바라보던 일본적십자병원의 병동에 설마 자신이 이렇게 들어오리라고는 꿈에도 생각하지 못했던 것이다. 졸업한 지 10년, 쇠창살을 사이에 두고 인생은 보기 좋게 반전해 있었다. 그때의 심정은 어땠을까? 사사키 씨는 이제야 "처음으로 정신과 병동에 들어갔을 때의 그 절망감"에 대해 이야기할 수 있게 되었는데, 당시에는 무력감에 큰 타격을 받고 이것으로 인생은 끝났다고 생각할 뿐이었다. 이 사회에서 '정신병'이라고 낙인찍히는 것이 얼마나 가혹한 일인지를 당시에도 그리고 그 후에도 쭉 몸소 체험한 사사키 씨는, 7년 동안의 입원 생활을 끝내고 퇴원했을 때, 정신과를 퇴원한 환자들이 늘 그렇듯이 갈 곳도 일자리도 돈도 그 아무것도 없었다. 그래서 신세지려고 찾아 들어온 곳이 '베델의 집'이었다.

"떨어질 데까지 떨어졌으니까 말이지. 그 다음에는 기어올라서 ……난, 언제나 말이지, 밑바닥에서 기어오르자고. 매일, 그런 생각으로 해왔어요. 밑으로 내려가고, 밑으로 내려가서는 기어오르고, 그러니까 먹는 것도 검소하고 담배도 가장 싼 것을 피워요. 입는 것도 그리 좋은 옷은 입지 않고. 밑바닥에서 기어오르고 기어올라 살아가자고, 그런 마음으로 살고 있어요, 매일."

에리모정(襟裳町)에서 태어난 사사키 씨는 가난에는 익숙했다. 아버지는 알코올 중독으로 매일 술을 마시러 나갔고, 마시면 아무 데서나 곤드레만드레 엉망으로 취했다. 밤이 되면 아버지를 찾아 돌아다니고, 밭이나 도로에 쓰러져 자고 있는 아버지를 찾아내면 리어카에 태워 집으로 데리고 들어오는 것이 사사키 소년의 일과였다. 없는 돈은 술값으로 다 나가고 어머니한테 있는 것은 잠옷 같은 옷 하나뿐이었다. 그러나 아주 성실한 사사키 씨는 가혹한 환경에서도 필사적으로 부모를 떠받치고 집안을 떠받치고 자신을 떠받치며 일을 계속했다. 그런 긴장된 생활방식이 사사키 씨의 발병과 관계가 있었는지도 모른다.

병은 자신의 모든 것을 앗아가 버렸다. 하지만 지금은 '그것도 좋은 경험이었다'고 돌이켜볼 만큼 여유가 생겼다.

"위로 꼭대기까지 올라가면 약한 사람의 입장 같은 건 알 수 없을지도 모르지요. 지금은 알아가는 듯한 기분이 들어요."

사사키 씨는 지금 '베델의 집'이 경영하는 '유한회사 복지숍 베델'의 사장이다. 사장이라고 해도 영세 기업의 종업원을 겸하고 있으며, 천성인 궁상을 버리지 못하고 오래 입어 낡아빠진 점퍼와 작업복 차림으로

자기 전에 '베델의 집'에서 소주를 마시는 사사키 미노루 사장. 사사키 씨는 매일 저녁 여섯 시에 소주를 마시며 저녁을 먹고, 여덟 시가 되기 전에 잔다. 밤중에 일어나 해변으로 나가서 운동을 한다. 정신병이 있어도 일할 수 있는 한은 일하고 싶고, 그래서 운동을 게을리하지 않는다고 한다.

개미처럼 쉬지 않고 바지런히 일하는 나날을 보내고 있다. 결코 사치나 낭비는 하지 않으며, 담배는 '신세이'[4], 술은 소주, 한번 씹기 시작한 껌은 3일 동안 계속 씹는 절약가다.(밤에 잘 때는 껌을 종이에 싸서 머리맡에 둔다.) 발병한 지 30년 정도 되고 지금도 약은 계속 먹고 있지만 도저히 병자로 보이지 않는, '베델의 집'에서 가장 부지런한 사람이다. 게다가 일만 하는 게 아니라 몸을 단련하기 위해 매일 한밤중에 달리기를 하는 등 운동을 빠뜨리지 않는다. 오로지 한결같은 생활 방식밖에 할 수 없는 사람인 것이다.

"이런 말을 하면 좀 그런데요, 장애를 갖고 있으면요, 한번 좌절하면 다시 일어서는 것이 엄청 힘들거든요. 정말이지 보통 사람들처럼 일한다든가 그런 말을 하면 다들 힘들 거라고 생각하잖아요. 저는 정말 운이 좋은 건가 하는 생각이 들기도 하고요. 그러니까 만약 회사가 도산하면 경비원이나 막일, 또는 밭이라도 갈아서 먹고살아야 한다는 생각에 몸만은 단련하고 있거든요."

퇴원하고 얼마 안 있어 빵집에서 일할 때는 하루 일곱 시간 일해서 250엔밖에 받을 수 없었다. 판금 공장에서 일할 때는 '병원에서 왔다'고 냉대를 받았고, 운전면허를 따고 싶다고 해도 못 하게 했다. 비가 오거나 눈이 오는 날은 모두들 차를 타고 공장에 가는데, 사사키 씨는 혼자 자전거로 다녀야만 했다. 그런 일이야 "대수롭지 않은 일이었다"고 본인은 말하지만, 지금이라면 도저히 용서할 수 없는 차별이 버젓이 당연한 일로 통하던 시대였다. 사사키 씨가 가진 자신에 대한 엄격함은 그러한 시대의 엄격함에서 북돋아진 측면도 있을 것이다.

"청춘? 잃어버렸나……. 아니, 억울하진 않아요. 앞으로가 있으니까요."

그런 사사키 씨도 환갑이 지났다.

"역시 살아져왔다는 느낌이 들어요. 자기가 살아온 것이 아니라 살아져왔다고 생각해요. 이렇게 하라든가 저렇게 하라는 명령을 받아온 건 아니지만 뭔가 이상한 힘으로 살아져왔다고 생각해요."

밑바닥에서 끝났다고 생각한 인생은 진정한 인생의 서막에 지나지 않았다. 그렇게 생각하게 된 것은 '베델의 집'으로 옮겨온 지 꽤 많이 지난 다음이었다. 거기서 동료들과 만나고 장사를 시작해서 '유한회사 복지숍 베델'의 사장이 되어 일하는 사사키 씨는, 언뜻 보면 마치 정신장애인의 성공 신화처럼 보인다. 하지만 그런 사사키 씨도 여전히 병과의 싸움을 계속하고 있다. 약을 중단해 병이 재발하고 입원하는 '실패'를 몇 번이고 반복했기 때문이다. 스물일곱에 입원한 이래 병은 자기 인생의 일부가 되었다. 그 병을 안고 성공했든 실패했든 여기까지 와서 생각하게 되는 것은 "이상한 힘으로 살아져왔다"는 것이다. 그 이상한 힘이란 함께 생활한 동료들이 가져다준 게 아닐까 싶다.

베델의 얼굴

　가장 먼저 '베델의 집'에 살게 된 무카이야치 씨는, 사사키 씨 등과 함께 3년을 생활한 다음 결혼하면서 공동 주거에서 나갔다. 그 사이 '베델의 집'에는 몇 명인가 거주자가 들어오고 나갔는데, 1983년 무카이야치 씨가 나갈 때 마침 들어온 사람이 지금은 '베델의 집'의 얼굴이라고 하는 하야사카 기요시 씨다. 당시 스물일곱이었다.

　일본적십자병원에 장기 입원하고 있던 하야사카 씨는 정신과에서는 이름을 모르는 사람이 없을 정도로 단골이었다. 울퉁불퉁한 감자 같은 얼굴에 '도깨비 같은 눈'이 달린 딱딱한 표정으로 언뜻 무섭게 보이는 풍모지만 아주 섬세한 기질의 사람이기도 하다. 어딘가 아이 같은 미워할 수 없는 구석이 있었고, 간호사들에게는 하야사카 씨라기보다는 기요시 군으로 불리고 있었다. 난폭하게 굴어 꾸중만 들었기 때문에 경칭을 붙이지 않고 "기요시!"라고 이름만 불리는 일이 더 많았을지도 모른다. 인생의 대부분을 병과 함께 살아온 이 베테랑 환자는, 어린 시절 "술만이 아니라 여자에게 지분거리는 나쁜 버릇이 있는" 아버지가 술에 취해 허구한 날 어머니와 싸우는 것을 보면서 살아왔다. 초등학교 때 부모가 이혼해 처음부터 사회적인 약점을 안게 된 데다, 중학교에서는 학교에서도 쫓겨났다.

> 공부를 좀 못하고 놀기만 해서 어머니한테는 부젓가락으로 맞기도 했습니다. 중학교에 들어가서는 G반(특수 학급)에 편성되었습니다. 눈이 사시여서 '사팔뜨기'로 불리거나 친구들이 손가락으로 'G' 모양을 만들어 바보 취급을 했습니다만, 참을 수밖에 없었습니다.(『'베델의 집'의 책』)

집안 문제도 있어서 공부가 뒤쳐진 하야사카 씨는 특별 학급에 편성되어 '넌 안 돼'라는 낙인이 찍히고 말았다. 그런 반 편성은 소년의 마음에 깊은 상처를 줬음에 틀림없다. 그 굴욕적인 경험은 그의 인생이 '옆길로 새는' 결정적인 계기가 되었다.

> 그 무렵이 되자 어머니도 아침부터 술을 마시게 되었고, "너 같은 건 사회에 나가도 도움이 안 돼"라는 말을 자주 했습니다. 그때는 어린 마음에 정말 자신이 싫었습니다. 바보 취급을 당하는 자신이 분했습니다.(『'베델의 집'의 책』)

학교도 부모도 글렀다고 포기해버려 깊은 절망의 심연에 빠져 있었는데도, 아마 그것을 얼굴에 드러내거나 말로 할 수는 없었을 것이다. 가만히 참는 수밖에 없었다. 그런 상태로 살아온 하야사카 씨가 중학교 3학년이던 어느 날, 갑자기 "어머니가 죽은 것 같은 느낌이 들었고", 정체를 알 수 없는 불안이 엄습해왔다.

"그날은 비가 내렸는데요, 몸 상태가 안 좋아서 보건실로 들어갔는데 학교 선생님이 집까지 데려다주었습니다. 둘이서 자전거 페달을 밟으며 집으로 돌아간 기억이 있거든요. 돌아가서 집 주위를 둘러보았더니 어머니가 없어서, 어디 간 모양이라고 생각하고, 저는 이불을 깔고 자고 있었더니 점점 (방 안이) 어두워지고 빨간 것이 보이기도 하고 그랬어요. 빨간, 경찰의 그 삐뽀삐뽀 하고 도는 사이렌 같은 게 보이기도 하고요."

지금 생각하면 그것이 병의 시작이었다.

빨간빛은 환각이었을까? 자신의 머리가 이상한 상태가 된 열네 살 소년은 처음으로 겪은 그러한 경험에 농락당한다.

"불안……, 뭐랄까, 불안해서 잤습니다. 그때 천장을 보았더니 창살 틈으로 검은 것이 비치거나 창으로 담배 연기 같은 것이 비치고, 지문이 비치기도 했어요. 벽을 보았더니 경찰수첩이 보이기도 하고요. 자고 있자니 이상한 냄새가 나서, 이렇게, 벌떡 일어나보니까 오징어 다리가 미끄러지듯 움직이기도 하고……."

오감이 모두 이상해진 것 같았다.

그렇다고 해도 왜 오징어 다리가 미끄러지듯 움직였을까? 소년은 진짜 발작 상태에 빠져 있었다.

"그래서 잠을 잘 수 없으니까 이불에서 나와 허둥지둥하고 있다가 꽝하고 쓰러졌는데, 누군지 모르겠지만 이상한 사람이 날 데리고 가서 재워주었어요. 그런데 아침에 일어나면 몸이 굳어버리고. 경찰서에 가서 병원 차에 실려 일본적십자병원에 입원했어요. 그 (다음) 봄에 말이에요, 3월 경에 거기서(병원에서 중학교) 졸업 증서를 받았어요."

정신분열병이라는 진단이었다. 그 이후 하야사카 씨는 30년 동안 열여섯 번이나 정신과에 입원하고 퇴원하기를 반복했다.

하지만 병원에 들어간다고 해서 병이 낫는 것은 아니었다. 독특한 말투처럼 하야사카 씨의 병도 독특했다. 정신분열병의 범주에 딱 들어맞지 않은 증상은, 예컨대 병원 안을 뛰어 돌아다니고 벽에 부딪치고 난폭하게 군 끝에 보호실에 넣어지거나, 아니면 몸이 굳어버리는, 남들과는 색다른 증상을 보였다. 게다가 '몸이 굳어버리는 모양'이 보통이 아니었다.

"시간이 멈춰버려요. '자, 빨리 밥 먹어'라는 말을 듣고, 몸이 굳어져서 한두 시간 정도 굳어 있었나."

그 모습을 보고 있던 무카이야치 씨는 말한다.

"옛날에 『시간이여 멈춰라』라는 NHK 드라마가 있었어요. 나는 그게 생각났어요. 시간이 멈춘 것처럼 밥그릇을 쥔 채 30분이고 한 시간이고 조각처럼 굳어 있었어요. 먹을 수도 없게 되었고."

라면을 건져 올린 상태에서 몸이 굳어 면이 거의 바짝 말라버린 일도 있고, 피우던 담뱃불이 그대로 손을 태워 심한 화상을 입은 적도 있다.

하지만 몸이 굳어버렸을 때는 기억도 감각도 없으므로 아프지도 가렵지도 않고 아무것도 기억하지 못한다. 바로 시간이 멈추어버린 것이다. 한번은 누워서 몸이 굳어버렸는데 여덟 시간이나 꼼짝 않고 그대로 있었다. 그런데 몸 아래 깔린 오른팔에 '욕창'이 생겨 퉁퉁 부어올라 치료를 받아야 했다.

정신병이라는 건 분명한 것 같은데 병명은 잘 모른다. 처음에는 분열병으로 진단받았지만, 그 후에 히스테리 신경증이라거나 간질이라는 진단을 받은 적도 있다. 여러 가지 병이 부분적으로 중첩된 모양으로 정신병 백화점이라는 사람도 있을 정도로 다채로운 증상을 드러내고 있다. 스스로 기꺼이 자신을 '정신이 흐트러진 상태'라고 말하고 있다.

지금이야 베델의 얼굴이라는 말을 들으며 유머러스한 말투로 사람들을 매료시키고 있는 하야사카 씨지만, 예전에는 감당할 수 없이 난폭하게 날뛰기도 했다. 그런 그에게 일본적십자병원의 가와무라 선생은 1983년 4월 9일, "4와 9의 최악의 날이니까 괜찮겠지"라며 영문을 알 수 없는 구실을 붙여 퇴원 허가를 내고 말았다. 실제로는 더 입원하고 있어도 아무것도 변하지 않는다는 판단을 내렸기 때문이지만, '베델의 집'에서 살게 된 하야사카 씨는 분명히 몸 상태가 흐트러져 있었다.

"무슨 까닭인지 점차 밥을 먹지 않게 되었어. 그리고 점점 살이 빠졌고 무언가에 겁을 내게 되고. 말을 걸어오면 테이블을 뒤집어엎는다거나 갑자기 벽으로 돌진해서 부딪쳐본다거나 유리를 깨본다거나 하는 일이 시작되었어요."

하야사카 씨 옆에 있던 무카이야치 씨는 항상 그 소동에 휘말렸다.

자신과 나이가 같은 험악한 환자에게 어떻게 대응해야 좋을지, 시행착오를 거듭할 수밖에 없었다. 애당초 하야사카 씨가 왜 그렇게 되는지를 알 수 없었다. 알 수 없는 만큼 하야사카 씨는 거칠어졌다.

"험악했지. 무카이야치 씨의 머리를 몇 번이나 조였어. 벽에 구멍이 뚫렸잖아. 유리창도 깼지……우리 어린 시절에는 맞으며 컸으니까, 그런 거라고 생각하고, 이렇게 확 하고 머리에 피가 몰려서는, 뭐 그 주변에 있는 것을 던지기도 하고."

밥상이 날아가고 창이 부서지고 문짝이 날았다. 공동 주거 '베델의 집'으로서는 고난의 시대였지만, 사나워져 있는 하야사카 씨 본인도 괴로웠음에 틀림없다. 험악하지 않을 때는 잠자코 있으며 한 점을 응시하고 있는 일이 많아졌다. 어떻게 해야 좋을지 몰랐을 것이다. 한편 무카이야치 씨 역시 어떻게 해야 할지 헤아릴 수 없었다. 온갖 것을 해봤지만 효과는 없었고, 거의 자포자기 상태가 된 하야사카 씨를 상대로 '마징거제트 놀이'를 해본다거나, 무리라는 것을 알면서도 부업 일을 시켜본다거나 교회에 데리고 가보는 등 온갖 시도를 했으나 출구를 찾을 수 없었다. 그러한 시도를 몇 년이나 계속해 지칠 대로 지쳐 이제 포기할 수밖에 없다고 생각하고 있던 어느 날, 문득 생각이 나서 하야사카 기요시 씨에게 이렇게 말해보았다고 한다.

"이봐 기요시 군, 찬송가 부를까?"

설마 노래할 수 있으리라고는 생각하지 않았다.

그런데 하야사카 씨는 마치 이 한 가지를 기다리고 있었던 것처럼 노래하기 시작했다. 그것도 낭랑하게. 찬송가 487장이었다.

베델의 집 거실에서 쉬고 있는 하야사카 기요시 씨.

죄짐 맡은 우리 구주 어찌 좋은 친군지 걱정 근심 무거운 짐 우리 주께 맡기세

입원하고 있을 때부터 가끔 교회에 데려가기는 했다. 거기서 이 노래를 배웠다는 것은 알고 있었다. 하지만 몸이 굳어지기 시작하고 얼굴이 딱딱하게 굳어지고 계속 입을 열지 않던 그가 노래할 수 있으리라고는 생각하지 못했던 것이다.

그때 왜 하야사카 씨에게 말을 걸었을까, 무카이야치 씨는 생각했다.

"저는 깜짝 놀랐고, 정말 감동했습니다. 정말 갇힌 상황 속에서, 발버둥치려고 해도 꼼짝할 수 없는 상황 속에서 하야사카 씨는 찬송가만은 불렀어요. 아아, 그도 괴로워하고 있구나, 그 자신도 발버둥치고 있구나 하는 생각을 했습니다."

그 후부터 조금씩 조금씩 무카이야치 씨는, 하야사카 씨가 자기 생각을 겉으로 드러내는 일이 중요할 것이라고 생각하게 되었다. 그의 생각, 발버둥과 고통은 어쩌면 중학교 때 편성된 특별 학급에까지 거슬러 올라갈지도 모른다. 부모는 이혼하고, 자신을 떠맡은 어머니는 알코올 중독으로 아이를 돌보지 않을 뿐 아니라, "넌 아무 쓸모도 없는 놈"이라는 말을 계속 해댔다. 그런 환경에서 하야사카 씨는 곧 친구들과도 떨어져 '특수 학급'에 넣어지고 말았다. 그것이 '엄청난 열등감'이 되어, 질 성싶으냐, 바보 취급을 받다니, 이게 될 말이야, 하고 자신의 외로운 심정을 줄곧 억누르며 살아온 하야사카 씨는, 진짜 마음이 밖으로 드러나지 않을 때 발작을 일으키고 난폭해진 것이다. 무카이야치 씨는 드디어 그

의 마음 깊은 곳에 다다른 것이었다.

"그것을 알게 되기까지, 즉 그 자신이 그것을 자기 일로 알게 되기까지 15년이 걸렸습니다.…… 하야사카 씨 등이 점차 마음을 되찾아가고, '난 정말 외로웠어', '난 이것이 굉장히 힘들었어', '난 이런 고생을 했어' 하고 고생담을 이야기하면 할수록 점차 주변과의 관계가 회복되어갔던 겁니다."

만신창이의 15년이었다.

자신을 말하는 것, 자신의 심정을 사람들에게 전하는 것, 그런 간단한 것들을 하야사카 씨는 할 수 없었다. 애초에 말해야 하는 것이 무엇인지를 알 수 없었고, 사람들에게 말을 걸어 자신의 이야기를 들려준 경험이 없었다. 사람들과 접촉을 거부하고 억눌러온 강력하고 집요한 마음이 하야사카 씨 마음속에 옴짝달싹 못하는 형태로 뿌리내리고 있었음에 틀림없다. 그런 마음을 조금씩 누그러뜨려 나간 것은 무카이야치 씨의 지원이었고, 하야사카 씨의 고생이었으며, 두 사람 사이의 인간적인 접촉이었다. 이 두 사람 사이에 오고간 것은 대체 어떤 것이었을까? 그 일면은 하야사카 씨가 무심코 흘린 한마디를 통해 짐작해볼 수 있다.

"무카이야치 씨도 말이에요, 내가 말을 걸면 '시끄러, 저리 가!' 이렇게 고함을 치는 일이 있었어."

그 점은 무카이야치 씨도 솔직하게 인정했다.

"저는 유일하게 그 사람 앞에서 자유롭게 호통을 친다거나 웃기도 하고 고함을 지르기도 합니다. 십 몇 년 동안을요. 맞붙어 싸우기도 했지요. 그런 과정에서 서도 상당히 단련되어갔습니다."

사회복지사인 무카이야치 씨는 자신이 "병원에서는 그다지 감정의 기복이 없는 사람으로 통"할 정도로 호통을 치거나 고함을 지르는 일이 전혀 없었다. 아무리 곤란할 때도 자신의 감정을 다른 사람에게 부딪치는 일은 하지 않는 사람이다. 그런 그가 하야사카 씨에게만은 난폭한 말을 해댔다. 어떻게 해서든 그의 마음을 열고자 했기 때문일 것이다. 그 사람 앞에서만은 다 벗어버리고 자신의 마음을 꾸미지 않고, 시끄러!, 하고 고함을 지르고 솔직하게 짜증을 냈다. 그것도 시행착오 가운데 하나였다. 이러저러한 시도 가운에 어느 것이 얼마나 효과가 있었는지는 모른다. 하지만 적어도 무카이야치 씨의 그러한 대응 방식은 어딘가에서 하야사카 씨에게 전해졌을 것이다. 환자를 높은 곳에서 지도하고 상담하는 존재로서가 아니라, 그리고 '정상인'이 '장애인'을 도우려는 것이 아니라, 함께 괴로워하고 고생하는 한 사람의 인간으로서 그를 대하는 방식이, 그런 사람들의 동정에 누구보다 민감한 하야사카 씨에게 전해졌을 것이다.

당시를 돌이켜보며 하야사카 씨는 이렇게 말한다.

"난, 음, 불안감이 있었거든, 내 안에 말이야. 제대로 말할 수 있어서 이야기가 통하고, 상대방과 이야기가 통하고, 제대로 했다면 어떻게든 병원에는 들어가지 않았을지 모르지만 말이야. 정신과에 입원한다는 것도 몰랐어. 어딘가로 데려가는구나, 하고 생각은 했지만, 우선 무서웠던 게 아니었을까?……그러니까 지금은 생각이 달라져 병과 같이 어떻게 살아가면 자신이 아주 편해지는지를 알게 되었지. '베델의 집'에 있으니까 살아갈 수 있다고 할까. 그것은 하야사카 기요시, 나만 그런 건 아니라고 생각해. 모두의 힘이 아닌가 생각하지."

　15년 동안 탁자를 뒤엎고 창이나 문을 부숴대면서 발작과 실패와 말썽을 거듭해온 끝에, 하야사카 씨는 그러한 자기 자신의 고생을 통해 자신을 변화시켜 갈 수 있었다. 하야사카 씨에게 휘둘리고 목 조임을 당하는 등 실패를 거듭하면서도 결코 그를 떠날 수 없었던 무카이야치 씨는, 이 15년 동안의 결과에 깊이 납득하고, 그러한 길을 선택한 자신을 새삼 신뢰할 수 있게 된 것이 아니었을까?

고민하는 교회

　사납기만 했던 하야사카 씨가 조금씩 마음을 열게 되기까지 무카이야치 씨라는 존재를 빼놓고 이야기할 수 없다. 하지만 그것은 무카이야치 씨 혼자 할 수 있었던 일도 아니었다. 하야사카 씨는 "주변과의 관계가 회복되어간" 과정에서 비로소 자기 자신을 되찾을 수 있게 되었기 때문이다.

　"난 아무래도 반발하는 편이야. 예를 들어 '이거 해'라든가 하는 명령조의 말을 들으면 딱 질색이니까. 사람들과 사귀는 걸 잘 못하는 편이지. 하지만 점차 사람들과 사귀게 되었어, 잘 말이지. 그게 왜 그러냐 하면, 자신과 잘 사귀게 되었거든."

　하야사카 씨의 이야기를 들어주는 것은 같은 정신장애인인 사사키 사장이고, 오카모토 마사루 씨고 무라카미 모토무(村上求) 씨고, 나중에 '베델의 집'에 들어온 대부분의 분열병자나 알코올 중독자 동료들이었다.

"장사를 하거나 주문을 받거나 이런저런 일을 하고 돌아오면 사사키 씨가 일을 끝내고 좋아하는 소주를 마시고 있어서 말이야. 5시쯤부터 반주를 곁들여 저녁을 먹기도 하는데, 사사키 씨와 두세 명이 무라카미 씨라든가 여럿이서 이야기하기도 하고, 밥을 먹으면서 서로 이야기하기도 하고, 이렇게 하면 되지 않을까, 그렇다, 라든가 하면서 말이지."

일을 끝내고 공동 주거로 돌아오면 그곳에 있는 사람들은 이런저런 말을 주고받는다. 아침이고 낮이고 그때그때마다 한 지붕 아래 사는 사람들이 얼굴을 마주하고 밥을 먹으면서 때로는 술을 마시면서 이야기를 나눈다. 말다툼이나 옥신각신하는 일이 있어도, 입원과 퇴원을 반복해도, 모두 그것이 어떤 일인지 알고 있는 동료 사이다. 동료라서 서로 잘 알 수 있는 일이 있고, 동료가 아니면 모르는 일이 있다. 함께 생활하고 얼굴을 마주하며 모여들어 이야기를 나누면서 하야사카 씨가 주변과 관계를 회복해나갔을 때, 마주하고 있던 사사키 씨나 무라카미 씨 역시 마찬가지로 회복해갔을 것이다.

그러나 그러한 회복의 장은 정신장애를 안고 있는 당사자들만으로 가능한 일이 아니었다. 그들을 지원하는 무카이야치 씨나 가와무라 선생 등 그때그때 관련된 다양한 사람들이 있어서 비로소 가능한 일이기도 했다. 그 지원의 테두리 안에 '베델의 집' 요람기의 정신적 지주였던 우라카와 교회의 미야지마 도시미쓰(宮島利光) 목사 부부가 있었다.

그때까지 와카야마(和歌山)의 교회에 있었던 미야지마 목사가 미치코(美智子) 부인 등 가족과 함께 우라카와로 찾아온 것은 1980년 8월이었다. 원래 홋카이도 출신인 미야지마 씨 부부에게 우라카와는, 처음 와 본 지역이라고 해도 부임 이야기를 들었을 때부터 아주 친근하게 여겨지는 곳이었다. 1980년이라고 하면 이웃의 구(舊)교회당에 사사키 씨가 들어와 살게 된 해이기도 하다.

"이야기를 듣자니 말이에요, (우라카와에는) 몇 년 동안이나 목사가 없었다고 해요. 그런 데서 목사가 왔으면 한다는 말을 들으면 마음이 약해지잖아요. 뭔가 마음속에 솟아나는 열정 같은 게 있어서……. 도회의 큰 교회에서도 이야기가 있었지만 마음이 움직이지 않았는데, 원래 농촌(출신)이니까요. 도회의 교회에 비하면 경제적으로는 힘들지만 말이죠."

와카야마에 있던 무렵에는 피차별 부락(被差別部落)[5] 문제에도 몰두했었다는, 부드러운 말투 가운데 올곧음이 느껴지는 미야지마 목사는 짙은 수염과 눈썹, 땅딸막한 몸집 전체에서 자못 땅을 일구는 사람 같은 풍모를 풍기고 있었다. 부인인 미치코 씨는 배짱이 두둑한 어머니라는 말을 듣는 서글서글하고 항상 소탈한 웃음을 잃지 않는 사람으로, 초목에서 추출한 색소 염색에 인생의 깊은 맛을 담아내는 기술을 가지고 있었다.

부부는 모두 아사히가와(旭川) 북쪽에 있는 시베쓰(士別)와 나요로(名寄)라는, 일본에서도 가장 추운 지방의 개척 농가에서 태어났다. 청년 시절에는 트랙터도 보조금도 없이, 있는 것이라고는 농업에 대한 열정만으로 얼어붙은 토지를 말과 괭이로 파 엎는 힘든 일을 해냈다. 목사가 되기 전이나 되고 나서도 미야지마 씨 부부는 가난에서 해방되지는 못했지만 그것에 마음 쓰는 사람들도 아니었다. 아무도 나서려고 하지 않는 우라카와에 굳이 가보겠다고 생각한 정도였으니 말이다.

"목사가 없다는 것은 힘든 일이잖아요. 그래서 굉장히 환영받았어요. 그때까지 우라카와에서는 교회에서 예배를 보긴 했습니다만, 어딘가 다른(교회)에서 설교를 한 목사의 녹음테이프를 듣는다거나, 그런 형태로 말이지요. 나머지는 거기에 있는 신도들이 목사를 대신했다고 할까요."

아무리 시간이 지나도 목사가 오지 않는 우라카와 교회에서는 몇 명의 신도가 모여 불을 밝히고 성서를 읽는, 그럭저럭 근근이 유지되는 모임을 몇 년이나 계속해왔다고 한다.

그 신도들 중에 무카이야치 씨도 섞여 있었다.

"그 사람은 말이지요, 그때까지 혼자 하고 싶은 일이 잔뜩 있었던 듯한데, 결국 교회에는 아무도 없고 자기 혼자라서 불가능했어요. 우리가 와서 드디어 교회에 사람을 데려올 수 있겠구나 싶었는지 굉장히 기뻐했어요."

목사가 부임하면서 교회에는, 바로 옆 구교회당에 살고 있던 사사키 씨 등이 드나들게 되었다. 알코올 중독증 환자의 금주(禁酒) 모임도 열었고, 주말이 되면 애타게 기다렸다는 듯이 무카이야치 씨가 마을 여기저기에서 많은 어린아이들을 데리고 왔다. 대부분이 술로 무너지기 시작한 집 아이들이었다. 목사 부인인 미치코 씨는 부임하자마자 곧 어린아이들을 돌보느라 '왁자지껄 야단법석'이었다.

"무카이야치 씨가 그야말로 줄줄이 정말 힘들었어요. 아침 일찍부터 거의 하루 종일 있었잖아요. 아이들이 집으로 돌아가고 싶어하지 않았거든요. 큰 아이는 중학생도 있었는데, 뭐랄까요. 교회 오는 게 가장 즐겁다고 했어요. 어린아이 같은 경우는 대여섯 살이나 되는데도 옷에 오줌을 싸서 힘들었어요. 좀 장애가 있는 아이도 있고."

아이들에게 교회는 일주일에 하루만이라도, 술에 취해 해롱거리는 부모에게서 벗어날 수 있는 안식의 장소였다. 그런 아이들이 많을 때는 스무 명이나, 무카이야치 씨가 쥐꼬리만 한 월급으로 구입한 9인승 밴을 타고 찾아왔다. 거의 아침도 먹지 못했으므로 미치코 씨는 먼저 밥을 짓고 감자를 삶아 그냥 있는 반찬에 배곯은 아이들을 먹여야 했다.

얼마 안 있어 교회에는 알코올 중독증 환자나 그 가족들도 드나들게 되어, 미치코 씨는 그때까지 인연이 없었던 알코올 문제의 한가운데로 내던져졌다.

"아니, 우리도 모르는 게 정말 많기도 하고. 그래서 병원의 알코올 중독자 가족 모임에 공부하러 나가기도 하고. 그리고 무카이야치 씨와 밤 두 시쯤까지 자주 의논하고 그랬어요."

이런 말을 듣고 당시를 회상하면서 고개를 끄덕이는 미야지마 목사는, 우라카와라는 마을에서 특히 심각했던 알코올 문제는 이 지역에 많은 아이누[6] 사람들을 빼놓고는 말할 수 없다는 것을 알고 있었다. 술을 마시고 쓰러져 구급차에 실려가는 사람은 흔히 아이누 사람들이었던 것이다.

"결국 차별로 일자리가 없다는 이유도 있을 거고, 알코올 문제는 역시 차별과 무관할 수 없지요.…… 교회의 다른 사람들은, 아이누 사람들과는 그리 깊은 관계를 맺지 않는 게 좋다, 왜 그런 사람들을 위해 그렇게까지 하느냐고 했으니까요, 정말로요."

하지만 미야지마 목사는 오히려 '그런 사람들'과 관계를 심화시켜 나갔다. 게다가 알코올은 아이누만의 문제도 아니었다. 교회에서는 금주 모임이 열렸고 미치코 씨도 그 일을 거들었다.

"정신적인 병이 든 사람들에 대해서 저는, 병이 있으니까 하고 생각할 수 있었지만, 알코올 중독에 대해서는 제 머릿속에서 한동안 역시 (의지가) 약하다든가, 알코올에 졌다든가, 뭐 그런 것 때문이 아닐까 생각하고 있었거든요. 그런데 공부를 해나가면서 역시 병이라는 사실을 알게 되었고……. 그러는 사이에 몇 명인가 가족들이 자살을 한다든가 하는 이런저런 일이 있었거든요."

교회에는 정신병 환자나 알코올 중독자, 붕괴된 가정의 아이들이 밀려들게 되고, 알코올 중독자 아버지가 아이들을 쫓아와 고함을 지르는 일도 자주 있었다. 조용하고 차분하던 교회는 어느새 이상한 사람들이 모여드는 떠들썩한 장소가 되어 있었다. 그러나 미야지마 목사는 그렇게 해서 모여든 사람들을 결코 물리치는 법이 없었다.

"교회에 사람이 모여드는 게 말이에요, 하루하루가 축제같이 왁자지껄해서 정말 즐거웠어요. 그러니까 원래 이런 게 교회의 본래 모습이구나 하는 느낌으로, 그런 만남, 큰 만남이었어요."

교회 본연의 모습이었고, 목사 본연의 모습이었다.

그렇다고는 하지만 교회 성원들은 유복하지 못해서 경제적 기반은

옹색해지기만 했다. 목사는 예배당 안에 머물러 있을 수만은 없었다. 부부가 일자리를 찾아 다시마 말리는 일을 하러 다니게 되었다.

"원래 우리는 농사를 지었고 농민이니까요. 가난한 농촌 같은 게 근본에 있으니까, 뭐랄까, 이른바 보통 목사들 같지 않아서요."

아침 네 시에 일어나 해변에서 다시마를 말리고 분열병자나 알코올 중독자의 뒤치다꺼리를 하면서, 공부 모임을 갖고 예배를 올리고 금주 모임을 지원하며 아이들을 떠맡았다. 큰소리로 호통을 치며 들어오는 아버지들을 달래고, 때로는 칼을 들이대며 온 마을에서 난동을 부리거나 곤드레만드레 엉망이 된 '신자'들의 뒤치다꺼리를 했다. 경찰서를 들락거리는 문제는 늘 있는 일이었다. 인근에 폐를 끼치면 사과하러 가는 것은 목사나 미치코 씨 일이었다. 밤이 되면 정처 없이 떠돌아다니는 사람들이 장황한 상담 전화를 걸어와 두세 시에도 일어나야 하는 것은 당연한 일이었다.

참으로 가장 중요한 일요일 예배조차 형태를 갖추지 못한 '무너진 교회'였다.

출석자는 서 있거나 앉아 있거나 하면서 중얼중얼하거나 각자 제멋대로 행동하는 사람들이었는데, 도무지 목사의 설교를 듣는 것처럼은 보이지 않았다. 하야사카 씨는 옆 자리에 여자가 앉아 있으면 그쪽을 보고 앉았다. 앉아 있기만 하면 그나마 나은 편으로, 예배가 한창인데도 화장실이다 담배다 하면서 밖으로 나가버린다. 참을 수 없어서 목사가 "나가지 맛!" 하고 고함을 지른 적까지 있다. 그렇다고 그런 말을 들을 사람들도 아니었다. 앉아 있으라고 억누르면 병의 증상이 나타난다.

흙을 파먹다 | 63

"어쨌든 끝날 때까지 참고……그러니까 보통 교회 예배처럼 조용한 느낌이 전혀 아니거든요."

예배 중 미야지마 목사가 쭉 훑어보면 얌전하게 앉아 있는 사람은 제일 앞줄 무카이야치 씨와 맨 뒷줄 목사 부인 정도였다. 그런데 자세히 보면 그 두 사람도 피곤에 지쳐 졸고 있었다. 대체 이러고도 교회 예배라고 할 수 있을까? 그것은 "교회가 추궁받는" 장면이었다고 무카이야치 씨는 말한다.

"조용하고 조신하며 잡다한 거리의 소음과는 멀었던 교회가 일변해 '고민하는 교회'로 바뀌었습니다. 그것은 지금까지 내가 만나온, 선남선녀가 모이는 금욕적인 결벽으로 가득 찬 교회도 아니고, 자유롭고 활달하게 교제하는 독실한 교회도 아니며, 사람들이 약함을 인연으로 삼아 만나 함께 살아가려는 무리인 교회를 그곳에서 봤습니다. 교회란 무엇인가라는 근원을 묻고 있는 것 같았습니다."

옛날부터 다녔던 교회 사람들 중에는 "이건 우리 교회가 아니다"라고 말하며 떠나는 사람도 많았다. 그러나 바로 그렇기 때문에 "이게 교회다"라고 생각하는 사람도 있었다. 교회가 많은 고민을 안고 있었을 때, "아아, 교회다워졌구나"라고 생각한 사람이 무카이야치 씨고 미야지마 목사였다. 교회 사람들의 60퍼센트는 생활보호 연금이나 장애 연금으로 생활하는 사람들로 채워졌고, "장애인과 함께하는 교회"는 어느새 "정상인과 함께하는 교회"로 모습이 바뀌었다.

신을 찾고 도를 찾아서라기보다 예배 후 주는 차와 과자를 얻어먹기 위해 찾아오는 사람들. 그 한때만이라도 모두와 함께 있고 싶어서 찾아

공동 주거 베델의 집.

오는, 다른 데는 갈 곳이 없는 몇 번씩이나 버려진 사람들.

"전 우라카와로 가서 그런 사람들과 만나 썩 잘 되었다고 생각해요, 제 생활 방식이라든가. 그러니까 근사한 만남을 가졌구나 하고요. 그거야 의도한 것은 아니었지만요. 우라카와에 가서, 처음에는 아아, 이렇게 쓸쓸한 곳에 왔구나 하는 생각도 했지만, 그런 만남이 있어서, 굉장히, 이것 역시 목사의 일이구나 하고요."

그렇게 생각할 수 있는 미야지마 목사가 보통 목사가 아니었다고 한다면 미치코 씨도 보통 목사 부인은 아니었다.

"보통의 교회는, 그야말로 그, 뭐랄까 장엄해야 한다는 것 같은 그런 게 있는데……하지만 여기서 우리는 그런 교회의 이미지를 그다지 갖고 있지 않았어요. 그런 의미에서는 저도 기독교로 구원받은 사람이니까, 뭐랄까요, 근사한 교회당에서 엄숙한 예배를 올려야지 하는 그런 것은 우리한테 전혀 없었고……. 결국 엄숙한 예배라든가 그런 것을 기대하고 오는 사람들은 모두 떠나버렸어요. 그래도 다 없어져도 좋다고 생각했어요, 전, 그때는요, 예."

남은 것은 어디로도 떠날 수 없는 사람들이었다.

술로 쓰러지고 가정이 파괴되거나 혹은 정신병으로 이 사회에서 떨어져나가 자신들이 약해서 남겨진 사람들. 그런 사람들이 약함을 유대로 떼 지어 모이는 고생과 고민이 많은 교회였지만, 그것이야말로 교회라고 하는 생각은 지금도 미치코 씨 안에서 변함이 없다. 힘든 일뿐이었는데도 지금은 모두와 이러저러한 일을 한 즐거운 기억만 남아 있는 것은 왜일까? 너무나 가난한 나날이었는데도 기회가 있다면 다시 한 번

돌아가고 싶다고 간절히 바라고 있다.

"생선도 맛있었고 산나물이야 뭐 어디를 가든 널려 있었지요. 전 앞으로 '베델의 집'에서 살겠다고 말하고 있어요. 하하하하, 괜찮죠?"

'베델의 집'은 미야지마 목사와 미치코 씨가 없었다면, 오늘날의 모습은 없었을지도 모른다. 그 정도로 두 사람의 존재는 큰 것이었다. 1980년부터 8년 동안 바로 '베델의 집'이 그 원형을 드러내려고 했을 때, 두 사람이 우라카와 마을에 있었던 것이야말로 만남이라고 할 수 있는 바로 그것이었다.

물론 미야지마 부부가 없어도 '베델의 집'은 늦든 빠르든 당사자인 사사키 씨나 하야사카 씨 들의 고생 끝에 탄생했을지도 모른다. 우여곡절은 있어도 결국 오늘날의 모습에 이르렀을 것이라고 생각할 수도 있다. 하지만 창립기의 가장 힘든 시기에 미야지마 목사 부부가 있었다는 것, 그리고 교회가 그때까지와는 전혀 다른 모습으로 바뀌어 아무나 출입할 수 있는 곳이 되었다는 것이 '베델의 집' 사람들에게 얼마나 큰 도움이 되었는지. 교회는 그들이 있을 수 있는 물리적인 장소이면서 그들에게 계속해서 "여기에 있어도 된다"는 메시지를 보내는 안온한 장소였다.

덧붙이면, 꼭 교회나 기독교라는 틀이 없었다면 그것을 실현할 수 없었다는 이야기는 아니다. '베델의 집'과 교회의 만남은 오히려 우연의 일치라고 해도 좋을지 모른다. 물론 미야지마 목사 부부는 기독교 신자고 하느님을 따르는 사람들이지만, 우라카와에서 두 사람이 한 일은 내 모자라는 지식 안에 자리 잡고 있는 교회나 기독교의 틀에서 나온 것이라고는 생각할 수 없었다. 문외한의 오해에 가득 찬 표현일지도 모르지만, 미야지마 목사와 미치코 씨는 '교회'보다도 '기독교'보다도, 아니 그 무엇보다 우선 눈앞에 있는 약자들에게 눈길을 주고 함께 고민하고 헤매고 고생하면서 그곳에 우두커니 서 있었다고 생각된다. 그리고 그것이야말로 예수의 가르침이라고 믿었던 것이 아니었나 싶다. 처음부터 그들을 전도하려고 하고 또 이전의 교회를 지키려고 했다면, 아마 그곳에 오는 정신병자나 알코올 중독자들은 이만큼의 안온한 메시지를 받을 수 없었을 것이다. 예배가 끝난 뒤 변변찮은 차를 즐기는 일도 교회에 머무는 일도 없었을 것이며, 애초에 미야지마 씨 들과의 '충돌과 만남'도 없었을 것이다.

그러한 사람들과 관계 맺는 방식을 보았을 때 '베델의 집'에는, 또는 '베델의 집'에서 시작된 사람들의 관계 속에는 처음부터 변함없이 하나의 관점이 관철되고 있었던 것으로 보인다. 그것은 기성의 개념에 매이지 않고 형식에 매이지 않고 세인의 이목에 집착하지 않고, 거기에 있는 사람들 자체를 보려고 하는 관점이었을 것이다. 사람과 그 사람이 안고 있는 문제, 고민, 삶의 괴로움, 혹은 인간이라는 존재 자체, 알코올이나 정신병, '무너진 교회'의 현실에서 떠오르는 그러한 주제를 자신들은 피할 수가 없고, 거기에서 무슨 일이 있든 도망칠 수 없다고 그 본질을 확인할 각오 또는 체념이라 할 만한 것이 거기에는 처음부터 정해져 있었던 것 같다. 게다가 그러한 과제와 어떻게 맞서면 좋을지를 자기 자신의 문제로 받아들여 생각하려는 관점이, 그곳에 관여하는 사람들 사이에 갖추어져 있었던 것으로 보인다. 바로 그렇기 때문에 나날의 생활을 규칙으로 조이지 않고 거칠어진 환자를 가두지 않으며 교회에서 엄숙함을 찾는 것이 아니라, 그러한 임시방편보다 더욱 깊이 파고든 지점에서 인간의 생활과 생활 방식을 생각하려는 발상이 나온 것임에 틀림없다. 그리고 그러한 흐름에 앞서 '베델의 집'은 그 모습을 드러낸 것이다.

그대로도 괜찮다

미야지마 목사가 부임하고 나서, 사사키 미노루 씨와 하야사카 기요시 씨는 목사 부인 미치코 씨에게 도시락을 싸달라고 해서 일을 하러 나가게 되었다. 그리고 일터에서 돌아오면 저녁을 같이 먹으며, 미치코 씨는 어느새 '미야지마 엄마'라고 불리게 되었다.

"사사키 씨는 공공 직업안정소의 훈련 학굔가요, 거기서 굉장히 성적이 좋았어요. 직업안정소에서도 깜짝 놀랄 정도였으니까요. 아주 열심히 했거든요."

미야지마 엄마가 봤을 때, 퇴원 후의 사사키 씨는 공동 주거에서 조신하게 생활하며 이렇다 할 문제를 일으키지도 않고, 사회 복귀에 힘쓰는 정신장애인의 본보기 같은 존재였다.

하지만 그렇게 열심히 한 것이 시한폭탄이었다.

좀 더 힘내자, 힘을 내서 제대로 된 생활을 해보자고 생각하면서 일하고, 그리고 이만큼 일할 수 있게 되었으니까 이제 됐겠지 하고 약 먹는 것을 그만두기로 했던 것이다. 퇴원하고 나서 5년째 되는 해였다. 의사는 "상태를 좀 더 지켜보자"라고 제안했지만 사사키 씨는 자신의 생각을 굳히고 약 먹는 것을 그만둬 버렸다. 옆에서 지켜보고 있던 미치코 씨는 재빨리 이상한 낌새를 알아챘다.

"마침 말이에요, 결혼 이야기도 살짝 나왔어요. 저한테 자주 말이에요, 역시 약을 먹고 있으면서 결혼하는 것은 좋지 않겠죠, 그렇죠 하고 상담을 해왔어요. 그래서 전, 아니 그래도 말이에요, 약을 먹는다고 해도 결혼하는 사람이야 많이 있고, 그렇게 말했지만, 사사키 씨 마음속에는 역시 약은 좋지 않다는 생각이 있었나 봐요, 아마."

성실한 사람인 사사키 씨는 더욱 성실해지려고 약을 그만두고 말았다. 당연히 병의 증상이 나타나기 시작했다.

"점점 금단증세 같은 것이 나타나서 힘든 거겠지요, 라고 그런 상담도 해왔거든요. 그러는 사이에 결국 이상하게 돼서는 저한테 찾아와 '저, 하와이에 다녀올게요.' 라고 하더라고요."

짐을 정리하고 여행 준비를 시작하고 말았다. 여권을 받으러 간다고 말하고 경찰서에 찾아가 승강이를 벌인 끝에, 결국 경찰에 의해 하와이가 아니라 일본적십자병원 정신과로 보내지고 말았다. 최초의 재입원이었다. 물론 결혼 이야기도 흐지부지되고 말았다.

정신의료 세계에서는 일반적으로 병의 재발이나 재입원은 될수록 피해야 하는 일이라고 한다. 병이 재발하지 않도록 엄중하게 약을 관리하고 정확히 외래 진료를 다니며 스트레스가 없는 생활을 하도록 하라며,

환자를 종기처럼 취급하는 경향이 있다. 하지만 '베델의 집'에서는 그런 일은 하지 않는다. 약을 먹을지 안 먹을지, 어디까지 견디고 버틸지, 그것은 모두 본인이 결정하고 선택하는 일이다. 그 결과 병이 재발한다고 해도 그것은 당연히 일어나는 일이며 예상된 일이니까, 라는 의미를 담아 "순조롭습니다"라는 말을 듣는다. 아무리 증상이 악화되어 재입원해도 비난받는 일은 없으며, 본인이 고민하고 생각한 끝에 빠져나오는 것은 "모두 순조로운" 것이다. 그것은 병에 대한 말이 아니다. 인간으로서 고생을 거듭한 것에 대해 말하는 것이다. 그러므로 입원을 반복하고 고생을 거듭하면, '베델의 집'에서는 오히려 "얼굴이 좋아진다"고 적극적으로 평가받는다.

그렇다고 해도 사사키 씨가 처음으로 재입원한 무렵에는 그러한 생각이 정착한 것은 아니었다. 가와무라 선생도 무카이야치 씨도 분열병자나 알코올 중독자인 많은 환자와 마주하는 과정에서, 마음속에서는 아주 참신한 생각을 하고 있었지만, 한 사람 한 사람 환자에 대해서는 시행착오를 거듭하던 시기였다. 어딘가 이래도 괜찮을까 하는 생각도 했음에 틀림없다. 사사키 씨의 재발도 적어도 옆에서 보고 있던 미야지마 미치코 씨에게는 조마조마한 일이었던 만큼, 우라카와에서 경험한 일 중에서 깊은 인상을 남긴 일 가운데 하나였다.

그래도 사사키 씨는 그다지 손이 가지 않은 편이었다. 정말 농락당한 것은 하야사카 기요시 씨 쪽이었다.

"병원에서 왔을 때는 좀체 말을 하지 않고, 말을 해도 더듬더듬하는 느낌으로, 아아 역시 정신과에서 온 사람이구나 하는 느낌이었어요. 멍하니 말이에요."

처음 교회에 와서 커피를 마실 때, 설탕을 큰 스푼으로 여섯 숟갈이나 넣었던 일을 똑똑히 기억하고 있다. 창백한 얼굴을 한, 장기 입원을 막 끝냈다는 이 젊은이는 과연 어딘가 균형이 잡히지 않은 구석이 있었고, 공동 주거에서 생활하면서도 조그만 일로 발작을 일으켰다. 애초에 병원 이외의 장소에서 살아가기 위한 최소한의 지식과 힘이 갖추어져 있지 않았다. 그런 젊은이를 어떻게 하면 좋을까, 미야지마 미치코 씨는 한동안 생각하다 지쳐버렸다.

"어쨌든 하야사카 씨는 처음에 샌드위치를 주어도 안에 들어 있는 양상추를, 조금밖에 들어 있지 않았는데도, 그것을 이쪽으로 쏙 빼놓고 먹는 사람이었어요. 야채는 거의 먹지 않았어요. 그것을 보고, 아아 밭을 일구는 게 좋겠구나 하고 생각해서."

모두가 채소를 심기로 했다.

도로를 끼고 교회 건너편에는 마침 밭으로 만들 수 있는 조그마한 땅이 있었다. 햇볕이 잘 드는 경사면으로 조망도 좋아 우라카와 항이 한눈에 내려다보였다. 미치코 씨는 어린아이 손을 끌 듯 그곳으로 하야사카 씨를 데리고 가 함께 땅을 일구고 채소를 심었다.

"겨제풀이 쑥쑥 자라난 그 땅을 뒤집어엎어 두 이랑 정도 만들어서는 감자, 옥수수, 토마토 같은 걸…… 같이 심었어요. 퇴비도 얻어다 넣고. 사사키 씨도 잘 해주었어요. 그랬더니 이번에는 하야사카 씨가 '키운 양상추는 맛있구나!' 하고 먹게 되었고. 그래서 지금은 거의 모든 야채를 먹을 수 있게 됐어요."

산나물 캐러 갈 때도 자주 데리고 갔다. 외로움을 잘 타는 하야사카 씨는 "정말이지 꼭 금붕어 똥처럼" 미치코 씨 꽁무니를 졸졸 따라다니는 것이었다. 여름이 되면 교회의 레크리에이션에도 따라갔다.

"그 사람은 정말 외로움을 잘 탄다고 할까, 겁쟁이라고 할까. 무카이야치 씨는 '담력 테스트' 하는 것을 아주 좋아했는데, 그래서 아이들 캠프에, 자기들은 먼저 가서 뭔가 놀라게 하는 일을 꾸미는 거예요. 무카이야치 씨는 그런 걸 아주 좋아해요. 모두들 차례차례 가자고 하고. 정말 하야사카 씨는 나한테서 떨어지지 않았어요. 그런 데서는 아주 깜깜한 길을 걷게 되잖아요. 그러면 정말 손을 꼭 붙들고 가는 거예요. 어쩔 수 없다고 생각하고 걷고 있으면 무카이야치 씨가 아주 무서운 불덩이 같은 걸 획획 섬뜩하게 들이대는 거예요. 그러면 정말 하야사카 씨는 끼약하고 재빨리 도망가서는 정말이지 부들부들 떠는 거예요. 그게 너무 재미있어서……. 전 정말 손이 떨어져나가는 줄 알았어요. 하도 힘껏 잡아서."

거의 어머니와 자식 관계였다. 그런 생활을 함께하는 과정에서 미치코 씨는 어느덧 엄격해 보이는 얼굴과 체격의 소유자인 이 젊은이의 심성이 유리처럼 섬세하고 깨지기 쉽다는 것을 알게 되었다.

그 무렵 하야사카 씨는 여러 형태의 '사회 복귀'를 시도하고 있었다. 먼저 시도한 것이 제재소나 건축 현장 아르바이트였다. 한 시간이든 두 시간이든 어쨌든 일해보고자 한 것이다. 하지만 좀처럼 지속되지 않았다. 하야사카 씨는 도저히 보통 사람들처럼 일하는 것이 불가능했다. 그것은 그들 대부분이 안고 있는 고민이기도 했다. 대부분 정신장애인은 사지가 멀쩡해 보여도 하루 여덟 시간은 고사하고 한 시간 일하는 것도 어렵다. 주위 사람들은, 그리고 때로는 본인들조차도 일할 수 없는 것은 게으르기 때문이라거나 근성이 없는 탓이라고 생각해버린다. 그러나 그것은 병이다. 그것이야말로 이 병의 혹독함이다. 본인이 아무리 일하고 싶어도 병이 일하게 가만두지 않는다.

하야사카 씨는 그러한 정신장애인 중에서도 특히 일을 계속할 수 없는 유형이다. 몇 번인가 실패를 거듭한 끝에 미야지마 엄마는 무카이야치 씨에게 상담을 해왔다.

"심한 일은 못해도 손작업이라면 할 수 있을지 몰라요. 어디 그런 일자리는 없을까요?"

그래서 찾아낸 것이 다시마 일이었다. 히다카(日高) 지방 특산물인 다시마를 업자에게 받아 봉지에 넣어 출하하는 부업이었다. 끈기가 필요한 일이지만 봉지 하나에 5엔의 품삯을 받을 수 있었다. 이거라면 하야사카 씨도 할 수 있을 것 같았는데, 웬걸 생각대로 되지는 않았다.

"다시마를 봉지에 넣는 데도, 바삭바삭하니까 조금만 스프레이를 뿌리면 되는데 축축하게 적셔놓는다거나……. 하여튼 우선 저울로 재는 걸 못했으니까요."

기본적인 순서를 지킬 수 없었다. 계산도 못했다. 게다가 작업에 집중할 수도 없었다. 작업장에 와도 하야사카 씨가 앉아 있는 시간은 고작 3분이었다.

"전 메가톤 폭탄이라는 말도 들었어요. 처음 한동안은 자주 화를 냈거든요. 하야사카 씨한테, 다시마를 항상 하는 것처럼 해두라고 말해도,

알았어요, 라고 대답은 하는데 점점 다시마가 쌓여가는 거예요. 현관에 다시마가 쌓여가는 것을 보면 안절부절못하고."

무심코 폭탄을 떨어뜨려 버린다.

하지만 화를 내거나 재촉을 해도, 아니 화를 내면 낼수록 하야사카 씨의 작업은 진척되지 않았다. 진척되기는커녕 무리하면 '뒤집어엎어' 버린다. 납기가 다가오면 다시마 부업 일은 결국 언제나 미야지마 미치코 씨 혼자 밤을 새서라도 끝내야 했다.

"몸 상태가 안 좋으면 다시마가 점점 쌓여가고, 그러면 하야사카 씨는 이제 어떡하지, 어떡하지, 이러는 거예요. 그래서 몸을 움직일 수 없게 되고, 뒤집어 엎어버리겠다는 말을 하는 거예요. 뭐야, 그런 거였구나. 그때까지는 정말 모르고 있었던 거지요."

시행착오를 거듭하면서 조금씩 보이는 게 있었다.

그 가운데 하나는 하야사카 씨의 '약함'이었다. 스트레스에 약한 것이다. 막다른 궁지에 몰리면 고장 나버린다. 쉽게 공황 상태에 빠진다. 하지만 반대로 말하면 그것은 그가 얼마나 정직하게 살고 있는가 하는 증거이기도 했다. 가능하지 않다는 것을 말로는 못해도 몸이 드러냈다. 아무리 숨기고 얼버무리려고 해도 병은 정직했다.

이러한 질병의 현실을 정상인의 입장에서 보는 것이 아니라 환자의 입장, 즉 하야사카 씨 입장에서 보려는 관점이 '베델의 집' 사람들에게는 처음부터 있었던 것 같다.

하야사카 씨의 약함에 폭탄이 떨어지는 일도 있었다. 그러나 미야지마 엄마는 한때만 같이 하는 것이 아니라, 뭐든지 함께하며 생활하는 가운데 그 약함을 받아들이게 되었다. 그것은 결코 패배가 아니었다. 오히려 새로운 '베델의 집' 식의 생활 방식을 생각하는 계기이기도 했다. 무카이야치 씨는 이렇게 말했다.

"하야사카 씨가 3분밖에 하지 못한다면 누군가 그 3분을 보충할 동료를 찾자, 그래서 한 동료가 배정되었어요. 그래도 역시 일을 해치우는 것은 어려웠어요. 그러면 또 부족한 부분을 보충할 동료를 늘리자, 그렇게 해서 한 사람이 두 사람이 되고, 두 사람이 세 사람이 되어 하청 받은 일이 점점 늘어갔어요."

결과적으로 보면 하야사카 씨가 3분밖에 일할 수 없어서 다른 동료까지 작업에 참가하게 되었다. 여전히 미야지마 미치코 씨 일은 줄어들지 않았지만, 작업장이 된 '베델의 집'에는 점차 다시마를 둘러싼 일의 테두리 같은 것이 생겨났다. 그것이 '베델의 집' 작업장의 원형이었다. 하야사카 씨는 거기에서 자신의 약함을 비난받는 것이 아니라, 그 약함으로 "세 사람 분의 일을 낳은" 공로자로 인정받았다. 요즘 식으로 말하면 그것은 일자리 나누기겠지만, 일자리 나누기와 결정적으로 다른 것은, 모두가 일을 서로 나누는 것이 아니라 일을 할 수 있는 사람이 일을 하는, 즉 일을 할 수 없는 사람은 하지 않아도 된다는 분명한 불평등이 관철되고 있다는 점이었다. 그 불평등을 담보하는 것은 그들 구성원의 생활 방식이 보여주는 정직함이고, 병이었다.

다시마 작업은 한 봉지에 5엔이라는 얼마 되지 않는 부업으로 근근이 지속되고 있었다. 낡고 썩어버린 듯한 공동 주거 거실에서 묵묵히 다시마를 봉지에 담고 있는 다섯 명은 잠깐 일하고 쓰러지고, 뒤집어엎고는 다시 일어나는 형편으로, 도무지 일의 체제를 갖추지 않은 능률이 떨어지는 작업을 계속하고 있었다. 그때는 '베델의 집'에서 '사회 복귀'라는 말이 어느 정도 진실로 말해진 시기기도 했을 것이다. 지금의 '베델의 집'에는 이른바 사회 복귀나 사회 참가에 회의적인 시선이 있지만, 다시마 작업을 막 시작하던 1983년 무렵에는 '베델의 집'에서도 아직 사회 복귀를 목표로 하고 그것을 시도하고 있었다는 걸 엿볼 수 있다.

사사키 사장이 판금 공장에 일하러 다닌 일이 그랬다. 병원에서 왔다는 이유로 냉대를 당하면서도 꾹 참고 일한 것은 사회에 복귀해야 한다고 생각했기 때문일 것이다. 하야사카 씨가 무리해서 건설 현장에서 아르바이트를 한 것도 보통 사람들처럼 일하고 싶다는 생각에서 나온 것이었다. 미야지마 미치코 씨가 작업이 느린 하야사카 씨에게 폭탄을 떨어뜨린 것도 힘 내자는 따뜻한 격려였을 것이다. 좀 더 일할 수 있게 되어 사회에 복귀해야 한다고, 또는 사회에 참가해야 한다고.

하지만 세상 사람들이 말하는 사회 복귀나 사회 참가는 어딘가 좀 이상하지 않은가 하는 생각이 '베델의 집'에 생겨난 것은 언제쯤이었을까? 어느 순간 사사키 씨가 문득 흘린 한마디에서였는지도 모른다.

"정신장애인의 자립이라는 말을 하는데, 왜 장애인한테만 자립하라는 말을 하는 걸까?"

사사키 씨가 언제 그리고 어디서 이 한마디를 흘렸는지는 본인을 포함해 아무도 기억하지 못했다. 아마 1980년대 중반쯤이었을 것이다. 하지만 가와무라 선생에게 이 말은 마음속 깊이 남은 한마디였다.

"우리는 이른바 정신장애인의 사회 복귀라는 말을 흔히 해왔고, 그에 대해 별 의문조차 품지 않았습니다. 그러나 왜 정신장애인만이 사회 복귀를 해야 할까…… 장애인은 정말 그런 것을 위해 태어난 것일까 하고 말이죠. 또는 우리의 역할도 말이에요. 그저 장애인의 장애성에만 시선을 두고, 그것이 좋다, 나쁘다 하는 차원의 일을 해나가는 것이 정말 우리 역할일까 하고 말이지요. 거기에 정말 의문이 있었거든요."

장애인의 사회 복귀가 아니라 모든 사람들의 사회 복귀야말로 주제라는 생각에 이르게 된 것이다. 모든 사람들의 사회 복귀란, 즉 복귀해야 할 사회란 어떤 것일까 하는 물음이기도 하다. 우라카와라는 마을에 대해 말하자면, 사는 사람이 적고 일자리도 없으며 모두들 나날의 생활에 고생을 겪고 있다. 대부분 젊은이들은 마을을 뒤로 하고 떠나지 않는가. 과연 이런 마을에 복귀하는 것이 행복한 것일까? 이 마을 자체가 '사회 복귀'를 해야 하는 것은 아닐까? 그런 것을 잘 생각해보려던 것이 사사키 씨의 한마디였다.

사회 복귀라는 문제에 대해 다른 관점에서 의문이 생긴 무카이야치 씨는 『'베델의 집'의 책』에서 이렇게 쓰고 있다.

> 정신장애인 문제의 최대 불행은, 정신장애인을 사회의 일원으로 받아들여 그들의 고통과 목소리를 들으려 하지 않은 점에 있습니다.…… 무엇보다도 병을 경험한 사람의 고민이야말로 중요합니다. 그들이야말로 운동의 주역입니다. 그러나 수많은 작업장 설립 운동 중에서 그들의 얼굴을 찾아볼 수 있는 경우는 드뭅니다. 그들은 항상

'자립'과 '사회 복귀'라는 십자가를 짊어지고 훈련에 힘쓰는 조역으로 간주됩니다.

이 글을 쓰던 1991년과 지금은 상황이 아주 달라졌는지도 모른다. 그러나 정신장애인은 아직도 공동 주거나 작업장에서 '주역'이 아닌 경우가 많을 것이다. 자립이나 사회 복귀는 대부분 이른바 정상인이 주창하고 계획하며 추진하는 것이 아닐까? 그 정상인은 부모거나 의사, 사회복지사, 공무원이나 지역 사람들이었는지도 모른다. 하지만 그들이 주창하는 사회 복귀나 자립은 항상 정상인을 기준으로 삼고 있다. 조금이라도 정상인에게 다가가는 것, 병을 치료하는 것, 환각이나 망상을 없애는 것, 훌륭한 사람이 되어 의젓하게 제 몫을 하는 것, 그런 이미지가 정착되어 있다. 그러한 모든 것은 "병에 걸려서는 안 된다", "지금 이대로의 당신이어서는 안 된다"라는 메시지를 계속해서 질리도록 발신하는 것이 아닐까? 그런데 고치라, 없애라, 이런 말을 듣는 그 병은 다름 아닌 정신병이다. 감기나 위염과 달리 간단히 고칠 수 있는 병이 아닌 것이다. 많은 사람들이 평생 이 병과 함께 살아가야 한다면, 병을 고치라, 정상인이 되라, 이런 말을 계속해서 듣는 것은 그 사람이 평생 "지금의 당신이어서는 안 된다"라는 말을 계속 듣는 일이다. 그런 것이 아니라 병이 있든 없든 "그대로도 괜찮다"는 생활 방식도 있지 않을까?

'베델의 집' 사람들이 처음부터 그런 것을 생각한 것은 아니겠지만, 그 생활 방식이나 생활 방법에서는 "그대로도 괜찮다"라는 메시지가 항상 발신되고 있다. 그것은 이치로 따져 생각한 결과가 아니라 모두가 함께 생활하고 고민하고 고생하며, 시행착오를 거듭하면서 쌓아올린 결과였다. '베델의 집' 초창기 때, 무카이야치 씨는 각지의 작업장을 견학하고 사회 복귀의 길을 모색했다고 한다. 하지만 거기에서는 항상 정신장애인이 주역이 되지 않는 모순에 봉착했다. 일본적십자병원의 가와무라 선생은 열심히 치료에 힘쓰고, '치료할 수 있는 의사'를 목표로 하고 있었다. 그러나 자신이 하는 일을 납득할 수 없었고, 드디어 의료의 틀 안에서 사고하는 것의 빈곤함에 부딪혔다. 미야지마 미치코 씨는 어떻게든 하야사카 씨에게 일을 시켜보려고 했지만 모조리 실패하고, 하야사카 씨의 '약함'에서 병이라는 것을 납득했다. 그리고 누구보다도 하야사카 씨나 사사키 씨, 또 그 무렵 '베델의 집'에 찾아왔던 수많은 사람들은 그 자신이 자립과 사회 복귀, 정상인을 목표로 하는 것의 어려움, 그리고 그 성과가 없다는 것을 몸으로 알았을 것이다. 그것은 특별히 일부러 병을 내세운다는 의미가 아니다. 병자지만 그래도 여전히 어떻게 살아갈까, 스스로에게 계속해서 그것을 묻는 일이었다. 그 물음이 아직 윤곽을 드러내지 않은 무렵부터, '베델의 집'에서는 관리를 거부하고 자신의 마음을 말하려 하고 그대로의 자신을 받아들이며, 문제가 있으면 사람들끼리 서로 부딪치면서 해결해나가려는 시도를 나날이 반복해왔다. 그리고 당연하게도 그 시도와 거의 같은 수의 실패를 거듭해왔다.

겐짱의 전화

'베델의 집'에 '베델의 집'이라는 이름이 붙은 것은 사사키 미노루 씨가 베델의 집 구성원으로 살기 시작한 지 4년째가 되는 1984년의 일이었다. 이해 겨울에 부엌과 화장실을 사용할 수 없게 되어 공동 주거는 한때 철거 위기에 처했지만, 교회가 모은 112만 엔의 모금으로 그럭저럭 수리해 계속 남아 있을 수 있게 되었다. 이때 당시까지 단지 구교회당으로 불리던 이 건물에 뭔가 이름을 붙이자는 말이 나왔고, 모두가 선택한 것이 미야지마 목사가 제안한 '베델'이라는 이름이었다. 베델이란 구약성서에 나오는 지명으로 신의 집이라는 뜻이다.

'베델의 집'이라는 이름이 붙은 공동 주거에는 계속해서 사사키 미노루, 와타누키 하루오(錦貫晴郎), 하야사카 기요시, 이 세 사람이 살게 되었다. 지금 '베델의 집'은 구성원이 백 명 전후고 공동 주거도 마을 안 열 곳에 분산되었지만, 이 무렵에는 불과 몇 명이 단 한 동의 공동 주거에서 살았으며 그곳이 작업장을 겸하고 있는, 정말이지 볼품없는 곳이었다.

  기록을 보면 '베델의 집'이 실제로 그 첫 걸음을 내딛기 시작한 1979년에서 10년 동안은 몇몇 예외적인 '기적'이나 성과는 있었지만, 고생이나 고민, 말썽 쪽이 압도적으로 많았다는 것을 알 수 있다. 바꿔 말하면 처음 10년 동안 '베델의 집'은 이륙할 수가 없었다. 땅 밑에서 묵묵히 흙을 파먹는 지렁이 집단이었던 것이다. 그것은 침묵의 10년이라고 해도 좋을 것이다. '베델의 집' 사람들 한 사람 한 사람이 충분한 힘을 갖추지도 않았고, 충분한 구성원이 있었던 것도 아니다. 불과 몇 명의 거주자가 재정적인 기반도 사회적인 인지도도 없는 것이나 다름없는 상태에서, 불안정한 공동생활을 하며 사소한 부업 일을 시작했을 뿐이다. '베델의 집'과 함께하려고 한 사람들을 봐도, 중심이 된 가와무라 선생은 1984년부터 4년간 삿포로(札幌)에서 근무하게 되어 없었고, 무카이야치 씨는 그 혁신적인 수법이 이단시되어 병원과의 관계가 어긋난 지 오래되었으며, 고민하는 교회의 미야지마 목사 부부는 양어깨에 너무나 무거운 짐을 짊어지고 신음하고 있었다. 그 총체적인 모습이 '베델의 집'이라고 한다면, '베델의 집'은 저공비행은커녕 수렁 속을 기어가는 나날을 보내고 있었다고 할 수 있다. 그러한 힘겨움 속에서 구성원들은 자주 어찌할 바를 몰랐으며, 그토록 대단한 무카이야치 씨도 진지하게 "일본적십자병원을 그만두고 싶다"고 생각하던 시기였다.

  최악의 상태에 빠져 있는 '베델의 집'을 더욱 몰아치기라도 하듯이 침묵의 10년 그 마지막 해에 두 가지 사건이 일어나 '베델의 집'은 존망의 위기에 처했다.

최초의 사건은 미야지마 목사가 떠나게 된 일이었다. 1988년 5월, 목사 부부는 8년 동안 머문 우라카와를 떠나 다키카와(滝川)의 니노사카(二の坂) 교회로 전임했다. 대신 다른 목사가 왔지만, 그때까지 '베델의 집'을 자기 집처럼 지켜주고 보살펴온 미야지마 목사와 미치코 씨의 전임은 베델의 집 사람들 사이에 커다란 동요를 불러일으켰다. 아니나 다를까 하야사카 씨 등 두 사람은 병이 재발해 입원했다. 사사키 씨는 그 전부터 일자리를 얻어 산속 은어 양식장에 나가 있었으므로, 미야지마 목사가 떠난 뒤 '베델의 집'에는 거의 인적이 끊겨버렸다. 공동 주거는 다시 근처 아이들이 뛰어 달아나는, 귀신 나오는 집으로 돌아가 버렸다.

그래도 연말까지는 황폐해진 '베델의 집'으로 한 사람 두 사람 거주자가 돌아오고 새로운 거주자도 들어왔다. 그렇게 해서 다시 일어서기 시작한 '베델의 집'에 치명상을 주기라도 하듯 두 번째 사건이 터지고 말았다. 이후 '베델의 집'의 10년을 결정하게 된 '다시마 부업 중단 사건'이다.

사건의 주역은 이시이 겐 씨, 바로 겐짱이었다. 슬슬 추워지기 시작한 11월의 어느 날 아침, 여느 때처럼 다시마 작업을 하러 온 겐짱은 도급업자의 공장에 전화 한 통을 걸었다.

"저, 오늘 아침, 아직 다시마가 오지 않았는데요."

겐짱은 공장에 문의할 생각이었다.

"예? 뭐라고요?"

공장 측은 겐짱이 전화로 하는 말을 알아들을 수 없었다.

"다시마, 언제 오나 해서요."

공장에서 오는 다시마는 항상 늦는 편이었다. 부업 일을 하러 모인 구성원들은 기다리며 헛물만 켜고 있었다. 그날도 9시에 와야 할 다시마가 11시가 되어도 아직 오지 않았던 것이다. 원료인 다시마가 대체 언제 오느냐고 겐짱은 공장 책임자에게 물어볼 생각이었다. 그런데 상대편은 겐짱이 하는 말을 잘 알아듣지 못했다.

"뭐요, 뭐라고요? 잘 안 들리는데요."

"저어, 다시마, 언제 오냐고요."

도대체 몇 번이나 말해야 되느냐고, 아마 그 정도 말을 했겠지만, 상대에게는 그렇게 들리지 않았다. 무리도 아니다. 원래 퉁명스러운 겐짱이 약을 먹고, 게다가 전화로 하는 말이니, 무슨 말을 하는지 알아듣기 힘들었을 것이다. "저, 다시—, 언—, 오냐—요" 정도로 들렸을 것이다.

"무슨 말을 하는지 모르지? 아침부터 취해서 전화하면 안 돼."

"뭐, 뭐라고!"

그 다음은 서로 고함만 오고가는 싸움이었다.

그리고 얼마 안 있어 공장에서 트럭 한 대가 급히 도착해 '베델의 집'에 위탁했던 다시마와 작업 도구를 몽땅 가져가 버렸다. 부업 중단이었다. 작업하러 모인 구성원들은 망연자실했다.

"낭패인걸, 어떡하지?"

"이제 일을 주지 않겠다는데."

무카이야치 씨나 사사키 씨가 외출했고, 그 사람은 취해 있는 게 아니라 그런 병이라고 아무리 설명해도 상대방은 이해해주지 않았다. 댁

들한테는 이제 부탁하지 않는다고, 정말로 화가 나 있었다. 만 5년 동안 계속되었던 '베델의 집'의 일거리는 이렇게 해서 단 한 통의 전화로 없어지고 말았다. 무카이야치 씨는 "가까스로 쌓아온 것이 점차 무너져 가는 듯한 낙담"에 휩싸였다. 왜 겐짱한테 전화를 하게 했느냐고 해도 원님 떠난 뒤 나팔이었다.

"요 겐짱이 일을 망쳤어."

하야사카 씨는 지금도 겐짱의 얼굴을 보며 웃으면서 말한다.

"그쪽 회사 사람이 오지 않아서, 싸움을 건 것도 겐짱, 모든 걸 때려 부순 것도 겐짱. 하청 일을 따낸 것은 하야사카 기요시, 나인데, 작업장과 회사는 모두가 만들었는데, 첫 시작은 내가 했고 망친 게 겐짱이지."

다시마 부업이 없어지고 그것을 대신할 일도 없었다.

누구나 한숨을 쉬면서 쓸쓸한 연말을 맞이할 때, 모든 것을 깨부순 겐짱은 'A급 전범'이었다.

하지만 이 사건이 '베델의 집'의 전환점이 되었다.

앞이 보이지 않는 고생이 이어지는 가운데, 아니 벌써 그런 고생을 10년이나 계속해왔으니, 그들은 자기도 모르는 사이에 그 나름의 힘을 지니고 있었다. 수렁 속에서 그래도 움터 나오려는 싹이 그들 안에서 생겨나기 시작했다. 침묵의 10년 동안 '베델의 집'의 문제투성이인 사람들은 그저 막연하게만 살아온 것이 아니었다. 충돌과 만남을 반복하면서 거기에는 어느새 느릿하고 불확실하며 변덕스럽지만 피부로 느낄 수 있는 하나의 '장'이 만들어져 있었다. 그것은 결코 강고한 연대로 지탱된 장도, 명석한 이념으로 지탱된 장도 아니었다. 규칙이나 약정, 상하 관계에 의해 규정된 짐짓 꾸민 듯한 장도 아니었다. 그저 약한 사람이 그 약함을 유대로 연결된 장이었다. 그것은 이 세상에서 가장 힘이 약하고 부와 지위와 권력에서 가장 멀리 떨어진 데 있는 사람들이 만들어낸, 세속적인 가치와 힘이 전혀 없는 인간끼리의 유대였다.

  하지만 거기에는 누가 정한 것도 아니고 또 목표로 한 것도 아닌, 처음부터 변함없이 관통해온 하나의 원칙이 있었다. 결코 "누구도 배제하지 않는다"는 원칙이었다. 뒤처진 채 따라갈 수 없는 사람을 만들지 않는다는 생활 방식이다. 애당초 그들 안에서는 배제라는 말이 의미가 없었다. 그들은 이미 여러 겹으로, 그리고 몇 번이고 이 사회에서 배제되어 밀려난 사람들이었으니까. 서로가 더 이상 밀려날 수 없는 사람들의 무리가 약함을 유대로 연결되어 결코 배제하지 않고 또 배제당하지 않는 인간관계를 만들어왔을 때, 거기서 나타난 것은 한없는 평등성이라고도 할 수 있는 인간관계였다. 그 한없는 평등성을 실현한 "결코 배제하지 않는다"는 관계성이야말로 '베델의 집'이라는 장을 만들고 '베델의 집'이 가진 힘의 원천이었다. 다시마 부업 중단 사건 한가운데서 그 힘이 발휘되려 하고 있었다.

장사를 하자

'베델의 집'의 유명한 캐치프레이즈 가운데 하나는 "세 끼 밥보다 회의"라는 것이다. 무슨 일이든지 모두가 모여 의논하고 모두 납득할 때까지 이야기를 나눈다. 그 전통은 초기부터 '베델의 집' 사람들 사이에 정착되어 있었다. 다시마 부업 중단 사건 이후, 하야사카 씨를 비롯한 공동 주거에 사는 사람들, 병원이나 지역에서 찾아오는 같은 병을 앓는 동료들은 모여서 어떻게 하면 좋을지를 계속 의논했다.

뭔가 일은 없을까, 쓰러지거나 입원하는 동료들도 할 수 있는 일은 없는 것일까? 사람들은 무카이야치 씨와 함께 홋카이도 각지에 있는 정신장애인 작업장을 견학했다. 거기에서 다양한 것들을 배웠지만 돌아오자 다시 장황한 논의를 반복할 뿐이었다. 그 이야기를 하다가, 어디서, 언제, 누가 꺼낸 것일까? 한 아이디어가 그 모임에 모인 사람들의 마음속에 빛나기 시작했다.

"어때, 장사해보지 않겠어?"

부업이 아니라 우리가 다시마를 사서 팔아보는 거야.

"그래, 돈벌이를 하는 거야!"

이 한마디가 모두의 마음을 붙잡았다. 정신장애인이든 아니든 돈벌이라는 말을 듣고 들뜨지 않을 사람이 있을까? 다른 사람이 시켜서 하는 것이 아니라 다시 말해 부업 같은 게 아니라, 우리가 일해서 직접 파는 돈벌이에 도전해보자. 한 봉지에 5엔 하는 다시마 포장을 아무리 해봐야 일만 힘들고 전망은 없다. 똑같은 고생을 할 바엔 매입도 판매도 우리가 직접 하는 장사가 훨씬 낫다. 그렇다, 해보자…….

그러나 기대와 함께 불안도 있었다. 정말 그런 일을 할 수 있을까? 정신장애인이 장사를 한다는 이야기는 들어본 적이 없다. 눈을 반짝이면서, 그러나 자신들의 병을 응시하면서 모두의 마음은 흔들리고 있었다고 하야사카 씨는 말한다.

"그러니까 그때까지는 말이에요, 할까 말까, 정말 회의만 했어요."

그런 회의가 계속되면서 점점 아이디어가 모였다. 다시마만이 장사가 아니다. 그 밖에도 여러 가지가 있다. 우라카와에서 가장 큰 무대인 일본적십자병원을 상대로 종이 기저귀나 휠체어를 팔 수는 없을까? 청소나 폐기물 처리 등 청부 일도 있을 것이다. 그러나 일을 맡기 위해서는 회사로서 병원 측과 계약해야 한다. 다시마 매매를 하는 데도 회사를 만드는 것이 일하기 쉽다. "그렇다면 차라리 회사를 만들자"는 이야기가 자연스럽게 흘러나왔다. 그렇다, 회사를 만들면 된다, 굉장한데, 사장은 누가 맡지, 갑자기 이야기가 열기를 띠기 시작했을 때, '베델의 집'의 한 여성이 찬물을 끼얹었다. "무슨 농담 같은 말을 하는 거야."

"회사를 만든다고, 당신들 같은 바보들이 그런 걸 할 수 있을 것 같아!"

이 한마디가 계기가 되었다.

"아니, 우리가 바보야? 우리가?"

하야사카 씨와 사람들은 바보라는 소리를 듣고 오히려 의지가 불타올랐다. 정말 바보인지도 모른다. 이상할지도 모르지만 그런 말을 듣고 가만히 있을 수는 없다. 미적미적 결정하지 못하던 마음이 단숨에 움직였다. 모두가 앞 다투어 나서기 시작했다.

"'그런 말을 한다면, 해보는 거야!' 라며 그 여자에게 대든 게 나였어. 그 여자가 '회사 같은 거 만들 수 있을 것 같아! 당신들처럼 미친 사람들이 가능할 리가 없지'라고 말한 것이 돌파구였지. 그러니까 하자고 한 것이 나였어. 거기서 시작된 회사야."

무카이야치 씨는 지금도 하야사카 씨와 그때 일을 웃으면서 이야기할 때가 있다.

"그래서 그때 기요시 씨, 그 여자한테 덤벼들려고 하지 않았어?"

"잡았어, 붙잡았지."

"기요시 씨가, '뭐야 당신' 이라고 말하며 곧 멱살이라도 잡을 것처럼 그랬잖아. 그때 그 아줌마가 그런 말을 하지 않았으면 회사는 만들 수 없었을지도 모르지."

"만들 수 없었겠지. 만들었다고 해도 어딘가 이상하게 되었겠지."

그때 회의 마지막 순간에 한 멤버가 말했다. 자신들은 병을 경험하고

장애를 갖고 있다. 바로 그렇기 때문에 할 수 있는 일이 분명히 있을 것이다. 회사를 만들어 다시마를 팔고, 기저귀나 개호(介護)[7] 용품의 택배를 한다거나 복지와 관련된 일은 자신들이 시작하면 의미가 있다.

"하는 게 좋을 거 같아요."

그 한마디로 하야카 씨를 비롯한 사람들의 마음이 정해졌다. '베델의 집'의 오래된 흠투성이 판자 사이로 그 자리에 모인 사람들의 박수 소리가 터져나왔다.

형식적으로는 그해 연말인 1988년 12월, '베델의 집'은 소규모 공동 작업장 '우라카와 베델'을 설립한다. 우선 작업장을 만들어 어쨌든 모두가 장사를 시작하자는 이야기가 되었다. 그리고 장사 밑천으로는 사사키 미노루 씨가 비상금으로 가지고 있던 10만 엔을 출자했다. 그 10만 엔으로 다시마를 사서 가공하는 사업을 시작했다.

장사는 단순한 다시마 봉지 포장에서 시작했다. 모두가 다시마를 자르고 다듬어 봉지에 넣는다. '보드라운 종이'에 크레용으로 그린 다시마 그림을 스테이플러로 붙인, 모두 손작업으로 한 아마추어 세공 제품, 다시마 봉지 포장이 완성되었다. 과연 이런 것이 팔릴까 하고 반신반의하면서도, 이듬해 4월 시험 판매를 위해 삿포로에서 열린 교회 모임에 제품을 가져갔다. 이때 판매원으로 하야카 기요시 씨가 따라간 것이 행운의 시작이었는지도 모른다. 난생처음 해보는 판매라서 불안과 긴장에 휩싸인 하야카 씨는 그 자리에서 온몸이 굳어진 채 쓰러지고 말았다. 그런 하야카 씨를 보고 그 교회 신도인 주부들이 "그거라면 우리가 하자"고 힘을 모아 다시마를 눈 깜짝할 사이에 모두 팔았다. 장사

'베델의 집' 구성원들이 옛 작업실에서 다시마를 담고 있다.

는 대성공. 6만 엔의 매상고를 올리고 돌아온 하야사카 씨는 지금도 자기 병 때문에 다시마가 팔렸다고 믿고 있다.

장사를 시작하게 되자 작업장에는 여러 변화가 나타났다. 똑같은 다시마를 취급하는 것이었지만, 돈벌이를 한다는 기세는 신제품 개발이라는 형태로 나타났다. 그 하나가 '다시 팩'이었다. 작업장에 남아 있는 다시마 자투리를 모아 채를 쳐 종이 팩에 담은 아이디어 제품이었다. 이를테면 폐품 이용이었는데, 만들어보니 손쉽게 다시마 국물을 얻을 수 있어서 인기 상품으로 팔려나갔다. 긴 다시마를 자른 '삼절'(三つ切り)이나 '사절'(四つ切り), 가장 맛있는 국물을 얻을 수 있다는 '근(根)다시마' 등 상품 종류도 다양해졌고, 제품은 조금씩 판로를 넓혀나갔다.

그리고 1989년 6월, '베델의 집'은 드디어 흑자를 기록했다. 벌어들인 돈에서 작업장 구성원들에게 첫 '급료'가 지불되었다. 한 사람당 몇천 엔에 불과했지만, 그것은 바로 고생해 얻은 장사의 보수였다. 가와무라 선생은 그때 모두가 그렇게나 기뻐하던 그 얼굴들을 잊을 수가 없다.

"병원에서는 절대 볼 수 없는 얼굴이었어요. 의료라는 틀 안에서는 나오지 않는, 그런 웃음이었지요."

하야사카 씨가 한 사람 한 사람에게 급료 봉투를 건네자 박수와 환성이 터져나왔다. 자그마한, 그러나 감동적인 세리머니였다. 작업장에서 다시마 부업을 시작한 지 6년째 되는 해, 자신들이 직접 장사를 시작한 지 6개월이 되는 때의 일이었다. 존속 위기에 처해 있던 '베델의 집'은 가까스로 '맨 밑바닥 10년'에서 빠져나와 있었다.

10만 엔의 자금으로 시작한 장사는, 6년 후에는 1천 2백만 엔, 8년 후에는 2천 2백만 엔의 매상을 기록했다. 첫 급료가 지불되고 얼마 안 있어 '베델의 집'은 종이 기저귀 등 개호 복지 용품을 판매하는 '복지숍 베델'을 개점하고, 이듬해에는 일본적십자병원 일을 청부 맡게 되어 사카모토 다쓰오(坂本辰男) 씨나 다카하시 요시히토(高橋吉仁) 씨가 폐기물 처리나 청소를 시작하게 되었다.

그리고 4년 후인 1993년 6월 4일, '베델의 집'은 염원이던 회사를 설립하기에 이른다. 회사 이름은 '유한회사 복지숍 베델', 사장은 사사키 미노루 씨였다. "당신들 같은 바보들이 가능할 것 같아!"라는 한마디가 정말 회사를 만들고 말았던 것이다. 회사와 작업장을 합친 '베델의 집' 사업의 총수입은 1998년 1억 엔을 넘어섰다.

가와무라 선생은 당시를 돌아보며, '베델의 집'에서는 모두가 "일을 한다기보다 잡담만 하고 있는 게" 아닌가 하는 생각을 한 일이 있다. 하지만 언뜻 쓸데없어 보이는 잡담이야말로 소중한 것이었다.

"저는 작업하고 있는 현장에 가끔밖에 있어보지 않았지만, 거기서는 '좀 더 돈을 벌고 싶어'라든가 '돈을 벌면 뭘 할래?' 같은 말을 주고받습니다. 조용히 일한다면 좀 더 많은 돈을 벌 수 있을 텐데……하지만 예를 들어 거기서 꿈이 말해졌다는 것, 그것이 더욱 중요했다고 생각해요."

고생하면서도 그렇게 꿈을 이야기할 수 있었다는 것이 얼마나 행복한 일이었을까? 그저 "일해, 일해"라는 말을 들었다면 불가능한 일이었다. 사회에 복귀해야 한다, 병을 치료해야 한다는 말을 계속해서 들었다면 나오지 않을 발상이었다. 병에 걸렸어도 상관없고 그대로도 괜찮다. 그러나 거기서 뭔가 할 수 있는 건 없을까? 그것을 생각한 것이 '베델의 집'이라는 장이었고, 거기에서 '베델의 집'의 장사가 시작되었다.

그렇지만 그것은 누가 생각해도 장사의 원칙에 반한 것이었다. 일하지 않아도 좋은 사람들이나 정말로 일할 수 없는 사람들이 모여 어떻게 장사를 할 수 있겠는가. 장사라는 것이 그렇게 만만한 것일 리 없다. 무카이야치 씨는 "'베델의 집'이 회사를 설립한다는 것은 실로 무모하고 세상 사람들의 상식과 동떨어진 사건"이었다고 인정한다.

> 그것은 '아무도 잘라버리지 않는' 일과 '이익'을 낸다는 상반된 주제에 대한 도전의 역사이기도 했습니다.……사람을 살리고 소중히 하

는 장사는 사람들의 지지를 받고 커나갑니다. 이만큼 인간적으로 운영하는 데는 없습니다. 결과적으로 우리는 세상 사람들이 말하는 장사의 냉엄함 이상으로 즐거움을 맛보고 평안의 기본을 알게 되었습니다. 그리고 '베델의 집'은 "아무도 배제하지 않는다"는 것의 결과로서 현실에서 상상 이상의 '이익'을 낳게 되었습니다.[8]

어쩌면 그것은 이른바 정상인의 사회에서는 결코 실현할 수 없는 일이었는지도 모른다. 일할 수 없는 사람은 자고 있어도 괜찮다는 그런 불평등한 시스템을 일반 사회는 허용하지 않기 때문이다. 그러나 '베델의 집' 사람들은 알고 있다. 정신장애인 가운데는 일하고 싶어도 일할 수 없는 사람이 있다는 것을. 병의 증상이 나타나면 일할 수 없게 되는 사람이 있다는 것을. 그것을 인정해 안심하고 일에서 빠져도 된다고 보증해주었을 때, 그들은 진정한 의미에서 자유로웠다. 그 자유와 안심이 마지막에는 장사로 이어졌다. 그 누구도 잘라버리지 않는다는 것과 이익을 낸다는 것은 결코 상반된 주제가 아니었던 것이다.

물론 그들 주위에는 무카이야치 씨나 가와무라 선생 같은 사람들이 있어 음으로 양으로 그들을 지원해왔을 것이다. 구성원 이외의 사람들의 조언이나 지도를 그대로 받아들이지는 않았다. 그러한 모든 것은 회의에서 이야기되고 반추되어 구성원 자신의 생각과 말로 재생산되었다. 말하자면 그것이 '베델의 집'이 가진 힘의 틀이었다. 부업 중단 사건이 있었고, 장사를 하자고 결심하고, 같은 구성원에게 '바보'라는 말을 듣고 고무되고, 회사 만드는 일로 달려나간 그런 모든 것은, 자신들이 만들어온 장 안에서 자신들이 생각하고 선택해온 길이었다는 것이 힘의 원천이었다.

'베델의 집'의 위기를 불러온 다시마 부업 중단 사건에는 후일담이 있었다. '베델의 집'에서 부업을 몰수해버린 다시마 도급 공장은 겐짱과의 싸움이 있은 후, 이듬해 1월에는 정말 도산해버렸다. 부업을 계속했다면 모두들 일만 하고 돈을 받지 못할 뻔했다. 그것을 피할 수 있었던 것은 겐짱 덕분인 셈이다. '베델의 집' 몰락의 'A급 전범'은 하룻밤 사이에 선견지명이 있는 '예언자'라고 칭찬받게 된 것이다. 또 "당신들 같은 바보들이 그런 걸 할 수 있을 것 같아!"라고 말해 모두의 의지를 불타오르게 한 여성 멤버는 "'베델의 집' 회사를 탄생시킨 공헌자"로 재평가되어 그 후 매년 유한회사 복지숍 베델의 총회에 초청되어 연설할 수 있는 기회를 얻게 되었다.

'베델의 집'의 생명

지금 '베델의 집' 회의는 매일 있는 작업 전 회의만이 아니라, 금요일의 전체 회의, 공동 주거 회의, 분열병자나 알코올 중독자 모임 등 일주일에 열 번 이상이나 열린다. 정례 회의뿐만 아니라 문제가 있으면 그때마다 회의를 열기 때문에, 날에 따라서는 진짜로 밥 먹는 횟수보다 회의가 더 많다.

   그 회의를 보고 있으면, 처음에는 어디가 좋다는 건지, 뭐가 힘이 된다는 건지 하는 의문이 고개를 쳐든다. 언뜻 형식적이고 표면적이어서 깊이 있는 논의가 진행되는 것도 아니고, 활발한 논의를 들을 수 있는 것도 아니다. 모두가 아예 중얼거리듯이 발언하거나 아니면 거의 잠자코 있을 뿐이다. 게다가 이야기는 왔다 갔다 하고 같은 이야기를 반복하는 것이어서 더할 수 없이 비능률적이다. 하지만 마지막에는 나올 만한 의견이 다 나오고 모두가 납득할 수 있는 형태의 결론에 도달하는 것이

'베델의 집' 회의다.

그 비밀은 '납득'이라는 데 있는 게 아닌가 하는 생각이 든다.

'베델의 집' 회의에서는 사물의 시비를 분명히 가린다기보다는 이야기를 나누는 것 자체가 중시된다. 그 결과 얻어진 결론이 꼭 합리적이라고 말할 수 없을지도 모른다. 오히려 거기서 중요한 것은 논의를 '끝까지 했'다는 사실이다. 혹은 끝까지 했다고 모두가 느끼는 일이다. 그렇다면 그 자리에 있던 사람들은 설령 결론에 반대했다고 해도 논의 과정은 받아들일 수 있다. 반대로 논의를 끝까지 하지 않으면 구성원들은 어떤 결론도 받아들일 수 없게 된다. 세 끼 밥보다 회의라는 것은, 이 집단에서 회의가 무엇보다 중시되고 있고 게다가 그 회의 참가자가 얼마나 납득할 수 있는지가 가장 중요하다는 사실을 보여주고 있다.

그 회의가 어떤 것인가를 말해주는 유명한 에피소드가 있다.

일찍이 공동 주거에 난폭한 구성원 한 사람이 살았던 적이 있다. 완력이 있는 젊은이로 툭하면 다른 구성원들을 때렸다. 어렸을 때부터 부모가 폭력을 휘둘러온 탓인지, 돈이 없다며 때리고 파칭코에서 돈을 잃었다며 때렸다. 이 사람 저 사람 가리지 않고 때렸기 때문에 사람들은 아물지 않은 상처가 가시는 날이 없었고, 순찰차가 오는 일까지 있었다. 더 이상 참을 수 없어 나가주었으면 좋겠다는 이야기가 나와 모두 회의를 열게 되었다. 예상대로 회의가 시작되자 불만의 목소리가 잇따라 나왔다. 가와무라 선생에 따르면, 그때 그에게 공동 주거에서 나가달라고 하는 것으로 일단 결정이 날 뻔했다.

그런데, 말이다.

"이야기가 그쪽 방향으로 나아가려고 할 때, 어떤 사람이 '아니, 그 사람도 난처해하고 있거든. 그 사람도 막다른 지경에 몰려 있어, 힘들 거야'라고 피해자 안에서 가해자를 구해주자는 목소리가 나왔어요. 그 소리가 점차 모두의 의견이 되어갔고, '그래, 그 사람한테 필요한 건 응원이야', '그 사람을 쫓아내고 잘라버리면 되는 그런 문제가 아니야'라는 목소리로 의견이 모아졌어요."

그리고 그가 왜 폭력을 휘두르는가에 대해 이런저런 증언이 날아들었다. 파칭코에서 돈을 잃었을 때, 양말을 살 수 없었을 때. 요컨대 그는 돈이 없으면 몹시 짜증이 나 폭력을 휘둘렀다는 것이다.

'그런 나쁜 놈은 내보내 버려'라는 것이 보통의 반응일 것이다. 그런데 '베델의 집'에서는 그렇게 되지 않았다.

"지금이야말로 그 사람은 구원이 필요하다, 응원이 필요하다는 소리로 의견이 모아졌어요. 결국 무슨 일이 일어났냐 하면요, 그 사람한테 돈을 건네자는 데 구성원 전원이 동의한 거예요. 그때는 5천 엔을 빌려주는 것으로 정해졌어요. 그래서 모든 사람들 앞에서 가해자인 그 사람한테 하야사카 씨가 5천 엔을 수여하는 세리머니가 열렸어요."

피해자가 가해자를 응원한다. 게다가 돈을 빌려주는 세리머니까지 연다.

어째서 이런 일이 일어나는가, 가와무라 선생은 믿을 수가 없었다.

"의료 세계에서는 이런 일은 일어나지 않아요. 저는 사람의 힘으로 할 수 있는 일을 넘어선 뭔가 커다란 존재의 힘이 움직이고 있는 게 아닌가 하는 걸 느꼈어요."

흙을 파먹다

그것을 정신장애인이 하는 일이니까 하고 웃어넘겨도 좋다. 영문을 알 수 없는 사람들이니까 하고 무시해버려도 좋다. 하지만 그렇게 보면 '베델의 집' 회의의 힘을 알 수 없게 된다.

이 에피소드를 이해하기 위해서는 우선 정신장애인과 돈의 문제를 알아두어야 할지 모른다. 외부 사람들은 알기 힘든 일이지만, 그들 중에는 돈을 관리할 수 없는 사람이 있다. 원래 할 수 있어야 할 계산을 못하고 수중에 있는 돈을 어느새 잃어버린다. 그리고 돈이 없으면 다시 기분이 나빠진다는 구성원도 여기저기에 있다. 겐짱도 그 가운데 한 사람이다. 이치가 아니라 병으로밖에 말할 수 없는 기묘한 현상이다. 세상 사람들은, 돈이 없어 기분이 나쁘다면 돈을 쓰지 않으면 되지 않나, 참으면 될 게 아닌가 생각한다. 그런데 정신병의 신기한 증상 가운데 하나로, 돈과 아주 궁합이 안 맞는 환자가 아주 많다는 사실이다.

'베델의 집' 구성원들은 모두 그것을 알고 있다. 폭력적인 이 젊은이도 그런 환자 가운데 한 사람이라는 걸 모두들 알고 있다. 그리고 폭력을 휘두른다고 해서 쫓아내 버린다면, 문제는 아무것도 해결되지 않는다는 것 또한 누구나 알고 있다. 그런 것을 알고 그에게 맞아 아팠던 기억을 떠올리지만, 그래도 역시 그를 위해 돈을 내준다. 아무튼 병이다. 그 사람도, 자신들도. 회의의 배경에는 그런 사정이 있었다는 것을 이해할 필요가 있을지도 모른다. 그러나 그런 것보다 더욱 중요한, 이를테면 거기에는 '사람이 할 수 있는 일을 넘어선' 것이 있는 게 아닐까 하고 가와무라 선생은 생각하고 있다.

"피해자가 가해자를 구하는 돈이 건네졌을 때, 대부분의 구성원이 박수로, 피해자 집단이 가해자에게 박수를 쳤어요. 그런 논의가 행해졌다는 것 자체에 모두가 뭔가를 이해하고 있었던 것이 아닌가 싶어요. 이거야말로 '베델의 집'이 소중히 하는 것이라고 생각해요. 이런 일이 '베델의 집' 안에서 일어난다는 것 자체가 구성원 모두에게는 긍지가 되고 있지요."

그리고 더욱 굉장한 것은 그렇게 해서 돈을 건네도 문제는 해결되지 않았다는 것이다. 그 후에도 그는 '베델의 집'에 사는 사람들을 계속해서 때렸으니까. 하지만 그 세리머니가 있고 난 후, 어쩌면 그가 사람들을 때리는 횟수는 아주 조금이라도 줄었을지도 모른다. 또는 때릴 때 힘을 적절히 조절하게 되었는지도 모른다. 적어도 그렇게 생각하고 싶은 것이다. 하지만 그의 폭력이 진정되었는가의 여부는 사실 아무래도 좋은 것이다. 그런 식으로 모두가 모여 협의하고 그 결과로 세리머니를 하고 5천 엔이 건네졌을 때, '베델의 집' 사람들은 그 모든 과정을 이해하고 그것으로 구원을 받고, 어쩌면 그것을 즐기기조차 했으니까. 그런 회의를 반복해 '베델의 집'의 모든 사람들은 '충돌과 만남'을 거듭하고 터를 닦으며 자신들의 생활 방식을 탐색해온 것이다.

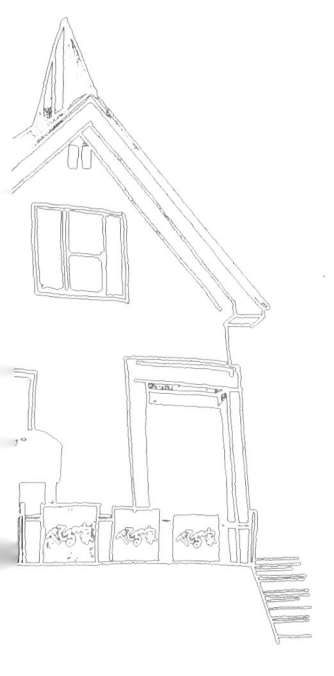

터를 닦다

마을로

'베델의 집'이 장사를 시작하려고 결심했을 때, 무카이야치 씨 머릿속에는 한 가지 걱정거리가 있었다. 지역과의 관계였다. 우라카와 마을은 처음부터 '베델의 집'에 열려 있었던 것은 아니었다.

"우리야 뭐, 마을 구석이고, 아무튼 아무한테도 들키지 않고 아무도 모르게 살짝 했거든요."

당시를 돌아볼 때, 그런 걱정은 무카이야치 씨 이야기 속에서 대개 유머 섞인 표현에 녹아들어 있었다. 그러나 그것은 그 무렵에는 진지하게 생각해야 하는 문제였다.

"여기는 작업장입니다라든가, 여기는 정신장애인의 사회 복귀 장소입니다라든가 하는 식으로 알려진다면 정말 일을 망치는 게 아닐까, 항상 이렇게, 사실 흠칫흠칫하면서 벌벌 떨었던 일도 있었구나 하는 생각을 해요."

우라카와 시가.

장사를 해보자는 고양감과 장사가 아닌 다른 곳에서 망치게 될지도 모른다는 걱정. 당시의 '베델의 집'과 우라카와라는 마을이 어떤 관계에 있었는지를 보지 않으면, 그 걱정은 이해할 수 없다. 아무튼 그 무렵 '베델의 집'은 도저히 세상 사람들을 상대로 가슴을 펴고 당당히 장사를 할 수 있는 이미지가 아니었다. 일본적십자병원에서 '베델의 집'에 이르는 2킬로미터 큰길에는 항상 혼잣말을 하고 헛웃음을 치는 낯선 인간들이 걷고 있었고, 한밤중이나 이른 아침에 보이는 그들의 배회, 망상이나 술로 인한 말썽이나 싸움으로 순찰차나 구급차가 출동하는 소동이 끊이지 않았다. 마을 사람들의 감정은 몹시 나빴다. 게다가 얼마 전에는 정신병원 환자 사이의 살인 사건까지 일어났다. 불기소처분이 내려졌지만, 그 사건은 정신장애인 일반에 대해 세상 사람들이 떠올리는 "무슨 짓을 할지 모르는 사람들"이라는 이미지를 더욱 강화시켰다. 그런 일이 아니라도 '베델의 집' 구성원이 신문 배달 아르바이트를 하고 있으면, 그 시간에는 외출을 하지 않는 지역 주민이 있을 정도였다. '베델의 집'이 "사실 흠칫흠칫하면서 벌벌 떨고" 있었던 것 이상으로, 마을 사람들 역시 경계심이라는 손쉽게 타오르는 가연성 물질을 가슴속에 숨기고 '베델의 집'을 살펴보고 있었음에 틀림없다. 이를테면 우라카와는 그 무렵 일본 어디에나 있는 보통 마을이었던 것이다.

그런 마을로 나가 장사를 하자는 것이다.

어떤 반대에 부딪힐지, 혹독한 말을 들을지 몰랐다. 그러나 큰맘 먹고 마을로 나갔던 무카이야치 씨 들을 기다리고 있었던 것은 예상 밖의 반응이었다.

"다시마를 매입해 전국에 팔겠다고 하니까 어협이 기꺼이 받아들여 줬거든요. 우리를 관청의 물산관광과까지 데려가서 어떻게든 히다카의 다시마를 우리한테 팔아달라고 말해주고, 그래서 이야기가 척척 진행되었는데, 그런 것은 우리가 머리를 잘 쓴 것 같아요."

이것이 행정 주도의 '사회 복귀 사업'이었다면 사정은 전혀 달랐을 것이다. 아주 번거로운 서류나 심사로, 이것도 하지 마라, 저것도 하지 마라, 이렇게 규제투성이가 되었을지도 모른다. 그러나 그들이 시작하려고 한 것은 장사였다. 다시마를 사서 그것을 가공해 팔려고 한다니까 어협도 관청도 반대할 리가 없었다. 장사기 때문에 현지에서도 그러한 움직임을 수월하게 받아들여 주었던 것이다.

"정신장애인의 사회 복귀라 하면 '뭐라고, 어떤 사람들이 오는데'라고 말하지만, 다시마를 갖고 전국적으로 장사를 한다니까 반대하는 지역 주민이 한 사람도 없는 거예요."

정신장애인의 작업장에는 반드시라고 해도 좋을 정도로 반대 운동이 일어난다. 그래서 계획이 무산되는 경우도 있다. 대부분의 작업장은 그런 반대에 부딪히면, 가족 모임이나 자원봉사자들 중심으로 관청이나 보건소에서 이러저러한 지원을 받아서 주변 주민과 회합을 거듭하는 등 우여곡절을 겪은 후에야 설치된다. 그러나 '베델의 집'에는 가족 모임도 자원봉사자 조직도 없었다. 행정적인 보조도 받지 못했다. 지원도 규제도 없는 대신에 장사를 시작할 때 부담해야 하는 위험과 고생을 떠맡기로 했다. 이를테면 '베델의 집' 사람들은 마을 사람들과 마찬가지로 고생을 하며 그들과 마찬가지로 살아보자고 한 것이다.

그 실마리를 가져다준 것이 무카이야치 씨의 아내 에쓰코(悅子) 씨였다.

에쓰코 씨는 1989년 첫 딸을 낳으려고 일본적십자병원 산부인과 병동에 입원해 있었다. 그런데 '베델의 집' 사무 회계를 맡고 있던 에쓰코 씨는, 입원한 병동에서도 만삭의 배를 부둥켜안고 아침부터 밤까지 장부를 펼쳐놓고 전자계산기를 두드려야 했다. 게다가 거기에 남편인 무카이야치 이쿠요시(向谷地生良) 씨가, 이래도 해볼 테냐는 식으로 많은 일거리를 가지고 왔다. '까닭을 알 수 없을 정도로 다망'한 이 사람들을 보고, 생각다 못한 옆 침상의 환자가 말을 걸었다.

"이런 데서 대체 무슨 일을 하는 거예요?"

말을 건 사람은 역시 출산을 앞두고 입원한 고야마 쇼코(小山祥子) 씨였다. 에쓰코 씨는, 자신은 이 병원의 간호사고 남편은 사회복지사로 일하면서 교회와 작업장 그리고 공동 주거와 관련된 많은 사람들을 지원하고 있다고 말했고, 그 말을 들은 쇼코 씨는 관심을 보여왔다.

"그런 일이라면 저도 뭔가 도울게요."

이것이 고야마 쇼코 씨가 '베델의 집' 활동에 참여하게 된 계기였다. 이 시기 '베델의 집'이 고야마 쇼코 씨와 쇼코 씨 남편인 연료회사 전무 고야마 스나오(小山直) 씨라는 지원자를 얻은 것은 둘도 없는 행운이었다. 사업이 확대되면서 고야마 씨 같은 마을 사람들의 지혜와 힘이 필요한 시기였기 때문이다.

때마침 '베델의 집'이 컴퓨터를 구입하려고 할 때였다. 그거라면 도울 수 있어요, 하고 그쪽에 경험이 많은 고야마 스나오 씨가 거들고 나

섰고, 즉시 무카이야치 이쿠요시 씨를 마을의 컴퓨터 강좌에 데리고 갔다. 무카이야치 씨는 거기서 처음으로 현지 우라카와에서 장사를 하고 있는 다양한 사람들을 만나게 되었다.

"은행원이라든가 술집인 이자카야(居酒屋)를 운영하는 사람, 건설회사 사람들, 농협에서 일하는 사람, 석유집 주인, 사무기기 판매 회사 사람들…… 많은 사람들이 모여 공부 모임을 하고 있었어요. 거기에 제가 처음으로 초대되어 대환영을 받았지요. 정말 재미있다고 하면서요."

무카이야치 씨는 MUG(My Tool User's Group)라는 컴퓨터 공부 모임에 나갔다. 단순한 공부 모임이 아니라 현지 상점 주인이나 경영자들이 교류하는 장이기도 했다. 거기서 무카이야치 씨가 '베델의 집'을 설명하고, 자신들은 "히다카의 다시마를 전국에 내다 파는 장사를 하기로 한 그룹입니다"라고 말하자, 나란히 앉아 있던 그 계통의 프로들이 모두들 "재미있네요, 적극적으로 해보세요"라고 격려해주었다. 누구도 "장애인이 그런 걸 할 수 있을까?"라든가 "병이 있으니까 그만두세요"라는 말은 하지 않았다. 거기에는 장사를 하려는 사람에 대한, 똑같이 장사를 하는 사람의 개방성과 솔직함이 있었다. 이러한 만남에 기분이 좋아진 무카이야치 씨는, 다음 정례 모임 때 바로 하야사카 기요시 씨를 비롯한 '베델의 집' 구성원들을 줄줄이 끌고 갔다.

"전자계산기조차 제대로 못 쓰고 틀리는 사람들, 읽고 쓰는 것조차 가끔 틀리는 그 사람들이 한꺼번에 마을 컴퓨터 공부 모임에 참가한 겁니다. 거기서 그들은 대대적인 환영을 받았어요."

잇따른 환영. 이 부분이 의표를 찌른 장면이었다.

구구단도 제대로 못 외우는 사람이 있는 정신장애인 무리가 컴퓨터 공부 모임에 우르르 몰려가 어떻게 하자는 것인가. 그것을 실행한 '베델의 집' 사람들도 놀랍지만, 그들을 환영하며 받아들여 준 마을 상인들 역시 정말 솔직한 사람들이었다. 생각해보면 그것은 장사라는 한 가지 공통점으로 실현된 관계였을 것이다.

무카이야치 씨는 이때 만남에서 깊은 의미를 찾아내고 있다.

"그 MUG 그룹 사람들이 우리를, 같은 마을에서 장사하느라 고생하는 동료로서 받아들인 겁니다. 우리 입장에서 보면 아주 신선한 감동이었어요."

왜 거기에 감동이 있었을까? 그때까지 '베델의 집' 사람들이 다른 사람들에게서 이런 식으로 받아들여진 적이 없기 때문이다. '의료'나 '복지', '행정'의 틀 안에 있는 한 그들은 항상 병자, 즉 치료해야 할 사람들이고 장애인, 곧 사회에 복귀해야 하는 미완의 존재였던 것이다. 의사나 간호사, 복지과 사람들이 그들을 "동료로서 받아들여 주"는 것은 우선 일어날 수 없는 일이었다. 그런데 거기서 한 발짝 나아가 장사의 세계로 들어가자, 의료 세계에서는 결코 있을 수 없는 만남이 생기고 연대가 있었다.

"그리고 말이에요, 저는 정말 마을 사람들을, 이렇게 믿는 게 낫다고, 그런 걸 실감했어요."

그것은 마을 사람들도 마찬가지였다.

'베델의 집' 사람들과 만나면서 마을 사람들의 시선도 크게 달라졌다. 사사키 씨나 하야사카 씨가 컴퓨터 교실에 나가게 되었고, 대부분의

MUG 구성원이 정신장애인과 가깝게 어울리게 되었다. 그리고 누구나 그들이 말하는 것을 듣고 있으면, 정신장애인이라고 해도 아무렇지 않다. 결국 똑같은 인간이 아닌가 하는 생각을 하게 된다. 게다가 "사실 저도 그런 병이 있었어요"라고 고백하는 사람도 자연스럽게 나오게 되었다. 받아들이는 방법이야 제각각이었겠지만 '베델의 집' 사람들과 MUG 사람들의 만남은, 병을 추상적인 개념이 아니라 구체적인 인간의 얼굴 속에서 다시 보는 계기가 된 점에서 획기적이었다.

결국 "전자계산기조차 제대로 못 쓰고 틀리는" 사람들 대부분이 컴퓨터에 익숙해지는 일은 없었던 모양이지만, 사람들과의 관계는 넓어졌다. 컴퓨터 강좌에 다녔던 하야사카 씨 등은 MUG의 구성원이나 그들의 가족과 친구들을 '베델의 집'의 저녁 식사에 초대하게 되었다. 저녁 식사 모임이라고 해봤자 3백 엔짜리 카레라이스 한 접시를 먹는 모임이지만, 거기에서 '베델의 집'과는 전혀 상관없다고 생각하던 "은행원이라든가 술집 주인, 건설 회사 사람들"이 서로 연결되게 되었다.

고야마 스나오 씨와 쇼코 씨가 '베델의 집'을 처음 방문한 것도 이 무렵이었다. 정례 저녁 식사 모임에 어린아이 둘을 데리고 외출할 때는 될 수록 자연스러운 자세로 갈 생각이었지만, 지금 와서 생각하면 역시 처음에는 '정신장애인 공동 주거'에 대한 긴장감이 있었다.

> 처음으로 '베델의 집'에 갔을 때, 우리 가족에게 말을 걸어준 것은 오카모토 씨였습니다. "아이들은 좋겠네. 난 아이들을 좋아해. 나도 결혼하고 싶었는데." 부드러운 눈길로 아이들을 보면서 오카모토 씨는

그렇게 말했습니다. 그 순간 제 안에 있던 방어 자세가 무너져내리는 느낌이 들었습니다.(고야마 쇼코, 『'베델의 집'의 책』에서)

오카모토 씨는 무섭게 생긴 박력 있는 사람이다. 이 사람이 날뛰면 얼마나 무서울까 하고 느껴지는 분위기였다. 처음 간 '베델의 집' 현관 입구에서 그런 오카모토 씨와 딱 맞닥뜨린 고야마 씨 가족은 일순 깜짝 놀랐을 것임에 틀림없다. 하지만 그 오카모토 씨가 아이들을 보고 "좋겠네"라고 말을 걸어왔을 때, 그때까지 무섭게 보이던 오카모토 씨의 이미지는 비눗방울 터지듯이 어이없이 깨져버렸다.

항상 큰 소리로 노래 부르며 도로를 걷고, 혼자서 무엇인가 이야기하고 있는가 싶다가도 때로는 울고 있기도 하고, 길가에서 머리를 감싸 안고 웅크리고 앉아 있는 이 사람이 그런 이야기를 시작하리라고는 생각도 못했습니다.
그렇게 놀란 저에게, 지금 새삼 다시 한 번 놀랍니다. 저는 같은 인간으로서 오카모토 씨를 알기 전까지 대체 그를 뭐라고 생각했던 걸까요?(고야마 쇼코, 『'베델의 집'의 책』에서)

고야마 스나오 씨도 '베델의 집'에 이때 "단 한 번 간 것만으로 인상이 거의 180도 바뀌어버린" 일을 뚜렷이 기억하고 있다.

대부분의 사람들이 이런 식으로 '베델의 집' 구성원들과 만났다. 그들은 처음 방문한 정신장애인 주거에 약간의 불안감을 안고, 현관을 지나 부엌에 떨어져 있는 쥐똥이나 뜯겨진 소파를 보고도 못 본 척하면서, "정체를 알 수 없는 곳에 와버렸구나" 하고 경직된 자세로 자리에 앉는다. 어색하게 어딘가 파장이 다른 눈앞의 사람들을 어떻게 대하면 좋단 말인가. 맨송맨송한 시간 속에서 무의식적으로 피상적인 말이 나와버린다. 하지만 얼마 안 있어 분위기를 바꾸는 것은 대체로 '베델의 집' 사람들이다. "난, 멍텅구리고……"라는 하야사카 가락이나 "아, 안녕하세요, 여러분, 안녕하세요"라며 웃는 얼굴로 한결같이 마음을 쓰는 사사키 씨나 시무룩하게 입을 다물고 때때로 슬픈 눈빛을 하고 있는 오카모토 씨, 게다가 모든 사람들 사이에서 뭔가 중얼중얼하면서 바지런하게 그릇을 나르는 다카하시 씨의 모습을 보고 있으면, 어느새 방문자는 긴장하고 있던 마음이 누그러지고 어딘가 휴 하고 안심되는 기분을 느낄 때가 있다. '진짜 정신장애인'과 어울리는 시간을 갖고 함께 식사를 하면서 도중에 자주 끊기는 대화를 이어가는 사이에 서먹서먹함보다는 오히려 순박한 기분을 느끼고, 이 집의 난잡함과 지저분함 저편에 있는 온화한 시간의 흐름 같은 것을 느끼게 된다. 그곳에 있는 깊은 안도감과 정겨운 다정함 같은 것에 둘러싸였을 때, 사람들의 마음속에 있는 완고한 것들이 천천히 무너져내린다. 그리고 이건 대체 뭘까 하는 생각을 한다.

'베델의 집'에는 풍요롭고 너그러우면서도 따뜻한 정신이 숨쉬고 있었습니다. 돈도 사회적 지위도 없으며 잃을 것은 모두 잃어버린 듯한 그들과 있으면, 결코 동정 같은 것이 아니라 마음이 진정됩니다. 때로 발작의 불안에 떨고 잠들지 못한 밤을 보내며 또 때로는 다투고 사소한 욕심에 구애되는 그들과 같이 있으면, 인간이 살아간다는 극히 당연한 일이 압도적인 존재감을 가지고 나를 덮쳐옵니다.(고야마 스나오,『'베델의 집'의 책』에서)

'베델의 집'을 찾아갔을 때, 방문자는 자기 눈앞에 있는 사람들이 어딘가 좀 이상한 사람들이라는 것을 알게 될 것이다. 그들은 겨울잠을 자는 곰처럼 느긋하고 게으른 생활을 하고 있는가 싶다가도, 갑자기 "나 죽을래!" 하고 외치며 바다로 뛰어들거나 가만히 틀어박혀 생사의 갈림길에서 헤매기도 한다. 정상인의 눈으로 보면 대체로 비상식적이고 불가해한 언동과 결점만이 눈에 띄는 그들이지만, 그런 모든 것을 통해 보이는 것은 그들의 과장 없는 정직한 생활 방식이다. 병이 있어도, 아니 병이 있기 때문에 그들은 있는 그대로의 자신 그대로 살고 있다. 그렇게 살아가지 않으면 안 된다. 치장하고 젠체하며 일부러 자신을 꾸미려고 하면 어딘가에서 파탄이 나고 마는 사람들인 것이다. 그것은 마치 모든 겉치장을 없앤 뒤에 나타나는 인간의 원초적 모습인 것처럼 보이기도 한다.

그런 그들과 함께 있는 동안 방문자는 그곳에 나타나는 것은 결코 정신장애인의 진실한 모습 같은 게 아니라, 그들 앞에 있는 자기 자신이라는 사실을 깨닫게 된다. 치장하지 않고 일부러 꾸미지 않으며 있는 그대로 살아가는 '베델의 집' 사람들 앞에 있을 때, 가면을 쓰고 체면을 차리는 일에 열심이며 항상 주변의 평가에 신경 쓰고 분투하며 안달하며 사는 '우스꽝스러운' 자신이 보이는 것이다.

이런 것을 깨달을 수 있었던 것은……역시 '베델의 집'과 관계했기 때문입니다. 어떤 시간을 경계로, 저는 가능하면 '있는 그대로의 자신'으로 생활하려고 합니다. 거기에는 저를 자유롭게 한 자신이 있었습니다. 그런 과정에서 알게 된 것은, 제가 정신장애인을 이해하는 것이 아니라, 이해받고 싶어한 것은 저 자신이었다는 사실입니다.(사카모토 요시키〔坂本佳紀〕,『'베델의 집'의 책』에서)

'베델의 집'이 그저 장애인의 공동 주거가 아니라는 생각을 한 것은 이 순간이다. 사람들은 정신장애인과의 만남을 생각하며 이곳으로 찾아온다. 그리고 이들이 "마음의 병을 앓고 있는 사람들"인가 하고 다소 이해했다는 생각을 한다. 하지만 그들과 마주하는 가운데 그들의 이야기에 귀 기울일수록 자신 안에서 점차 솟아오르는 위화감, 내적인 목소리의 물음을 억누를 수 없게 된다. 눈앞에 있는 사람들, 마음의 병을 앓고 있는 그들 안에 있는 깊이를 알 수 없는 편안함에 비해 자기 자신이 안고 있는 것은 그 얼마나 하찮고 불안한 균형인가. 그 차이는 대체 뭐란 말인가. 그렇게 생각하기 시작한 순간, 방문자는 그곳에서 거울에 비추어지듯 자기 자신의 모습과 인생을 보고 만다. 자신은 병자와 만나러 온 것이 아니었나, 그런데 병자는 대체 누구란 말인가.

얼마 지나지 않아 '베델의 집'은 저에게 어떤 의미에서 '당혹스러운 장소'가 되었습니다. 저 자신이 바로 병이 든 것입니다.……저는 제가 생각하고 있는 것보다 훨씬 더 요령 있게 인생을 보내기 시작했다는 것을 알게 되었습니다. 그리고 '베델의 집'은 우리들, 이른바 정상인들이 일방적으로 뭔가를 제공해주는 장소가 아니라 자기 자신을 다시 한 번 응시하는 장소이기도 하다는 사실을 깨달았습니다.(고야마 스나오,『'베델의 집'의 책』에서)

내 자신이 병이 들었다는 것은 자신의 병을 깨달았다는 것이기도 하다. 이것이 "'베델의 집'에 가면 병이 드러난다"는 유명한 선전 문구의 본래 의미다. 당사자건 방문자건 간에 사람들은 그곳에서 자신들이 병자라는 사실을 깨닫는다. 그 병이란 정신의학으로 분류되는 병이 아니다. 그보다 훨씬 더 깊고 넓은 의미에서 사람들이 안고 있는 고뇌나 비뚤어짐, 불충분함 또는 그것을 회피했을 때 나타나는 병리를 가리킨다.

'베델의 집'에서 큰 영향을 받고 "바로 병이 들어버린" 고야마 씨는, 이곳에는 뭔가 아주 중요한 것이 있다는 사실을 일찍부터 깨달았다. 이를테면 '베델의 집'을 최초로 '발견'한 사람 가운데 한 사람이었다고 할 수 있다. '베델의 집'을 찾아가 구성원들을 만나면서, 고야마 씨 안에서는 "이건 도대체 뭐란 말인가" 하는 감각이 놀라움과 함께 예민해졌다. 그 "굉장히 중요한 것"을 그대로 방치해버릴 수는 없었다. 고야마 씨는 기회가 있을 때마다 그것을 생각하고, 또 기회 있을 때마다 그 생각을 누군가에게 전하려고 했다. 마치 신의 계시를 받은 사람이 자신에게 나타난 예언을 은밀한 열정을 담아 계속해서 말하는 것과 같은 일이었다.

'베델의 집'의 책

'베델의 집'과 만나기 시작했을 때, 맨 처음 고야마 스나오 씨를 동요시킨 것은 몇 편의 인쇄물이었다.

그것은 무카이야치 이쿠요시 씨가 기회 있을 때마다 써서 엮은 에세이와 삿포로의 교회에서 강연했을 때 기록이었다. 입원 중인 무카이야치 에쓰코 씨가 고야마 쇼코 씨에게 건네고, 쇼코 씨가 남편인 스나오 씨에게 건넨 것이다. 거기에 쓰여 있는 것은 우라카와 마을 한 구석에서 살아가는, 알코올 중독증이나 정신분열병 등 이러저러한 어려움을 안고 있는 사람들의 숨결과, 그들과 만나면서 감당할 수 없는 문제에 직면해온 한 사회복지사의 모습이었다.

거기서는 예컨대 정신장애인이 교회로 찾아오게 되고, 그때까지 고요함과 신비함 속에서 정상인들이 안주하는 장소였던 우라카와 교회가 그 본연의 모습을 묻게 되고, 혼란 끝에 힘찬 교회로 거듭난 일, 그리고 교회가 묻게 된 것과 동시에 무카이야치 자신 역시 정신장애인과 마주하면서 "때때로 자신을 지배하는 짜증과 혐오감"이 있다는 사실에 깜짝 놀라고 "사람을 사랑할 수 없는 자신"이라는 '어둠의 세계'와 마주해야만 했던 일, 그러한 갈등 속에서 "인간다움이란 무엇인가", "산다는 것은 무엇인가"를 계속해서 물었던 일을 말하고 있다. 한편, '베델의 집'은 "인구가 많지 않은 마을에서 우리가 무엇을 할 수 있을까를 궁리한" 끝에 다시마 부업을 시작하고, 좌절하고 일변해 장사에 들러붙고, "관리당하며 일하는 것도 아니고 돈만을 위해서도 아니며, 일을 통해 고락을 함께하는 기쁨이나 즐거움, 환희" 속에서 움직이며 매상을 늘려온 일을 전하고 있었다. 그런 길을 걸어온 '베델의 집'은 처음부터 '약함을 유대로' 한 사람들의 무리였다고 무카이야치 씨는 회상하고 있다.

> 저는 그들에 의해 자신의 무력함, 미숙함, 빈곤함을 알게 되었습니다. …… '베델의 집'에 가면 저 자신이 안심하고 약함과 '있는 그대로'가 허용되는 안정감으로 가득 차는 경우가 있습니다. 그리고 사람은 약한 그대로 어울려 살아가는 신뢰 없이는 함께 살아갈 수 없다는 것을 배우게 됩니다.

"저는 음, 음, 알겠어 하는 가벼운 마음으로 읽었습니다만. 중간부터는 다른 것이 들어갈 수 없을 정도로, 푹 빠져서 읽었습니다."

고야마 스나오 씨는 인쇄물을 읽어가는 동안 어느새 자신 안에 시간이 멈춰 있었다는 것을 느꼈다.

"요컨대 지금까지 이렇게 살아오면서 여러 가지로 괴로운 일, 이런 저런 일이 있었다.……그럼 이 사람은 최종적으로 어떻게 했나 하는 식으로, 좀 더 읽어나갔을 때, '얼마나 제가 다른 사람을 사랑할 수 없는 지를 깨달았다'고 말할 때 말이에요. 전 아주 기습적으로 공격을 당했나 봐요, 아마."

처음으로 읽었을 때, 고야마 스나오 씨는 거기에 써 있는 것의 "70퍼센트 정도는 알 수 없었다." 그래서 읽고 나서 한동안은 그대로 두었다. 무리도 아니다. 그 정도 많은 사람들이 이렇게나 열심히 살아온 세월의 기록이 그렇게 간단히 이해될 리는 없을 것이다. 하지만 거기에 써 있는 것, 아니 써 있는 것의 배후에 있는 무언가가, "도대체 뭘까" 하는 의문과 함께 자신을 움직이도록 고야마 씨 안에서 부풀어올랐다. 그것을 누군가에게 전하고 싶었다. 그렇게 생각한 고야마 씨는 잠시 주저한 끝에, 이 사람이라면 알아주지 않을까 하고 복사본을 니가타현(新潟縣)의 시미즈 요시하루(淸水義晴) 씨에게 보내기로 했다. 경영 컨설턴트인 시미즈 씨가 우라카와에 강연하러 온 이래 알게 된 사이였다. 전국을 분주하게 돌아다니며 참신한 경영 철학을 설파하는 시미즈 씨라면 반드시 알아주지 않을까 하는 기대가 있었다.

아니나 다를까 시미즈 씨는 그 인쇄물에 강하게 매료되었다.

거기에 써 있는 것은 "저 밑바닥에서 빛을 찾아내 영혼의 평안함을 얻고 있는" 사람들의 모습이었다. 그러한 '베델의 집'과 만나 사람들은 "진정한 자기를 회복할" 수 있을 것이다. 이것은 보물 덩어리임에 틀림없다.

시미즈 씨는 곧바로 답장을 보내, "이걸 꼭 책으로 냅시다" 하고 말했다.

그 무렵 시미즈 씨는 아직 '베델의 집'에 간 적도 없을 뿐만 아니라 '베델의 집' 사람들을 만난 적도 없었다. 그런 사람이 갑자기 "책으로 냅시다" 하고 말했으니 누구나 당황할 수밖에 없었다. 가와무라 선생은 농담을 섞어, 이 사람 "좀 위험한 사람" 아니냐고 할 정도였다. 하지만 시미즈 씨는 진심이었다. '여기에는 아주 소중한 것이 있다. 어쩌면 그것은 이 시대를 살아가는 모든 사람들에게 구원이 될 수 있지 않을까? 반드시 이곳에서 일어난 일을 모든 사람들에게 널리 알리고 싶다'. 그런 시미즈 씨의 '망상'이 점차 우라카와 사람들의 마음을 사로잡아, '베델의 집'의 책을 만들자는 기운이 무르익어 갔다. 결국 고야마 스나오 씨가 제언자가 되어 우라카와정의 복지 센터에 모두 모이게 되었다.

그렇게 해서 열린 것이 '마음의 모임'이다.

이 '마음의 모임'은 '베델의 집' 시대를 가르는 획기적인 사건이었다.

왜냐하면 '마음의 모임'은 '베델의 집' 사람들과 마을 사람들이 정신장애인과 마주하는 첫 시도였기 때문이다. 고야마 씨 들은 '베델의 집'의 책을 만들자고 했을 때, 그저 '베델의 집' 활동만을 소개하려고 한 것은 아니었다. 거기에 관련된 많은 사람들이 '베델의 집'의 생활 방식과 접하면서, 자기 자신의 생활 방식을 생각하는 기회로 삼고 싶다고 생각한 것이다. 그래서 마을 사람들도 불러, 그 자리에서 모두가 정신장애에 대해 솔직하게 말하고 배우며 의견을 교환하자고 호소한 것이다.

그렇게 해서 열린 '마음의 모임'은 무엇보다도 부제가 사람들의 관심을 끌었다. "편견과 차별 대환영 집회—결코 규탄하지 않습니다"라고 쓰여 있었기 때문이다.

"정신장애에는 으레 편견과 차별이 따르게 마련이잖아요. 그 자리에서는 무슨 말을 하든 비난하지 않습니다. 그러니까 주민 여러분들께서는 가벼운 마음으로 참여해 정신장애에 대해 이야기를 나눠보지 않겠습니까?" 하고 경쾌하고 재치 있게 호소한 집회는 마을 사람들에게 강렬한 인상을 주었음에 틀림없다. "열다섯 명이라도 온다면 많이 오는 거"라는 고야마 씨의 예상을 훨씬 뛰어넘어 예순 명이나 모이는 대성황이었다.

한편, 이 모임에 즈음해 무카이야치 씨가 몰래 계획하던 일이 하나 있었다. 이 모임에 출석하는 '베델의 집' 구성원 모두가 자신의 병명을 말하자는 것이었다. 지금이야 그들은 전혀 주눅 들지 않고 자연스럽게, 그리고 때로는 자랑스럽다는 듯 "분열병입니다"라든가 "정신병입니다"라고 말하지만 처음부터 그렇게 말한 것은 아니었다. 병명을 밝히는 생활 방식은 이 '마음의 모임'에서 시작되었다. 그리고 또 '베델의 집' 사람들은 이미 그렇게 할 만큼 충분한 힘을 지니고 있었다.

처음으로 자기소개를 하던 장면을 무카이야치 씨는 생생하게 기억하고 있다.

"'베델의 집' 구성원이 차례차례 자기소개를 해나가는 거예요. 자신은 정신병자인 누구누구입니다, 환자입니다, 라고요. 그래서 아카오(赤尾) 씨라는 사람 차례가 되었는데, '알코올 중독자인 아카오입니다' 라고 자기소개를 했어요. 그런데 그 다음 차례에 일어선 마을 사람이 뭐라고 자기소개를 해야 할지 몰랐던 거예요. 말이 막혀서요."

'베델의 집' 구성원들은 각자 '분열병'이라든가 '알코올 중독', '7병동(폐쇄 병동) 입원 중'이라든가 하는 '근사한 직함'이 있었다. 하지만 마을 사람들은 그런 것이 없었고, '그저 사람들'일 뿐이었다. 차례차례 일어나 병명을 밝히는 '베델의 집' 사람들 앞에서 아무것도 말할 게 없는 마을 사람들의 당혹감.

행사장은 웃음바다가 되었다.

교류 모임은 이렇게 허물없는 분위기였다. '베델의 집' 구성원이 "가끔 이상해지기 때문에 잘 부탁드립니다"라든가 "얼간이가 됩니다" 같이 거리낌 없이 자기 병에 대해 말하고, "퇴원하고 싶은데 가족들이 퇴원시켜 주지 않는다"고 자신의 고생담이나 고민을 털어놓으면, 마을 사람들 역시 "정신장애인은 무섭다고 생각했다", 여기 올 때까지는 '내심 두근두근' 했고, "아니, 호되게 얻어맞지나 않을까" 하고 이런저런 걱정을 하며 왔다는 것을 솔직하게 털어놓았다. 그리고 실제로 와서 그들을 보고 있으니, "안심이 된다고 하면 이상하게 들릴지 모르겠지만, 자신이 솔직해진다"라든가 정신장애인의 '좋은 점'이 보이게 된다는 등의 말도 하게 되었다. 열기로 가득 찬 행사장에서 참가자들은 모두 전부터 정신장애에 대해 서로 숨겨온 생각들을 차례로 유쾌하게 속속들이 드러내어 '마음의 모임'은 웃음과 환성에 휩싸인 감동적인 모임이 되었다.

그러한 과정을 거쳐 1992년 4월에 출판된 것이 『'베델의 집'의 책 — 화해의 시대』다.

책에서는 '베델의 집' 사람들이 각자 자기 병을 말하고, 그들과 함께

하는 무카이야치 씨나 미야지마 목사 부인, MUG 멤버나 간호사 등 서른 명의 사람들이 '베델의 집'과의 다채로운 관계를 썼다.

고야마 스나오 씨가 서문을, 시미즈 요시하루 씨가 후기를 분담해 모두가 만든 이 책은, '베델의 집'과 마찬가지로 꾸미지 않고 젠체하지 않고, 하지만 결코 만만치 않은 심오한 생각이 담겨 있었다.

책이 출판된 지 10년이 지났지만, 거기에 써 있는 것은 지금도 새롭다. 그 후 많은 멤버가 교체되었고 작업 내용이나 공동 주거의 모습도 변했지만, '베델의 집' 생활 방식 자체는 당시나 지금이나 변하지 않았다. 그 생활 방식이 『'베델의 집'의 책』에 빽빽이 담겨 있다. 출판사도 대리점도 없이 입소문만으로 1만 3천 부 이상이나 팔린 이 책이 얼마나 많은 사람들을 촉발했을까?

하지만 이 책은 어떤 의미에서 몹시 이해하기 어려운 책이다. 아주 평이한 문장 안에 여러 겹으로 짜넣은 깊은 의미가 들어 있고, 담담한 기술 너머에 산 같은 생각이 담겨 있다. 처음 읽은 사람을 곧바로 강력하게 잡아끄는 힘을 가졌으면서도, 한 번 읽은 것만으로는 좀처럼 알 수 없는 의미로 가득 차 있었다.

특히 독자를 끌어들이는 것은 당사자의 글일 것이다. 대부분이 싱거울 정도의 단문으로 정리되어 있는데, 평이하고 간결한 기술에는 그 배경에 있었을, 보통 사람들이 짐작할 수 없는 고생과 생각들이 감추어져 있다. 아마 그러한 생각들은 한 사람 한 사람의 길고 복잡한 생활사를 알아야 비로소 윤곽을 잡을 수 있을 것이다. 하지만 그것이 없어도 당사자의 기고는 각자의 말로, 읽는 사람들에게 호소해온다.

'베델의 집'에 사는 단 한 명의 여성인 핫도리 요코 씨와 그가 키우는 고양이.

예컨대 핫토리 요코(服部洋子) 씨는 이렇게 쓰고 있다.

> 입원하고 나서 처음으로 '마음의 모임'에 갔다 왔습니다. '베델의 집'은 제 마음을 아주 온화하고 평온하게 해주는 장소입니다. 조금이 긴 하지만 다시마 작업도 해보았습니다. 저는 어렸을 때부터 마음을 편안하게 하는 장소를 찾고 있었습니다. 열여섯 살에 일하러 나가 병―정신분열병―에 걸렸고, 시즈나이(靜內)의 병원에 입원하고 퇴원하기까지 10년이라는 세월이 지나버렸습니다.

그 사이에 언니가 죽은 일은 큰 충격이었다. 남은 부모가 마음에 걸렸다. 한 번 결혼했으나 병 때문에 이혼하고, 아이도 떠나보내야만 했다. 그 아이가 찾아올 날을 믿고 한결같이 기다리고 있으며, "만약 와준다면 마음껏 껴안아" 주고 싶다고 말한다. 핫토리 씨는 '베델의 집'이 '마음의 창'이라고 말한다.

마음의 창이란 무슨 뜻일까?

핫토리 씨가 다른 데서 한 말에 비추어보면 의미가 조금씩 떠오른다. "저도 예전에는 자신을 괴롭혔어요. (그런데) 마음을 편하게 하고 싶으면 (자신을) '칭찬해야 한다는 걸' 알았어요. 항상 나 같은 게 왜 태어났을까? 태어나지 않았으면 좋았을 텐데, 하고 생각했어요. 한가운데 앉은 적이 없고 항상 구석진 곳에 앉아 있었어요. 한쪽 구석에만 있었거든요. 하지만 지금은 달라요. 이제 저는 역시 살아 있어서 좋구나 하는 생각을 하게 되었어요."

어디를 가든 방 한쪽 구석에만 앉는 습관이 붙어 있던 요코 씨는 이 제 당당하게 한가운데에 앉아 있다. 그것은 '베델의 집'과 만났기 때문이며, '베델의 집'이라는 '자신이 있을 수 있는 장소'와 만났기 때문이다. '베델의 집'이 '마음의 창'이라는 것은, 그곳을 통해 세계와 연결되는 곳, 자신을 바깥 세계로 여는 곳이라는 뜻이기도 할 것이다.

한편 오카모토 마사루 씨는 "지금의 나"라는 제목으로 글을 썼다. 자신은 정신분열병으로 "다른 사람들과 어울리지 못해 고민하고 있다"고 한다.

> 항상 인생을 생각하고 있다. 오카모토 마사루, 살아 있어서 좋았을까 나빴을까? 돈도 없다. 집도 없다. 여자한테 인기도 없다. 다 없어서 쓸쓸해지고 이 세상이 싫어져 눈물이 난다.

실제로 오카모토 씨는 울면서 우라카와 마을을 걷고 있다. 웃고 있을 때나 노래하고 있을 때도 있지만, 대부분은 "인생을 생각"하면서 '베델의 집'과 큰길에 있는 미타무라 상점 사이를 왔다 갔다 하고 있다. 어느 날 울어서 눈이 퉁퉁 부어 있는 오카모토 씨가 걱정되어, 무카이야치 씨가 말을 걸자 "오카모토 마사루가 불쌍해서……"라고 중얼거렸다고 한다. 무카이야치 씨에 따르면 그런 오카모토 씨에게는 "누구보다도 진지하게, 장렬하게까지 자신의 인생과 마주하려는 마음"이 있다고 한다.

> 난 '베델의 집'에 와서 두 번 죽었다. 한 번은 절망해 "가족에게 미안

오카모토 마사루 씨. 매일 '사회 견학'을 나가는 오카모토 씨는 가끔 길가에 앉아서 생각에 잠긴다. 울고 있을 때도 있지만 웃고 있을 때도 있다. 어느 날 무카이야치 씨가 왜 우냐고 묻자, "오카모토 마사루가 불쌍해서"라고 대답했다고 한다.

하니까 난 바다에 빠져 죽을 거야!"라고 말하고는 '베델의 집'을 나와 항구로 가려고 했더니, 무카이야치 씨와 딱 마주쳐 "죽을 필요 없어"라는 말을 듣고 포기했다. 그때 붙잡지 않았다면 난 지금 이 세상에 없을 것이다.

두 번째는 밤에 자고 있다가 갑자기 불안해져서 몸이 굳어지고 "오카모토 마사루! 마흔여덟의 나이로 이 세상을 떴다! 위독 상태!"라는 말이 머릿속에서 소용돌이쳤다. 정말 "이제 죽는구나!"라고 생각했다. 그러더니 어머니 목소리가 들려왔다. "아직 살아 있으면 좋은 일이 있을 거구먼, 좋은 일이 있을 거여"라는 목소리였다. 그리고 필사적으로 외쳤다.

"오카모토 마사루! 위독 상태! 의사를 불러!"

옆방에 있던 하야사카 씨가 달려왔고, 가와무라 선생도 뛰어나와 오카모토 씨는 위독 상태에서 벗어날 수 있었다. 심한 환청이 있었던 것일까? 섬망(譫妄)9 상태에 빠진 것일까? 구급차를 불러달라는 환자는 있지만 의사를 불러달라는 환자는 드물다며, 가와무라 선생은 신통해했지만, 결국 무슨 일이 있었는지는 아무도 몰랐다. 그런 경험을 거듭해온 오카모토 씨는 "난 아저씨일까 청년일까를 생각하고 있다"고 한다. 생각한다고 알 수 있는 문제도 아니지만, 역시 그런 걸 생각하는 것일까? 그리고 그런 자신에게 눈물을 흘리고 웃으면서 우라카와 마을을 계속해서 걷고 있는 것일까?

그런 사람들이 왜 모두 모여 함께 살고 있는 것일까?

이곳에 있는 사람들이 모두 '약함'을 가진 사람들이기 때문이라고 사사키 미노루 씨는 말한다.

> 입주자는 이제 막 병원에서 퇴원한 사람, 오랫동안 입원하지 않고 분투하고 있는 사람 등 다양하지만, 어차피 혼자서 생활하기 어려운, 약한 입장에 놓인 사람들이 많으며, 누군가에게 또는 무언가에 의지해야만 하는 사람들입니다.

사람들은 "누군가에게 또는 무언가에 의지해야만 하는 사람들"이 아무리 모인다고 한들, 무력하고 제각각인 인간 집단밖에 만들 수 없을 것이라고 생각할 것이다. '베델의 집'이 그렇게 된다고 해도 이상할 게 없었다. 하지만 약함을 유대로 한 사람들이 그 약함을 드러내놓고 서로 인정해주며 살기 시작했을 때, 그곳에서는 "저 밑바닥에서부터 빛을 찾아내고 영혼의 평온함을 얻는" 사람들의 힘, 그런 사람들이 모여 생겨나는 분위기의 힘이 자라났다.

> 정신적인 병에 걸린 사람은 오늘날 일본 사회에서 이러저러한 차별이나 어려움을 수없이 당합니다. 병이 나아도 차별은 평생 계속됩니다. 그러나……우리는 사방에서 어려움을 당해도 곤란해하지 않습니다. 어떻게 해야 좋을지 몰라도 정체 상태에 빠지지 않고, 박해를 받아도 버림받지 않으며, 쓰러져도 망하지 않을 거라고 믿습니다.

지금도 나는 이 책『'베델의 집'의 책』이 '베델의 집'의 원점이라고 생각한다. 수많은 사람들이 이 책을 통해 '베델의 집'과 만날 수 있었다.

사람들은 '베델의 집'을 찾아갔을 때와 마찬가지로, 이 책을 읽으면서 어딘가에서 자기 자신을 발견한다. '베델의 집'처럼 되고자 하는 자신과 그렇지 않은 자신, 그 차이는 어디에 있을 것일까 생각하면서 '베델의 집'의 "그대로도 괜찮다"는 메시지 안에서 깊은 안도감을 발견한다. 그 책은 구원이라고 해도 좋은 만남을 가져다주기도 한다.

예컨대 시미즈 요시하루 씨는 원고를 읽다가 깊이 감동해 "그칠 줄 모르고 눈물이 흘러내렸다"고 한다.

그때 일을 그는 이렇게 적고 있다.

> 저는……강해야 한다, 사람들에게 인정을 받아야 한다, 기업을 성장시켜야 한다고 매일 매일 긴장한 채 살아왔습니다.
> 그리하여 영혼이 상당히 삭막해진 것 같습니다. 그 삭막해진 영혼이, 목이 말라 물을 찾듯이, 있는 그대로의 자신으로 살고, 약한 그대로의 자신을 드러내놓고 사는 이야기에 매료된 것이지요.

'베델의 집'과의 만남은 흔히 갑작스럽게 아주 끊임없이 흘러내리는 눈물이 되어 나타난다. 그것이 어디서 어떻게 나타나는지는 사람마다 제각각이다. 아무렇지 않게『'베델의 집'의 책』을 사가지고 히다카 본선 기차 안에서 읽다가 눈물을 뚝뚝 흘리고 급기야 엎드려 운 사람도 있고, 강연을 들으면서 눈물이 멈추지 않은 사람도 있다. 또는 그 후에 만들어진 '베델의 집' 비디오를 보면서 엎드려 운 사람도 있다. 그러나 사람들은 '베델의 집' 이야기를 접하면서 누구나 같은 문맥에서, 같은 부분에서 우는 것은 아니다. 그것은 곧 그 사람이 있는 힘을 다해 떠안고 있던 것이 '베델의 집' 때문에 촉발되어 어딘가에서 와르르 무너져 내릴 때 일어났을 것이다. 혹은 한결같이 믿어온 것이 굴레가 되었고, 그것이 맥없이 갈라져 떨어지는 각성이 일어날 때일 것이다. 이를테면 '베델의 집'은 그 촉매 장치인 것이다. 물론 '베델의 집' 이야기를 듣고 모든 사람들이 감회를 느끼는 것은 아니며, 아무런 가치도 찾아내지 못하는 사람도 있다. 한편 '베델의 집'과의 만남이 자신의 재생이 되고 인생의 전환점이 된 사람도 헤아릴 수 없이 많다. 사람들은 '베델의 집' 같은 것을 접했을 때, 흔히 자기 안에서 오랫동안 짊어져온 무거운 짐을 풀어놓고 자신과 화해하게 된다.

지금의 행복

'베델의 집'은 책을 출판한 데 이어 비디오를 제작했다.

시미즈 요시하루 씨가 프로듀서가 되고 영상 작가인 시노미야 데쓰오(四宮鉄男) 감독과 카메라맨인 이와타 마키코(岩田まきこ) 씨, 우치야마 고지(內山浩二) 씨가 제작한 다큐멘터리 시리즈 『아주 평범한 사람들』(Very Ordinary People)의 '예고편' 전 8권이 그것이다. 예고편이라고 해도 각 권은 한 시간에서 두 시간짜리의 어엿한 다큐멘터리다.

이 비디오 시리즈는 『'베델의 집'의 책』과 함께 호평을 받아 책보다 더 많은 사람들에게 전해졌다.

획기적인 것은 전편에 걸쳐 정신장애인들이 맨얼굴과 실명으로 등장한 일이다. 비디오에서 그들은 주눅 들지 않고 알코올 중독증이나 정신분열병 등 자신의 병명을 말하고, 시미즈 씨가 전하고 싶어한 "병에 걸렸지만 그것을 발판으로 살고 있는" "그 이상함과 풍요로움"을 남김 없이 표현하고 있다. 그리고 이 비디오 시리즈에서 더욱 획기적인 것은 저작권을 주장하지 않은 일일 것이다. 제작자인 시미즈 요시하루 씨 자신이 "더빙 OK, 다 함께 봐주세요"라고 말하며 세상에 내놓아 여기저기에서 돌려보고 복사된 『아주 평범한 사람들』은 정신 의료 세계에서 모르는 사람이 없을 정도로 유명한 시리즈가 되었다. 저작권을 포기한 것은, 이제부터는 돈이나 물질이 아니라 "꿈을 갖고 있는 사람들"의 시대라고 말하는 시미즈 씨가, 가능한 한 많은 사람들에게 '베델의 집'을 알리고 싶은 자신의 꿈을 좇았기 때문이다.

이러한 책 판매나 비디오 상영으로 '베델의 집'은, 우라카와 뒷골목에서 쥐 죽은 듯이 살며 고생 거리만 많은 한줌의 사람들에서, 독특한 활동을 전개하는 획기적인 정신장애인 그룹으로 그 이름을 널리 알리게 되었다. 이름이 알려지면서 각지의 이벤트에서 부르고 강연 의뢰도 들어왔다. 그 횟수도 지금은 한 해에 50회에서 60회에 이른다. 흥행 패턴은 대체로 항상 비슷한데, 멤버가 "정신분열병자인 마쓰모토입니다"라든가 "정신이 흐트러진 상태에 있는 하야사카입니다" 등으로 자기소개를 하고 비디오를 상영하며, 그 다음에는 무카이야치 씨나 가와무라 선생이 사회를 보며 모두가 자기 병에 대해 이야기한다. 그렇지만 어떻게 하면 병을 치료할 수 있는가 하는 것은 말하지 않는다. 어디까지나 '베델의 집' 식으로, 치료하지 않는 의사와 치료하려고 하지 않는 환자, 그리고 또 모든 사람들에게 고생만 더하는 사회복지사가 어떻게 살아왔는지, 어떤 생활을 하고 있는지가 중심 테마다.

그런 '베델의 집' 식의 생활 방식을 즐기려는 찬동자가 각지에서 나타

나고야, '베델 축제'의 한 장면. 일본 각지에서 다양한 사람들과 단체들이 '베델의 집' 사람들을 초청해 축제를 열면서 교류한다.

나 멤버를 초대해 교류하는 행사가 오카야마(岡山)나 사이타마(埼玉), 도쿄 등 각지에서 열리게 되었다. 그 선구가 된 나고야(名古屋)의 '베델 축제'는 1996년 이후 줄곧 우라카와에서 스무 명 정도의 구성원이 참석하는 정례 행사로 정착되었다.

그 '베델 축제'의 2회째 행사에서 일어난 일이었다.

단상에 있는 '베델의 집' 구성원에게 행사장에 있던 한 어머니가 손을 들고 질문을 한 적이 있었다. 그 어머니에게는 정신분열병인 스물아홉 살의 딸이 있는데 본인에게는 진짜 병명을 말해주지 않고 '신경쇠약'이라고만 말하고 통원 치료를 받고 있는데, 어떻게 하면 좋을까 하는 것이었다.

"여러분께 묻고 싶은 것은, 자신이 정신분열증이라는 것을 알았을 때 어떤 심정이었나 하는 겁니다. 역시 충격을 받았나요? 그리고 전 딸에게 정신분열증이라는 사실을 알려주는 게 나을지, 지금 고민하고 있습니다."

딸의 정신병 문제를 혼자 떠안은 채 누구하고도 상의할 수 없어 몹시 난감해하는 모습이 생생하게 드러난 질문이었다. 게다가 그 어머니는 본인의 딸이 결혼을 앞두고 있는데, 딸이 '그런 병'이 있어서 몹시 고민하고 있고, 자기들은 연금 생활자인데 딸의 장래가 어떻게 될지 불안해서 견딜 수가 없다고 호소하는 것이었다. 분열병자인 자식을 둔 대부분의 부모들이 안고 있는 절실한 심정이었다.

질문한 그 어머니와 같은 연배인 '베델의 집'의 견실한 사람, 하마초 아야에(浜長あやえ) 씨가 맨 먼저 답했다.

"저라면 말이에요. 숨기기보다는 본인한테 말하는 것이, 오히려 본인도 편해지지 않을까 생각해요. 그리고 가족들이 의논을 하면 좋지 않을까요."

연배가 있는 사람답게 여유 있게 이야기하는 하마초 씨 말에는 의연한 울림이 있었다.

이어서 '베델의 집' 구성원이 차례차례 대답해나간다.

"정신분열병이라는 말을 듣고 충격을 받았고, 내 안에 다른 사람이 들어와 사는 듯한 느낌이 드는데요. 내 마음, 마음속 같은 데를 (다른 사람이) 돌아다니기도 하면서요. 그런 느낌이에요."

나직하게 가라앉은 목소리로 말하는 요코우치(橫內) 씨는 너무나도 정신과 환자 같은 딱딱한 표정이었지만, 다음 나카무라 다다시(中村忠士) 씨는 싱글벙글 말이 많았다.

"저는 입원했을 때부터 노이로제라고 생각하고 있었어요. 그런데 생명보험을 청구할 때 진단서를 받았거든요. 그때 정신분열병이라고 써 있어서 역시 큰 충격을 받았죠. 저는 노이로제가 아닐까 생각하고 있었으니까요. 그때는 충격이었지만 지금은 아무렇지 않아요. 그러니까 따님에게도 역시 분명히 얘기해주는 것이 나을 것 같네요."

마지막으로 답한 것은 어딘가 얼빠진 모습의 시모노 쓰토무(下野勉) 씨였다.

"저도 처음에는 우리 아버지한테 노이로제라는 말을 듣고, 외래로 가 와무라 선생님께 갔더니 정신분열병이라고 써 있었어요. 진찰 기록부에요. 그렇지만 주변 사람들이 더 힘들지 않았을까요? 아마도요. 전 아무렇지 않았거든요."

지금은 웃으며 자신의 병에 대해 말하는 '베델의 집' 구성원들도, 처음부터 병명을 들은 것은 아니었다. 역시 정신분열병이라는 말을 들었을 때는 충격이었다고 지금도 기억하고 있는데, 숨겨두기보다는 알리는 것이 낫지 않았을까?

한바탕 구성원들의 이야기가 끝난 시점에서 마이크를 건네받은 가와무라 선생은, 병명을 알려주는 문제에 대해 "그저 병만을 말하는" 것이라면 그것은 마치 "당신은 불량품입니다"라고 말하는 것이므로, 누구나 그런 병명은 받아들이기 힘들 것이라고 말한다. 병명을 알려주는 것만이 아니라, 병명을 알려준 다음 앞으로 인생을 어떻게 살아가야 할지, 살아갈 방법을 제안한다면 더 좋을 것이라고 말한다.

"만약 제가 따님의 입장이라면, 다시 말해 분열병이라는 말을 듣는 입장이라면, 그것을 통해 거기서부터 뭔가 새로운 일이 시작될 것 같은 그런 것이라면 좋겠는데요. 그런 말을 듣는 것이 뭔가 '끝장'이라는 느낌이 들게 하는 것은 좀 심하다는 느낌입니다. 그래서 저는 정신분열병을 말할 때 '누구누구하고 같은 병이에요'라는 식으로 말합니다. 그 사람은 아주 즐거운 생활을 하고 있다는 것을, 병명을 알려줄 때 같이 말한다면 좋을 거라고 생각합니다."

병명을 알려주는 것에 대해 말하자면, 가와무라 선생만큼 좋은 환경에 있는 정신과 의사도 없을 것이다. 어쨌든 '굉장히 즐거운 생활을 하고 있는' 사람이 '베델의 집'에는 잔뜩 있으니까 말이다.

예를 들어 사사키 미노루 씨를 들 수 있다.

정신분열병이 있지만 회사 사장이 되었고, 동료와 함께 열심히 일하며 자립적인 생활을 하고 있다. 항상 싱글벙글하며 끊임없이 이것저것 마음을 쓰고, 복근 운동을 너무 해서 엉덩이가 까져버린 일 등 우스꽝스런 이야기가 끊이지 않지만, 한편으로는 '베델의 집' 대표로 미국에 가서 교류를 하기도 한다. 매일 저녁 소주를 마시며 하야사카 씨 들과 이야기를 나누는 사사키 사장의 인생은 건강하지 못한 정상인보다 훨씬 '즐거운 생활'을 하고 있다.

또 시모노 쓰토무 씨도 있다.

한때는 유리창을 깨고 문짝을 발로 차서 부수는 등 아주 사납게 날뛰던 때도 있었지만, 지금은 그런 짓을 하지 않고도 자신을 표현할 수 있게 되었고, 짬을 내 게으름을 피우면서도 일을 하고 있다. 파트너와 붙었다 떨어졌다 하면서, 좋아하는 기타를 치고 열심히 작곡을 하며 강연회에서는 그 노래를 부른다.

마쓰모토 히로시(松本寬) 씨도 있다.

정신분열병은 "친구들이 생기는 병"이라는, 자칭 "즐거운 분열병 환자"다. 이런 증상을 본 적이 있는 정신과 의사는 아마 없을 것이다.

헤아리자면 끝이 없다. 그만큼 '베델의 집'에는 정신분열병에 걸리는 것이 "뭔가의 끝"이 아니라, "거기서부터 뭔가 새롭게 시작되는 것"으로 이미지화할 수 있는 역할 모델이 빠짐없이 갖추어져 있다. 물론 그것은 보는 사람의 인생관이나 가치관에 달린 문제여서, 무슨 말을 하든 납득할 수 없는 사람도 있을 것이다. 하지만 적어도 '베델의 집'에서는 정신분열병에 걸려도 사사키 씨나 시모노 씨, 마쓰모토 씨 같은 인생도 있

작곡하고 있는 시모노 쓰토무 씨.

다고 말해줄 수는 있다.

강연회에서 이야기를 주고받는 장면에서 또 하나 인상에 남은 것은 홋카이도 시즈나이정에서 열린 정신장애인 가족 모임의 강연회였다.

그 지역 기관장이나 보건소 소장 등 정신 의료와 관련된 지역 지도자들이 인사하고, 관례대로 "무엇보다 중요한 것은 사회에 복귀해 자립적인 생활을 하는 것입니다"라는 등의 호소에 이어 게스트로 초대된 가와무라 선생 차례가 되었다.

가와무라 선생은 "최신의 사고"는 장애인에게 뭔가를 해주는 것이 아니라 장애인도 힘을 가지고 있다는 관점이라고, 점잖게 못을 박은 다음 이렇게 말했다.

"이제 '치료하는 것'만을 뒤쫓아 다니는 일에서는 졸업하려고 합니다. 치료하는 일이 유일한 길이라면 히다카 지방에서 정신병에 걸린 사람은 삿포로에서 걸린 사람보다 운이 나쁩니다. 도쿄 사람보다는 더 운이 나쁩니다. 하지만 지금 우리 현실을 보면 절대 그렇지 않습니다."

아무도 병을 치료하지 않는데도 '베델의 집' 사람들은 결코 불행하지 않다. 모두들 게으름을 피우면서도 일을 하며 그 나름대로 생활하고 있지 않은가. 어떻게 해서 그렇게 되는지를 보려고 매년 전국에서 천 명이 넘는 사람들이 견학하러 찾아온다. 그런 사람들 중에는 '베델의 집'이 꿈같은 곳이라고 말하는 사람도 있다.

"그런데 우리 지역에서는 결코 꿈을 꾸면서 찾아오는 것이 아니라, 문제투성이고 고민거리가 많으며 병을 치료할 선생도 없는 그런 데서 '그래도 뭘 할 수 있을까' 하고 찾아와요. 무슨 일을 하면 자신들이 다소라도 행복하다고 느낄 수 있는 현실을 붙잡을 수 있을까 하고요."

그런 것을 계속해서 생각해온 결과로 지금의 '베델의 집'이 있는 것이라고 말한다. 그 이야기가 거기에 모여든 사람들에게 얼마나 이해되었을까? 행사장에 모인 정신병이라는 무거운 짐을 짊어진 사람들, 특히 여러 가지 문제와 마주한 가족에게 이러한 생각은 좀처럼 받아들여지지 않는다. 무엇보다도 우선 병의 치료를 생각하고 사회 복귀나 자립을 생각하기 때문이다. 가와무라 선생이 이야기한 후 한 어머니가 일어서서 던진 질문에서 그것을 알 수 있다.

"우리 아들은 퇴원해서 지금 석간신문을 배달하고 있어요. 벌써 두 달이 다 되어가는데요, 3년 동안 열심히 해서 보통 회사에 가고 싶다고 말합니다. 이런 상태에서도 3년이 지나면 해나갈 수 있게 될까요?"

퇴원해서 아르바이트를 시작했는데 좀 더 열심히 해서 일정한 직업을 갖고 싶다, 자립하고 싶다고 부모와 아들 모두 그렇게 생각하고 있다.

이에 대해 가와무라 선생은 직접 답을 하지 않고 이렇게 말하는 것이었다.

"저는 어떤 분한테서 행복이라는 것은 뭘까 하는 이야기를 들은 적이 있습니다. 행복이란 '지금 기쁘고', '지금 즐거운' 일이라고 했습니다. 만약 정신장애라는, 전혀 바라지 않았던 이 현실과 마주하면서 또한 행복해지려고 생각한다면, 사회 복귀를 위한 종합적인 치료와 훈련을 받아 좋아지고, 다시 말해 치료를 받아서 낫고 일자리를 찾아 일하고, 만약 이런 것이 행복해지는 일이라고 생각한다면, 수많은 정신병자들은 행복이라는 건 포기하는 편이 낫다고 생각합니다."

정신병 환자가 아주 열심히 노력해서 3년, 5년 고통스러운 마음으로 일을 하고, 그렇게 무리한 것이 화근이 되어 결국 병원으로 되돌아오는 모습을 가와무라 선생은 지겨울 정도로 많이 보아왔다. 이것은 그렇게 간단한 병이 아니다.

"일반 회사에서 일하는 것이 행복한 일이라면 그것을 목표로 할 수밖에 없지만, 좀 더 넓은 길에서 살아가는 것을 생각해보시면 좋을 것 같습니다. 어쩌면 보통 회사에서 일할 수 없을지 모르지만, 그보다 훨씬 행복하다는 사람이 있어도 좋지 않을까 싶습니다."

그리고 가와무라 선생은 사람들을 향해 묻는 것이었다. 장애인만이 노력하는 것이 아니라 모두들 '서로 마찬가지다'라는 감각을 가질 수는 없을까, 병을 치료하는 것에만 시선을 빼앗기지 말고 함께 생활하며 살아가려는 데서 좀 더 넓은 눈으로 사물을 바라볼 수는 없을까, 하고 말이다.

"같이 해보자고, 서로 배워보자고, 서로 교육해보자고, 저는 옛날보다 남을 생각하는 마음도 친절함도 없어진 의사가 되었습니다. 장애인이 이 세상에서 행복을 붙잡기 위해서는 말이에요. 특히 제 배려나 선의만으로는 아무것도 안 되며, 그런 쓸데없는 일은 하지 않게 되었다는 겁니다. 오히려 그런 곳에 (환자를) 가둬두고, 갑갑하고 옹색한 곳으로 몰아넣는, 그리고 그런 일을 하는 자신도 (역시) 막다른 지경으로 몰아넣는 일에서 졸업하고 싶다는 것이 지금 가장 마음을 써서 하고 있는 일입니다."

나는 이런 이야기를 깊이 납득할 수 있었다.

열심히 노력해 사회 복귀와 자립을 목표로 재활 치료에 전력을 다하는 것이 모두 내일을 위해서라면, 그 내일이 정말 올 것인지를 물어야 한다. 가와무라 선생만이 아니라 '베델의 집' 사람들은 정신병이라는 "결코 바라지 않은 이 현실"과 마주하는 과정에서, 어느새 정상인이 발언권을 장악하고 있는 사회의 틀 자체에 깊은 의혹의 시선을 던지게 되었다. 거기에서 정말로 병들어 있는 것은 장애인이 아니라, 오히려 정상인이 아닌가 하는 핵심적인 의문이 떠오른다.

행사장 한가운데에 '베델의 집'의 겐짱이 앉아 있었다. 한창 중요한 이야기가 오가는 중에 겐짱은 크게 하품을 하고 있었다. 옆 자리에 앉아 있는 하야사카 씨는 너무 졸린 나머지 감싸 쥔 머리를 비스듬히 기울이고 있었다. 행사장 밖에서는 일벌레 하마초 씨가 빈틈없이 '베델의 집'의 '근다시마'를 팔고 있었다. 오늘도 또 '병을 고치지 못하는 의사'가 좀 까다로운 말을 하며 떠들어대고 있구나 하는 표정으로.

강연회가 끝나고 우리는 자동차를 타고 우라카와로 돌아가는 길이었다. 히다카 해안으로 밀려오는 완만한 파도를 보며 235번 국도를 달리는 차 안에서, 하야사카 씨는 잠시 신상에 관한 이야기를 하고 나서 문득 이제야 알았다는 듯이 말하는 것이었다.

"사회 복귀, 사회 복귀라고 말하는데 말이에요."

강연회에서 '높은 사람'이 말한 것을 생각해낸 모양이었다.

"하지만 말이에요, 내가 이렇게 하고 있는 게 사회 복귀 아닌가요?"

가와무라 선생이 한 시간 걸려서 말한 것을 얼간이 환자는 단 한마디로 잘라 말했다.

SST

　가와무라 선생이나 멤버의 강연을 듣거나 비디오를 보면, '베델의 집'의 삶과 생활 방식을 대충 알 수 있다. 그러나 '베델의 집'의 '그대로도 괜찮다'는 메시지나 '충돌과 만남'의 일상, '약함을 유대로' 한 인간관계나 '누구도 배제하지 않는' 생활 방식은 역시 그들 속으로 들어가 직접 체험해보지 않으면 알 수 없다. 다양한 구호로 상징되는 '베델의 집'의 생활 방식은 분명히 그렇다고 해도, 왜 그렇게 되었는지, 뭐가 그것을 낳았는지는 알기 어렵기 때문이다. 반대로 말하자면 '베델의 집'의 생활 방식은 언뜻 일상의 표면에 드러난 것만을 보아서는 알 수 없다. 조금도 특별한 일을 하고 있는 것으로는 보이지 않고, 언뜻 보면 단조로운 하루하루가 반복될 뿐이니 말이다. 하지만 '베델의 집'과의 만남은 그곳에서 보내는 시간에 비례해 깊어져 간다. 무수한 만남을 거듭하는 과정에서 점차 보이게 되는 것이 있다.

베델 작업실에서 하는 SST.

예를 들어 SST라는 회합이 그것이다.

SST(Social Skill Training, 사회 기능 훈련)란 다양한 장면에서 사람이 사람과 이야기하거나 교섭해 사회생활을 계속해나가는 데 필요한 기술(Social Skill)을 익히는 훈련을 말한다. 미국에서 도입해 최근에는 여러 병원에서 활발하게 행해지는데, '베델의 집'에서도 1990년대 후반부터 이 SST를 도입했다. 다만 사람들의 이야기에 따르면, '베델의 집' SST는 다른 데와 '전혀 다르기' 때문에 이것이 세상에서 말하는 일반적인 SST라고는 생각하지 않는 편이 낫다고 한다.

그 SST는 매주 수요일 오후, 일본적십자병원 회의실에서 이루어지고 있다.

입원 중이거나 공동 주거에 살고 있는 '베델의 집' 구성원 열 명 안팎이, 이 회의실에서 사회복지사인 무카이야치 씨나 '베델의 집' 스태프, 정신과 간호사 등과 함께 둥그렇게 의자에 앉는다. 그리고 각자 '전화 거는 법'이나 '가족과 이야기하는 방법' 등 주어진 과제를 모든 사람 앞에서 해보고 평가를 받는 '대화 연습'이 반복된다.

그 정도 일을 훈련할 필요가 뭐 있나 하고 의아하게 생각하는 사람도 있을 것이다. 하지만 실제로 분열병 환자와 지내보면, 왜 그렇게 해야만 하는지를 금세 알게 된다. 보통 그들은 도저히 하야사카 씨만큼 말할 수 없으며, 말주변이 없다기보다는 거의 '말을 할 수 없는' 상태에 놓여 있다. 대부분 연금 수첩을 받거나 은행에 예금하는 일도 어려우며, 때로는 간단한 물건을 사러 가는 일도 못한다. 분열병 환자가 말주변이 없는 것은 기본적으로 인간관계가 서툴기 때문이지만, 그러한 장애를 극복하고 사회생활을 해나가기 위해서는 아무래도 '사회 기능' 훈련이 필요하게 된다.

내가 찾아갔을 때는, '베델의 집' 구성원이 여덟 명, 스태프와 간호사가 일곱 명, 합해서 열다섯 명이 SST에 참가하고 있었다. 진행하는 역할은 무카이야치 이쿠요시 씨였다.

"예, 오늘 연습 과제는, 나카무라 씨."

매주 구성원은 각자 자신이 정한 과제를 모든 사람들 앞에서 말하는 연습을 한다.

"오늘은 인사할 때 자기소개를 하는 연습입니다."

첫 번째로 지명된 나카무라 다다시 씨는 친구인 아마도 세이이치(天戶政一) 씨와 함께 며칠 안에 오사카에 갔다 오기로 했다. 다시마 판매를 겸한 강연 때문이었다. 그곳에서 인사하고 자기소개를 할 수 있도록 SST를 하기로 한 것이다.

"그럼, 여기 있는 사람들이 모두 손님들입니다."

연습은 실제 장면을 가정해 이루어진다. 나카무라 씨와 아마도 씨 바로 눈앞에 있는 사람들은 강연회장에 온 손님들이다.

"여러분께 자기소개를 해주시기 바랍니다. 저는 사회를 보겠습니다."

사회를 보려는 무카이야치 씨가 나카무라 씨 옆에 섰다.

"그럼 지금부터 멀리 홋카이도 우라카와정에서 일부러 찾아주신 '베델의 집' 분들께 자기소개를 들어보도록 하겠습니다. 부탁합니다."

짝하고 손뼉을 치고 '시작' 하라는 신호를 보낸다.

나카무라 씨가 숨을 들이쉬고 입을 연다.

"정신분열병자인 나카무라 다다오입니다. 예…… 음…… 무슨 말을 해야 할지, 모르겠는데……."

금세 이러지도 저러지도 못하고 멍하니 서 있을 뿐이다. 최근에는 상태가 좋아 '베델의 집' 구성원 가운데 말을 잘하는 편인 나카무라 씨지만, 강연회에서 정식으로 말해야 하는 자리에 서면 머뭇거리게 된다. 머리를 긁적이고 있는 나카무라 씨를 보면서 적당한 시기를 보아 무카이야치 씨가 이어받아 말한다.

"웃는 얼굴이 좋은데요."

웃음 띤 천진난만한 나카무라 씨 얼굴은 사람들의 마음을 누그러뜨리는 힘이 있다. 그 점을 지적한 한마디에 거기에 모인 모든 사람들이 웃는다. 그리고 나카무라 씨는 "잘 부탁드립니다"라고 머리를 숙여 박수를 받는 것이었다.

이어서 아마도 씨 차례였다.

"우라카와에서 온 아마도입니다. 오사카에 와서 기쁩니다."

조그맣고 빠른 말투여서 알아듣기는 좀 힘들었지만 단숨에 말해버린다. 거기서 다시 박수. 멤버가 이야기를 하면 어쨌든 모두 박수를 친다. 실패하든 못하든. 그것이 SST의 규칙이다.

"그럼 여러분, 질문이 있으시면 해주십시오."

강연회장에서 있을 청중들의 질문에 대비한 연습이다.

손을 든 것은 요코우치 씨였다. 요코우치 씨는 나카무라 씨와 아마도 씨가 항상 같이 있는 것을 끄집어내 물었다.

"두 분은 어떤 관계입니까?"

이 질문에는 모든 사람들이 웃음을 터뜨렸다.

확실히 나카무라 씨와 아마도 씨는 마치 연인 사이처럼 항상 붙어 다녔다. 일할 때도 식사할 때도 늘 같이 있는 모습을 보면 어떻게 된 일인가 하고 물어보고 싶기도 하다. 만담으로 보면, 두 사람이 멍청한 말을 해 웃기는 역할을 하고 요코우치 씨는 중심이 되어 지껄이는 역할을 하고 있는 것 같다.

"사이좋은 친구입니다."

나카무라 씨가 그렇게 대답하고 나서 "와하하하" 하고 크게 웃음을 터뜨린다. 말수가 적은 아마도 씨는 여느 때처럼 모든 것을 나카무라 씨에게 맡기고는 눈을 가늘게 뜨고 싱글벙글 웃고 있다.

제1라운드가 끝나고, 방금 이야기한 방법 중에서 어느 부분이 좋았고 어떻게 하면 좀 더 나아지는지 의견을 나누었다. 간호사 한 사람이 손을 든다.

"웃는 얼굴이 아주 좋아서 정말 좋은 인상을 받았습니다."

박수가 있었고, "그럼 나카무라 씨, 아마도 씨, 다시 한 번 연습해봅시다" 하는 이야기로 이어진다.

다소 긴장한 나카무라 씨가 다시 말문을 연다.

"정신분열병자인 나카무라 다다오입니다. '베델의 집'에서는 일단 경리 담당입니다만, 발송이나 제조를 맡고 있습니다. 잘 부탁드립니다."

이번에는 아주 잘했다. 박수가 터졌다. 이어서 아마도 씨 차례였다.

"홋카이도에서 온 아마도입니다. 담당은, 음, 제조, 관리 담당이나 발송 업무를 하고 있습니다. 잘 부탁드립니다."

아마도 씨도 이번에는 천천히 말해서 알아듣기 쉬웠다.

다시 한 번 "어떻습니까?" 하고 무카이야치 씨가 묻는다. 야마모토 씨가 손을 들었다.

"첫 번째 할 때는 소박한 느낌이 들었습니다만, 두 번째가 훨씬 더 자연스러운 방식이어서 듣는 사람도 아주 좋았습니다."

짝짝짝, 박수 소리가 울리고 나카무라 씨와 아마도 씨는 자리로 돌아간다.

어쨌든 SST는 말하고 이야기하는 연습의 장이다. 그리고 말한 사람에게는 반드시 박수가 터지고 격려를 해준다. 아무리 서툴러도 말이 잘 나오지 않아도, 장점을 찾아내 모두가 칭찬해준다. 이야기한 내용에 관한 것이어도 좋고, 경우에 따라서는 "웃는 얼굴이 좋아요"라는 식이어도 좋다.

좀 더 보도록 하자.

나카무라 씨와 아마도 씨에 이어 요네다 가즈오(米田和夫) 씨 차례였다. 요네다 씨는 누님에게 생활보호 주민표를 받아달라고 하고 싶은데, 제대로 부탁할 수가 없다. 그런 전화를 거는 방법을 연습하는 것이다. 누님 역할은 무카이야치 에쓰코 씨가 하기로 했다. 요네다 씨는 전화를 거는 시늉으로 한 손을 왼쪽 귀에 대고 이야기를 시작한다.

"저, 누나야? 나, 가즈오."

"어, 좋아졌어?"

"어어, 좋아, 그런데 생보(생활보호) 주민표 말이야, 그거 좀 어떻게 해줘. 알았어?"

술술 말한 것 같지만 실제로는 띄엄띄엄 끊어졌다 이어졌다 했고, 게다가 기복이 없는 단조로운 말투라서 내용을 알아듣기가 힘들다.

"생보의 뭐라고?"

"생보의 주민표, 주민표 좀 어떻게 해줄 수 있어?"

"주민표를 보내면 되는 거야?"

"그래, 그래, 맞아."

거기서 잠깐 뜸을 들이고는 요네다 씨가 덧붙였다.

"잘 있어?"

그 어색한 표현에 모두들 하하하, 웃는다.

누님 역할을 한 에쓰코 씨는 그 말에는 대답하지 않고, 그 앞의 질문에 답한다.

"알았어. 병원으로 보내면 되지?"

"그래."

"그럼 주민표, 보낼게. 응."

"부탁해. 그럼 끊을게."

긴장된 대화가 끝나고 모두들 박수를 친다. 무카이야치 씨가 나선다.

"저……, 상당히 조심스럽게 전화를 했어요. 그래요, 그런데 좋은 점은?"

몇 사람이 손을 든다.

"'여보세요, 잘 있어?' 라는 식으로 누님의 상태도 물었고, 전화를 끊을 때도 '그럼 끊을게' 라고 한마디 덧붙인 점이 좋았다고 봅니다."

"누님이 좀 더 잘 알아들을 수 있도록 천천히 큰 소리로, 생활보호 일로 주민표가 필요하다는 것을 말했으면 더 좋았을 것 같습니다."

모두의 조언을 듣고 다시 한 번 요네다 씨가 연습을 했다.

"저……, 생보 일로 좀 물어볼 게 있는데. 생보 일로 주민표를 옮기는 수속을 하고 싶은데. 저……, 어떻게 좀 해줘."

마지막에는 약간 포기해버린 듯했지만, 그럭저럭 말을 마쳤다.

"주민표, 전출 신고서를 보내면 되지? 그럼 병원으로 보낼게."

"어, 그래. 그럼 안심했다. 부탁해."

"응, 그럼 잘 있어."

박수에 이어, "어떻게 좀 해"달라고 한 부분이 좋았다는 등 두세 가지 의견이 있었다. 그렇게 칭찬하는 말 하나하나에 박수가 이어졌다. SST란 말을 주고받는 것보다 박수 쪽이 더 많은 것이 아닐까 생각될 정도였다.

그리고 박수를 치는 짬짬이 연습이 반복된다. 나카무라 씨처럼 잘 해낸 사람도 있고 전혀 할 수 없는 사람도 있다. 이날 특히 상태가 안 좋았던 우치무라 나오토(內村直人) 씨는 자기 차례가 되어도 이야기를 시작할 수가 없었다. 가만히 입을 다문 채 얼굴을 붉히고는 아무리 해도 입을 열 수가 없었다. 말하고 싶어도 말할 수 없었다. 마른침을 삼키며 숨을 죽이는 그 자리의 분위기에 점점 더 굳어질 뿐이었다. 어떻게 될 것인지 지켜보고 있자니, 간호사인 혼다 마사에(本多昌枝) 씨가 어느새 우치무라 씨 뒤로 재빨리 다가갔다. 그리고 익숙한 방식으로 어깨를 주무르면서 속삭이는 것이었다.

"상당히 굳어졌네요."

말을 걸자 조개 같았던 우치무라 씨가 무심코 입을 연다.

"예, 좀 병으로."

이 한마디로 방 안은 폭소에 휩싸였다.

말 그대로 병, 굳어져버리는 병인 것이다.

무표정했던 우치무라 씨도 사람들을 따라 멋쩍게 웃었다. 이날 처음으로 보여준 표정다운 표정이었다.

SST는 이런 식으로 진행된다.

정신분열병이라는 병을 모르는 사람이 보면, 나이 든 어른이 형제에게 전화를 거는 데 무슨 연습이냐고 생각할지도 모른다. 연습은 그렇다고 쳐도, 누군가 이야기할 때마다 반드시 박수를 치는 노골적인 격려에 무슨 효과가 있을까 하고 생각할 것이다. 처음 보았을 때 나도 좀 쑥스러움을 느끼면서, 이런 정도의 일을 왜 못하는 것일까, 이 얼마나 답답한 사람들인가 하는 생각을 했다.

지금은 안다.

어떤 의미에서 정신분열병은 말의 병이다.

백인백색, 한 사람 한 사람이 전혀 다르다는 이 병에는 간혹 수다스러운 사람도 있지만, 대체로 공통된 것은 말을 잘 못한다는 것이다. 가만히 입을 다물고 있는 것처럼 보이는 그들은 환각이나 망상으로 혼란을 겪고 있을 수도 있고, 약의 부작용으로 고통받고 있는 일도 있을 것이다. 또 병의 후유증으로 만성피로를 호소하는 일도 있겠지만 대체로 이야기를 하지 않든가, 이야기를 한다고 해도 단편적이며 이어지지 않는다. 다른 사람과 의사소통을 잘 하지 못하는 것이다. 이야기를 할 수 없고 의사소통을 할 수 없기 때문에 섬뜩하다거나 속마음을 알 수 없다고 경원시되고, 그것이 또 더욱 그들의 인간관계를 악화시킨다. 그러한 악순환 속에서 분열병자는 강한 스트레스를 받으며 고립되어 있다.

그런 그들을 어떻게 인간의 울타리 안으로 되돌릴 것인가.

역시 그들에게 이야기를 하게 하는 방법밖에 없다. 간단한 인사말이라도 좋으니까, 말하고 대화를 나누고 자기 자신을 표현해나가는 일이 중요하다. '베델의 집'의 생명이 "하루 세 끼 밥보다 회의"라고 하지만, 회의가 성립하기 위해서는 한 사람 한 사람이 어떻게든 이야기를 할 수 있어야 한다. '베델의 집'에서 가장 큰 고생은 거기에 있다고 해도 과언이 아닐 것이다. 그 때문에 "그대로도 괜찮다"는 메시지를 계속 보내고, "아무도 배제하지 않는다"는 장을 만들었으며, "충돌과 만남"에 가장 큰 가치를 둬왔을 터였다. 그리고 자신의 일을 이야기할 수 있도록, 이야기하는 것으로 인간관계를 회복할 수 있도록 만들어진 틀 가운데 하나가 SST였다.

거기서 행해지는 것은 언뜻 보면 형식적이다. 서툰 이야기 방식을 기계적으로 훈련하는 것에 지나지 않는 것으로도 보인다.

하지만 인간관계를 회복하기 위해 각자가 필사적으로 묻고 대답하고 있다고 생각하고 보면, 또 다른 것이 보이게 된다. 실로 간단한 대화 연습 같아도 구성원 한 사람 한 사람은 SST에 모임으로써 하나의 사실을 확인하고 있는 것처럼 보인다.

우리는 연결되고 싶다고.

말을 함으로써 자신은 인간 사회와 연결되고 싶다. 그런 마음이 아무리 유치하게 보여도 아무리 잘하지 못한다고 해도, 같은 동료끼리 모여 인사하는 방법을 연습하고 전화하는 방법을 배우고, 서툴지만 동료와 이야기하는 방법을 반복해서 실제로 해보는 시도로 나타났다. 이러한 자리에서 이러한 형태로 드러난 그들의 절실한 심정. 그리고 그 박수.

누군가 이야기할 때마다 반드시 박수로 끝나는 것에는 "뭐든지 좋으니까 이야기해보자"라든가, "잘 말해주었다. 고맙다"라는 단순하고 명쾌한 의미가 담겨 있다. 그런 걸 일일이 하지 않아도 좋을 거라고도 생각할 수 있지만, 바로 그런 박수가 있으니까 모두는 이야기할 계기를 얻는다. 거기에는 보통 세상에서 '말하지 않는 편이 낫다'는, 즉 말 이외의 것에 의존하는 세계에 비해 '말해서야말로'라는, 즉 말 자체를 믿는 세계가 존재한다. 말이 자신을 꾸미기 위해서가 아니라, 눈앞에 있는 사람들과 연결되기 위해 존재하는 세계. 그것은 일종의 각인시키는 일이 아닌가 하고 말해버리면 그만이겠지만, 반복되는 박수는 그들의 필사적인 마음에서 말을 끌어내는 중요한 수단이 되고 있다.

SST는 마지막에 모두가 그날의 감상을 이야기하는 시간이 있다.

자기소개 연습을 할 수 있어서 좋았다거나 앞으로도 SST를 계속하고 싶다는 등 각자 자신이 느낀 감상이 이어졌고, "좀 병"이라고 한 우치무라 씨 차례가 왔다. 조금 전에는 전혀 말할 수 없었던 우치무라 씨가 이번에는 작은 목소리로 말을 하기 시작했다.

"전, 말을 하는 에너지가 없어서 말을 할 수 없는 병입니다. 말하는 힘이 부족해서 곤란합니다. 그럭저럭 말을 하긴 합니다만, 잘 부탁드립니다."

모두의 박수 소리가 온 방 안을 한층 크게 울렸다.

혼다 씨가 우치무라 씨 쪽을 보면서 덧붙인다.

"그렇게 '말할 수 없다'는 것을 말할 수 있어서 멋지다고 생각했습니다."

상실되어가고 있던 인간관계가 여기서 일단 간신히 이어진 채 유지된다.

이날 경험이 우치무라 씨에게 얼마나 의미 있었는지는 알 수 없다. 아마 기억하지도 못하는 사소한 사건 가운데 하나일 것이다. 하지만 이러한 하나하나의 사건이 그들을 이어주고 인간의 울타리 안으로 되돌리고, 나아가서는 인간관계를 회복하는 것으로 이어진다. 정신 의료는 그렇게 간단한 것이 아니라고 부정하는 견해도 있을 테지만, 여기서 보는 한 우치무라 씨는 이 사소한 사건으로, 또 이러한 사소한 사건이 거듭됨으로써, 자기 자신의 존재를 확인하고 거기에 자신을 맡겨버리는 것 같았다.

마지막 차례는 마쓰모토 씨였다.

"저도 말을 할 수 없는 병인데 말할 수 있게 되었으면 좋겠습니다."

이러한 '결의 표명'에 전원이 다시 큰 박수를 치고 한 시간 남짓한 SST는 끝났다. 다음은 즐거운 다과회 시간이다. 모두들 준비하러 일어나고, 무카이야치 씨가 아직 충분히 말을 할 수 없는 마쓰모토 씨 옆에서 어깨를 안고 있었다. 말할 수 없어도 괜찮아, 순조롭게 진행되고 있으니까, 아마 이런 이야기를 하고 있을 것이다.

종이컵에 차를 따르고 종이 접시에 과자를 나누어 담고 있는 간호사들 속에 벌써 하야사카 씨가 비집고 들어가 있다.

"난 마쓰이 씨가 좋아."

여느 때처럼 간호사 어깨에 손을 걸치고 아주 친한 듯이 말을 걸고 있다.

"흰옷을 입지 않으면 좋을 텐데."

"기요시 군, 누굴 좋아해요?"

웃으면서 응대하는 간호사 어깨에 걸쳐진 손이 미묘하게 내려오더니 허리 언저리를 헤매고 있다.

떨어져볼까?

SST 이외에도 '베델의 집'에서는 실로 다양한 회의가 열리고 있다.

작업장에서는 매일 아침 회의가 열리고, 공동 주거와 복지숍에서는 각각 일주일에 한 번씩 회의가 열린다. 거기다가 워크 서비스(Work Service)라는 병원의 수리나 청소 작업 등과 관련한 회의, 파견처에서 하는 회의나 지원 스태프의 회합, 금요일 전체 회의, 최근에는 구성원이 만든 자주 그룹 회의 등 일주일에 열 번이 넘는 회의가 열리고 있다. 문제투성이기 때문에 회의투성이 '베델의 집'인 것이다.

그 가운데 스태프 회의는 '베델의 집' 활동을 지원하는 스태프가 '베델의 집' 구성원들과 '베델의 집' 각 부문의 활동에 대해 이야기를 나누는 모임이다. 사회는 하야사카 기요시 씨가 맡고 있고, 매주 수요일에 열린다. 보통 능률적인 회의는, 의제가 있고 자료가 준비되고 의견을 교환하고 논점을 정리해 제시간 안에 결론을 내는 것인데, '베델의 집' 회의는 전혀 다르다. 누가 올 것인지는 시작할 때까지 알 수 없고, 그날 모인 사람들이 어느새 이야기를 나누기 시작하고 어느새 끝난다. 의제도 자료도 없이 자유롭고 느긋하게 똑같은 이야기가 반복되고, 언제까지고 논점도 결론도 보이지 않는다. 서로 의논해 뭔가를 정한다기보다 서로 이야기하는 것 자체, 또는 그저 얼굴을 마주하는 것 자체가 목적이 아닐까 생각될 정도의 그런 모임이다. 하지만 그 안에는 깜짝 놀라게 하는 표정이 있고 말이 있으며 시간이 멈출 때가 있다. 이날 모임에서도 그러한 '베델의 집'의 한 장면이 만들어졌다.

"이제 시작하겠습니다."

하야사카 씨의 한마디로 시작된 회의에는 구성원과 스태프 모두 합해서 열다섯 명 정도가 참석했다.

"복지사업부부터, 사토 씨, 부탁합니다……."

원래부터 모든 사람들이 제대로 자리에 앉아서 하는 회의가 아니다. 탁자를 빙 둘러 몇 명, 그 근처에 나머지 사람들이 서 있거나 앉아 있거나 하며 흩어져 있는 다과회 같은 모습이다. 와글와글 시끄러운 가운데 하야사카 씨는 드디어 컵라면을 먹고, 귀에 담배 한 개비를 꽂고 있는 이시이 씨는 뒤쪽에서 캔 커피를 마시고 있다. 탁자에는 가키노타네(柿の種)[10] 등 스낵 과자와 웬일인지 이날은 히나아라레(雛あられ)[11]가 잔뜩 놓여 있었다. 나카무라 다다시 씨와 무카이야치 에쓰코 씨가 회의를 귓결에 흘려들으면서, 나란히 튀밥을 먹는 모습은 새가 모이를 쪼아 먹는 것 같기도 하다.

"앞으로 판매 일정은 오사카 건강 축제, 그리고 오이타(大分)는 19일

……".

복지사업부, 판매부에 이어 출판 사업, 경리, 제조 등 각 부의 보고가 이어진다. 이날은 '베델의 집'에 들어오고 싶다는 환자의 입주 의뢰를 둘러싸고 시간을 많이 보냈다. 이야기를 꺼낸 것은 스태프인 하마다 유조(濱田裕三) 씨였다.

"공동 주거에 들어오고 싶다고 하네요. 단기간이라도 좋으니까 어떻게 좀 안 되겠느냐고 하던데요."

'베델의 집'이 전국에 알려지면서 입주 의뢰는 끊이지 않았다. 이날 주제가 된 것은 하코다테(函館)에 사는 청년으로, 그 어머니가 하마다 씨 집에 전화를 해서 아들을 꼭 '베델의 집'에 넣어달라는 부탁을 했다고 한다. 하지만 공동 주거는 이미 정원이 꽉 차서 유감스럽게도 새로운 구성원을 받아줄 여유가 없었다.

"집에서 쫓겨나는 것 같은데, 어쨌든 단기간이라도 좋으니까 '베델의 집'에 어떻게 좀 안 되겠느냐고요. 집이 힘든 상태라서요."

"뭐가 힘든 거죠? 본인이?"

"아니요, 경제적으로 힘들다고 하던데요."

그런 이야기가 오간다. 사회자는 푹 잠들어 있든가 아니면 담배를 피우러 방 밖에 나가 있어서 도움이 안 된다. 이시이 씨는 어느새 사라졌다. 근처에서 교대로 아르바이트를 하던 마쓰모토 히로시 씨가 들어와 나카무라 씨 옆 자리에 앉는다. 오후까지 자고 있던 야마사키 씨가 일어나 뒷문으로 들어왔다. 의논에 참여하는 것은 아니고 그냥 세상 돌아가는 이야기를 하고 있다.

'베델의 집'이 계획하고 있는 이벤트에 관한 의견 교환이 한동안 이어지다가 하코다테의 그 청년 이야기인데, 하면서 다시 입주 의뢰 이야기로 돌아갔다.

"짧더라도 어떻게 좀 안 되겠느냐는 의논인데요."

"그 어머니 나이는 어느 정도인가."

"아니, 본인이에요. 집이 있었는데 없어질 형편이라서."

"그럼 혼자서는 결정할 수 없지. 모두 회의를 열지 않으면 안 되겠네. 회의에서 이야기하는 편이 좋지 않을까요?"

똑같은 이야기가 지루하게 반복된다. 도중에 전화벨이 울리고 택배가 오고 끊임없이 사람들이 왔다 갔다 한다. 묵묵히 튀밥을 쪼아 먹고 있던 마쓰모토 씨는 어느새 벤치에 누워 있다. 커피숍에서 하는 아르바이트로 녹초가 되었을 것이다. 불과 한 시간 하는 아르바이트지만 말이다.

"어떻게 하면 좋을까?"

"음……. 그러니까 '베델의 집'을 만들어 열심히 하라고 할 수밖에 없다고 생각해요."

나카무라 씨는 문제가 있는 사람이 모두 '베델의 집'으로 오는 것이 아니라, 자신들의 지역에 '베델의 집'을 만들면 된다고 말한다. '베델의 집'에서는 늘 "문제가 있는 곳이라면 어디서나 '베델의 집'을 만들 수 있다"고 말하고 있다.

"그야 이번 사람도 언젠가는 그룹 홈을 만들고 싶겠지만, 지금은 그런 상태가 아니에요. 어쨌든 힘든 시기를 단기간이라도 좋으니까 하고."

이야기를 듣고 있던 스태프 후지와라 가오리(藤原かおり) 씨가 끼어든다.

"하코다테 쪽의 (사회)복지사 같은 사람들은 도와주지 않노? 물론 병원에서도 치료를 받고 있을 기고 복지 사무소도 있을 긴데. (하코다테는) 큰 도시 아닌교."

오사카 출신인 후지와라 씨는 지금도 간사이(關西) 사투리가 섞여 있다.

"애를 쓰고는 있지만 아직은 시간이 걸릴 거고."

"본인이 들어가고 싶다고 하는교? 아니면 부모가?"

"본인과 부모가 의논해서 ('베델의 집'에 들어가는 것이) 가능한지 어떤지 하고요."

이야기는 진전되지 않고 제자리만 맴돌고 있다. 사람들 사이에 슬슬 "이제 됐지" 하는 마음이 생겨난다. 아니, "어쩔 수 없다"고 포기하는 마음일까?

"음, 내일 모두 모여 이야기해보지 뭐."

나카무라 씨의 마지막 한마디로 어쨌든 이 이야기는 끝이 났다.

나카무라 씨는 "내일 모두들 이야기해보지 뭐"라고 말했지만, 모두 모여 이야기해본들 같은 이야기만 되풀이될 것이다. 지금은 받아들일 수 없다. 입주 의뢰는 거절할 수밖에 없을 것이다.

처음부터 그러한 결론이 보였는지도 모른다. 그래도 장황하게 이야기가 이어진 것은, 원래 차마 거절할 수 없는 일을 아무래도 거절하지 않을 수 없을 때, 가슴속에 지닌 한 사람 한 사람의 생각을 반추하지 않을 수 없기 때문이다. '베델의 집' 회의는 결론을 내리기 위한 회의가 아니다. 이야기하는 것, 모두 모여 의논해서 한 사람 한 사람 각자가 납득하기 위한 과정이다. 그 자리에서 납득을 공유하기 위한 의논인 것이다.

이야기가 일단락된 시점에서 누워 있던 마쓰모토 씨가 일어나 다시 묵묵히 튀밥을 먹기 시작한다. 스물다섯의 청년은 온몸으로 권태감을 드러낸다. 몹시 지친 모양이다.

그 모습을 보면서 에쓰코 씨가 말을 건다.

"마쓰모토 군, 자기 자신과 사귀는 것도 힘들지, 그렇지?"

"힘들어."

마쓰모토 씨는 무뚝뚝하게 대답하고는 튀밥을 집으면서 한번 숨을 쉬고, 무카이야치 에쓰코 씨 얼굴을 응시했다.

"나, 지금 아주 지쳤어. 알아?"

"알아."

"어떻게 하면 좋을까?"

"마쓰모토 히로시라고 따로 있잖아. 여기에는 없지만 말야. 그 마쓰모토 히로시 씨의 장점, 모두들 칭찬했잖아."

에쓰코 씨는 말하면서 나카무라 씨 쪽을 본다. 얼마 전 모두들 마쓰모토 씨에 관한 이야기를 나누었잖아. 그때 마쓰모토 씨는 지금보다 컨디션이 안 좋았지만.

"오늘은 얼굴이 좋네. 말쑥해."

에쓰코 씨가 그렇게 말하자 나카무라 씨도 고개를 끄덕인다.

"오늘은 얼굴이 좋아."

이야기가 끊어지고 나카무라 씨는 우물우물 입을 움직이고 있다.

에쓰코 씨가 다시 마쓰모토 씨 얼굴을 본다.

"마쓰모토 군, 어디로 떨어지면 좋을지 모르는구나."

분열병에 걸린 지 얼마 안 된 마쓰모토 씨는 상태가 나빠질 때 어떻게 하면 좋을지 아직은 잘 모른다. 어딘가 몸 상태가 안 좋아서 피곤하고 혼란을 겪고 있었는데, 그런 마쓰모토 씨를 에쓰코 씨는 "떨어지는 방법"을 모른다고 놀리고 있다.

그런가? 가만히 바닥을 보고 튀밥을 먹고 있는 마쓰모토 씨 옆에서 나카무라 씨가 웃는다.

"하하하. 아아, 어디서 떨어지는지 모르는구나."

"떨어져볼래, 어디 한번 떨어져봐."

후렴처럼 에쓰코 씨가 반복하자, 마쓰모토 씨가 고개를 들고 말한다.

"뭔가에 걸려 있어."

떨어진다는 것은 그렇게 간단한 것이 아니니까.

"아하하, 뭔가에 걸려 있구나."

"그래."

이번에는 스즈키 유코(鈴木裕子) 씨도 가담해 에쓰코 씨와 나카무라 씨, 이렇게 세 사람에서 마쓰모토 씨에 대한 평가를 시작한다.

"떨어질 데까지 떨어지면 그 다음에는 기어오르기만 하면 되니까, 좋지."

"응."

"그래, 떨어져봐."

"해보지 않을래?"

"봐줄 테니까, 빠이빠이 하면서."

"와하하하 하하하."

분열병으로 난처해진 청년을 상대로 어엿한 어른 세 사람이 농담을 주고받고 있다. 빨리 다시 병에 걸려봐, 떨어질 데까지 떨어져보라고 부추기고 있다. 모르는 사람이 보면 이 무슨 대화인가 하고 생각할 것이다. 나카무라 씨 왼편에서 듣고 있는 마쓰모토 씨는 가만히 빛나는 눈을 때로 두리번거리면서 당혹해하고 있다. 두 아주머니가 합세해 분열병에 걸린 청년을 놀려대고 있는 광경에 나카무라 씨가 불룩한 배를 흔들면서 와하하 하고 웃는다. 똑같은 병이면서 이렇게 숨김없이 드러내며 크게 웃는 것은 대체 뭘까? 이번에는 스즈키 씨가 나카무라 씨를 보면서 말한다.

"벌써 다 기어올랐구먼, 이 활달함으로 봐서."

"그래, 항상 올라와 있어, 응."

예전에 떨어져 있었을 때에 비하면 지금의 나카무라 씨는 절정기다.

"마쓰모토 군이 떨어질 데까지 떨어질 수 없다고 하니까, 자네가 '떨어졌던 경험'을 말해봐, 말해보라고."

에쓰코 씨는 나카무라 씨의 오른팔을 흔들면서 조르듯이 간청한다. 다시 와하하 하고 호쾌하게 웃는 나카무라 씨. 그 왼쪽에서는 마쓰모토 씨가 턱에 팔을 괴고 튀밥을 먹고 있다.

그런 그렇고 나카무라 씨가 예전에 떨어진 것은 언제였을까?

"아니, 삿포로에 있었을 때. 떨어졌다가 다시 기어오르고, 그래서 병에 걸렸어."

"기어올라서 병에 걸린 거야? 아하하, 복잡하구만."

에쓰코 씨와 스즈키 씨가 목소리를 높인다.

"응. 아니 떨어질 데까지 떨어지고, 그러고는 전근을 가게 됐지. (병이) 들통 나서, 회사 지점장한테. 모든 사람들한테 들켜갖고, 그래서 전근 가게 됐어. 그 전부터 병에 걸려 있었지만 말야."

"참고 있었구나. 정상인인 체하면서."

그래, 그 무렵에는 좀 힘들었지, 고개를 숙이는 나카무라 씨.

"마쓰모토 군과 같네."

"응."

"지금은 즐겁게……."

"지금은 행복해."

나카무라 씨의 대답을 듣고 에쓰코 씨가 마쓰모토 씨 쪽을 본다.

"마쓰모토 군, 행복하지 않구나."

나카무라 씨도 마쓰모토 씨 얼굴을 들여다본다.

"그래? 행복하지 않아?"

"왜냐면 매일 힘들어, 힘들다고 말하는데 뭐. 괴로워, 괴로워, 사는 게 괴롭다고."

에쓰코 씨는 최근 마쓰모토 씨가 정신을 빼앗기고 있는 것을 잘 알고 있다.

마쓰모토 군, 그렇게 안 좋은 걸까? 나카무라 씨는 천장을 올려다본다. 어떻게 말하면 좋단 말인가.

"저 말이야, 이제……."

생각이 정리되었다는 듯이 나카무라 씨가 입을 연다.

"어디까지 갈지, 이제 앞으로 되어가는 것에 한번 맡겨두는 거지 뭐."

정신분열병에 걸리면 아무리 버둥거려도 소용없어. 단단히 각오해야 해. 나처럼 말이야.

"그래서 떨어질 데까지 떨어지면 기어오르면 되는 거야. 그냥 되어가는 대로 맡겨둬, 매일. 혼자 생각하지 말고."

그것 외에 이 병을 극복할 방법은 없다. 나카무라 씨가 별나게 정리해서 이야기를 계속한다.

"응, 그게 제일 좋아. 그런데 떨어질 데까지 떨어지고 나서, 더 이상 떨어지면 나는 죽는다는 곳까지 가면, 기어오르면 되는 거야. 죽는다는 것, 죽으면 끝이야, 거기서 죽으면 끝이니까. 떨어질 데까지 떨어져 죽을 지경에서 그대로 죽어버리면 끝이니까 말이야. 죽지 말고 살아서, 넉살 좋게 살아 있어서 기어오르면 되는 거니까. 난 그렇게 했어."

죽으면, 이라는 데서 나카무라 씨는 "죽으면"이라고 숨을 죽이고 강조한다. 죽으면 끝이니까 말이야, 마쓰모토 군. 하지만 거기에서 기어오르면 되는 거야.

마쓰모토 씨는 가만히 탁자 위를 응시하고 있다. 스즈키 씨나 에쓰코 씨는 아, 그렇구나, 하는 표정으로 듣고 있다. 그래, 그렇구나, 나카무라 씨도 떨어지고 떨어져서 죽고 싶었던 적이 있구나. 거기서 기어올라 왔던 거구나.

하지만 말이야, 하고 스즈키 씨가 나카무라 씨에게 묻는다.

"어떻게 하면 죽지 않을 수 있는 거야?"

"그러니까 뻔뻔하게 사는 거지."

"뻔뻔하게 말이군."

흠.

나카무라 씨는 물끄러미 마쓰모토 씨를 보고 있었다. 마쓰모토 군, 죽고 싶다고 생각하고 있지. 하지만 잘못이야. 난 그런 상황을 넘겼으니까 알 수 있거든.

마쓰모토 씨는 그 평온한 눈빛을 한동안 되받아 보고 있었다.

"앗하하."

마지막에 마쓰모토 씨는 수줍은 듯 짧게 웃을 뿐이었다.

"알았어?"

얼굴을 들여다보는 에쓰코 씨에게 마쓰모토 씨는 "알았어"라는 한마디로 답한다. 그리고 다시 튀밥을 먹기 시작한다. 마쓰모토 씨와 함께 나카무라 씨도 남은 튀밥을 하나씩 집어서 손바닥에 모아놓고 퍼내듯 먹고 있다. 어느새 스태프 회의는 끝나 있었다. 사회를 본 하야사카 씨는 그림자도 보이지 않는다. 아마 병원의 간호사 대기실로 놀러 갔을 것이다. 뒤쪽에서는 머그잔에 차를 마시고 있는 야마사키 씨가 세상 돌아가는 이야기를 하면서, 새된 소리로 크게 웃고 있다. 사사키 사장은 수납처에 있는 전화로 일의 견적을 둘러싼 협의를 계속하고 있다. 죽고 싶다고 말하는 마쓰모토 씨에게 떨어질 데까지 떨어져보라고 나카무라 씨가 말하고, 하지만 죽으면 안 된다고 다짐하고 있는 옆에서 다른 구성원들은 그런 것과 전혀 상관없이 '베델의 집'의 일상을 보내고 있다. 내

일이 되면 야마사키 씨가 죽네 사네 하는 이야기를 하고, 옆에서 마쓰모토 씨가 아하하, 하고 웃고 있을지도 모른다.

예를 들어 '베델의 집' 회의는 이런 것이다.

거기에는 화려한 드라마도 없고, 글로 썼을 때 특출한 이념이나 사상이 나오는 것도 아니다. 하지만 '베델의 집'에서는 이러한 모임이 날이면 날마다 아침이건 낮이건 저녁이건 반복된다. 정신이 아찔해질 정도로 주고받는 단속적인 말, 시선의 교차, 대화와 웅성거림 속에서 조금씩 조금씩 축적되거나 겹쳐 쌓이고 일궈온 것이 있다. '충돌과 만남'이란 이러한 것이며, '약함을 유대로' 산다는 것은 이러한 것이라는 것을 '베델의 집' 사람들은 날마다 확인하고 있다. 그것은 그렇게 해서 확인하지 않으면 순식간에 희미하게 사라지는 불확실하고 위태로운 인간의 유대인지도 모른다. 아니, 인간의 유대란 원래 그렇게 불확실하고 위태로운 것이 아닐까 하는 것을 누구보다 잘 알고 있는 건 '베델의 집' 사람들이 아닐까? 그것은 공생이나 연대라는 말을 쉽게 입에 담으면서 결코 거기에 이르지 못한 정상인들의 집단이 애당초 가질 수 없었던 인간의 유대이고, 하루하루 반복되는 확인 방법이 아닐까?

이 회의를 취재한 다음 해, 마쓰모토 씨는 어떻게든 위기를 넘겼고 그럭저럭 '밝은 분열병 환자'의 길을 걸을 수 있었다. 하지만 나카무라 씨는 얼마 지나지 않아 일본적십자병원에 입원했다. 그 입원은 장기 입원이 되었다. '베델의 집' 분위기 메이커로 웃고 떠드는 등 절정기에 있던 나카무라 씨가 다시 자신 속으로 떨어질 수밖에 없는 혹독한 현실을 보면서, 나는 이 병이 농담이나 유머만으로는 이야기할 수 없는 것임을 깨닫는다. 그러나 동시에 바로 그렇기 때문에 또는 '그럼에도 불구하고', 이 병은 '떨어져봐', '한번 가봐' 라는 경쾌하고 교묘한 놀림과 '넉살' 로 말해야 하는 것이라는 '베델의 집' 사람들의 생활 방식을 희미하게나마 알 것 같은 기분이 든다.

고생이 가득 차 있다

　그렇지만 나도 취재하기 시작한 무렵에는 아직 '베델의 집' 회의의 진정한 의미를 알지 못했다. '세 끼 밥보다 회의'라고 하지만 무슨 이유로 이렇게 똑같은 구성원이 모여 똑같은 이야기를 반복해야 하는가, 하는 정도밖에 생각하지 않았다.

　그런데 그러한 회의 안에 몸을 두고 가만히 그들의 이야기에 귀를 기울이고 있으면, 어느새 점점 그 시간의 흐름이 자기 몸에 딱 맞게 된다. 마치 그들의 말을 호흡하는 것처럼 내 기분은 그 자리에 친숙해져 가는 것이다. 그것은 바로 오래 계속되는 연극을 볼 때 처음 한 시간, 두 시간은 좀처럼 그 분위기에 빠져들지 못하다가도, 세 시간, 네 시간이 지날 무렵부터는 어느새 무대에 몰두하게 되는 그 생리적인 변화와도 비슷하다. 게다가 그렇게 해서 회의 안에 빠져들고 보니 '베델의 집' 회의가 그때까지와는 전혀 다르게 보이기 시작했다. 애당초 그 회의는 다양한 의견이나 논점을 정리해 합리적인 결론에 도달하는 과정이 아니었다. 거기서 만나고 의견을 나누고 하나의 자리를 공유한다는 것, 그 자체에서 깊은 의미를 찾아내는 행위인 것이다. 그러고 보면 그것은 모두가 함께 고민한다는 것이기도 할 것이다. 고민이라는 것은 쉽게 결론 내릴 수 없는 것이다. 쉽게 결론 내릴 수 없기 때문에 고민하는데, 그들의 회의란 그 고민을 혼자 안고 있는 것이 아니라 모두의 자리에 내놓는 일을 반복하는 것이 아닌가 하는 생각이 든다.

한참 지나고 나서 그런 것을 알게 되었다. 돌아보면 처음에 나는 회의만이 아니라, '베델의 집'에서 일어나는 모든 일들의 표면적인 부분밖에 보지 않았다. 이른바 정상인들 사회의 효율 우선, 능률이나 생산성을 중시하는 눈으로 본다면, '베델의 집'의 생활 방식은 논외일 수밖에 없었다. 야무지지 못하고 납득시키기 힘든 사람들의 집단임에 틀림없는 '베델의 집'인데도, 그곳에 몸을 뒀을 때 그리고 그 시간의 흐름 속에 빠졌을 때, 결국 나에게는 그곳을 깊이 이해하는 마음이 생겼다. 그것이 왜인지, 나는 그 후 오랜 시간 동안 나름대로 끝까지 파고들게 되었는데, 그 최초의 계기가 된 것이 오사카 강연에서 들은 무카이야치 씨의 한마디였다.

1997년 다이토시(大東市)에서 열린 '마음의 건강 네트워크, 다이토'가 주최한 강연회 때 일이었다. 하야사카 씨나 나카무라 씨와 함께 이 행사에 초대된 무카이야치 씨는, 늘 하듯 비디오 『아주 평범한 사람들』을 상연한 다음, 이런 식으로 이야기를 시작했다.

"'베델의 집'이 걸어온 길이랄까요, 지금까지 우라카와라는 마을에서 정신장애를 체험한 사람들이 걸어온 20년, 적어도 제가 온 뒤 20년을 봐도 말이죠. 좋은 일은 정말 아무것도 없었어요. 좋은 일은 아무것도 없었지요. 그런데 좋은 일이 아무것도 없었던 덕분에 '베델의 집'이 이런 분위기로 해나갈 수 있었다는 겁니다."

무카이야치 씨는 언제나처럼 '베델의 집' 구성원을 소개하고 우라카와라는 마을을 소개한 다음, 그곳에서 자신들이 해온 일을 돌아보았다. 즉 홋카이도의 "정말 한적한 마을"에서 정신장애인이 낡은 교회 건물에 정착하고, 그 지역에서 지독하게 문제를 일으켜 나가달라는 말을 들으면서 다시마 부업을 시작한 일, 실패를 거듭하면서 장사에 몰두하게 되고 마을 안으로 들어가게 된 일련의 경위였다. "일본에서 제일 다툼이 많은" 이 직장은 순찰차나 구급차 신세만 질 뿐 좋은 일은 아무것도 없었다. 하지만 20년이 지난 지금 "'베델의 집'의 분위기는 굉장히 밝다"는 말을 듣게 되었다.

그 이유는 무엇일까?

"'베델의 집' 구성원의 그 활달함 뒤에는 역시 그들 한 사람 한 사람이 자신의 병을 안고 이 마을에서 어떻게 살아갈까 하는 그런 고생이 가득 차 있어요. '베델의 집'의 한 사람 한 사람은 그런 면에서 아주 확실하게 고민해왔지요. 그 지역의 여러 사람들에게 혼이 난다거나 나가달라는 말을 듣는 등 그런 일과도 충분히 직면해왔거든요. 실로 고생에 직면해왔던 겁니다. 그런 일에 부딪히는 일이 굉장히 많았지요. 그것이 '베델의 집' 구성원들이 지닌 활달함의 비결입니다."

병으로 인한 고생, 일할 수 없는 고생, 그 지역 안에서의 고생, 인간관계에서의 고생. '베델의 집'의 한 사람 한 사람에게는 그러한 "고생이 가득 차 있다." 그것이 '베델의 집'의 활달함을 낳았다. 그런데 돌아보면 지금 우리 사회는 정신장애인에게 그러한 고생을 할 수 있게 해주고 있을까?

"정신장애를 체험한 사람들이 불행한 것은 이러저러한 차별이나 편견, 사회적인 서비스 부족 등의 이유도 있겠지만, 가장 불행한 것은 역시 '고생에 직면할 수 없었다'는 점입니다. 보살핌을 받고 보호되고 지켜지고, 많은 사람들이 대리자가 되었어요. 대리자가 되어 '이 사람은 스트레스를 주면 발병하는 사람입니다, 병에 걸리는 사람입니다' 하고 지켜주고 있지요. 그 덕분에 '함께 생활한다'는 그 냉엄한 현실에 직면하는 데서 멀어졌습니다."

그들을 멀리한 곳은 우선 병원이라는 곳이었다. 정신장애인은 다치기 쉬운 사람들이기 때문에 "당신, 입원하세요"라며 병원에 넣어졌다. 모두들 그렇게 해서 그들을 지켜줄 수 있다고 생각하고, 또 지켜주어야만 한다고 생각해왔다. 하지만 '베델의 집'은 그렇게 생각하지 않았다. 지켜주기 위해 병원에 입원시키려는 발상은 처음부터 없었다. 그런 것이 아니라 고생하자, 고민해보자, 정상적인 생활을 해보자고 생각한 것이다. 그래서 한 사람 한 사람이 공동 주거나 작업장, 혹은 그 지역에서 "함께 생활하는 냉혹한 현실"에 직면해왔던 것이다.

"그런 면에서 '베델의 집' 사람들은 자신들을 '지켜주는 뭔가 모자라는 것'에서 반대로 '지역 안으로 들어가는', 자신들이 (거기서 다양한 문제에) 직면해온 다부진 면이 있는 겁니다."

무카이야치 씨 이야기를 들으면서 행사장에 있는 사람들은 천천히 고개를 끄덕이고 있었다. 그리고 나 역시 '베델의 집'이 그런 곳이었구나 하고 비로소 그 핵심에 닿는 느낌이었다.

고생이 가득 차 있다.

'베델의 집'이 다른 곳과 다르다는 것은 처음부터 알고 있었다. 관리하지 않고 규칙에 얽매이지 않는 집단이라는 것, 정신장애라는 사실을 숨기지 않고 "그대로도 괜찮다"고 말하면서 마을 안으로 들어간 사람들이라는 것, 하지만 가장 기본이 되는 그들의 이 '살아가는 힘'은 어디서 온 것일까? 나는 거기에 생각이 미치지 않았던 것이다. 무카이야치 씨 강연에서 그들이 부지런하게 변함없이 반복해온 것은 '고생하는 것'이며, 그들 안에 가득 차 있는 고생이야말로 그들의 힘, 살아가는 힘의 원천이라는 말을 듣고, 나는 비로소 그것을 알게 되었다.

고생이라는 말이 이때부터 '베델의 집'을 이해하는 핵심어로 내 머릿속에 새겨졌다. '베델의 집'이 해온 것은 모두 이 고생이라는 말과 관련되어 있다. 고생하는 것, 고생을 받아들이는 것, 고생에 직면하는 것. 그것은 정신장애인이든 아니든 간에 똑같이 요구되는 일일 것이다. 그래도 정신장애를 가진 사람은 좋든 싫든 간에 병으로 인한 고생을 받아들이지 않으면 안 된다. "고생이 가득 차 있"는 '베델의 집' 사람들은 그 고생이 있기 때문에 활기가 있고 표정이 있으며, 살아가는 힘을 배워온 것이다.

언젠가 무카이야치 씨는 이런 말도 했다.

"우라카와에 갔을 때 정신병 환자와 만나 가장 먼저 든 생각은, 이 사람들은 병으로 인해 행복을 빼앗긴 것이 아니라 본래 인간에게 부여된 '고생을 빼앗긴' 사람들이라는 것이었습니다."

하지만 '베델의 집'에서 모두가 "고생을 되찾자"고 생각한 것은 결코 안이한 정신주의에서 시작한 것이 아니었다. 병이든 아니든 간에 인간은 어떻게 살아야 하는가, 진정으로 산다는 것은 무엇인가, 그런 것을 반복해서 생각하는 데서 시작되었다. 그 바탕에는, 예컨대 정신병이 생겼을 때처럼 "사람은 아무리 노력해도, 발버둥을 쳐도 해결할 수 없는 고생이나 고민이 있다"는 인간 존재에 대한 심오한 인식이 있었다. 인간에게는 원래 그러한 고생이나 고민이 있을 텐데, 요즘 세상에서는 흔히 그것을 그냥 내버려두고 있는 것이 아닐까? 아니면 누구나 그것을 스스로 감추려 하고 있는 것이 아닐까?

"우리는 생활을 편리하게 하거나 풍요롭게 하고 자신에게 없는 것을 배우려는 등 많이 노력하고 있지만, 그러한 것과는 무관하게 우리한테 산다는 것에 고민하고 허덕이는 힘이 부여되어 있다는 사실을 잊고 있어요. 살아가는 고생이라든가 살기 힘든 것을 모두 제거해 가벼워지고 편하게 살고 싶다는 그런 결벽증 같은 바람이 질병처럼 퍼지고 있는 것 같습니다. 그런 결벽증⋯⋯사실 인간은 어떤 환경에서 태어나든, 얼마나 좋은 환경에 있든 분명히 고민하는 힘을 갖고 있어요. 인간이 그런 존재라는 것을 잊고 있다고 저는 생각해요."

'베델의 집' 사람들은 결벽적인 사람이 되려고 해도 될 수 없었던 사람들이다. 또는 결벽적인 사람이 되려고 해서 병에 걸려버린 사람들이다. 그런 그들이 자신 안에 가득 채워온 고생은 확신이나 신념에서 비롯된 것이 아니었다. 정신병과 거기서 파생하는 이러저러한 어려움이나 살기 힘든 점들을 받아들이면서, 그래도 역시 살아보려고 하는, 또는 살아야만 하는 사람들 각자가 이것저것 생각하고 고민하면서 쌓아온 고생이었던 것이다. 단지 나쁜 운이나 불공평한 인생, 병이나 생활의 파탄에서 생겨난 고생이 아니고, 또 다른 사람들의 말을 듣고 하는 고생이나 다른 사람들을 위해 하는 고생이 아니었다. 그것은 스스로 살아가는 것에 대해 고민하고 존재하는 것을 의심하며, 또한 살아가는 것 외에 달리 방법이 없었던 사람들이 거쳐온 고생이었다. 그렇게 해서 쌓인 고생이 그들 한 사람 한 사람 안에 빽빽이 차 있었다.

그들이 그러한 고생을 받아들이고 쌓을 수 있었던 것은 사람이 태어날 때부터 갖고 있는 '고민하는 힘'이 있었기 때문이라고 무카이야치 씨는 말한다. 고민하는 힘이 있기에 병을 고민하고, 병과 함께 살아가는 인생을 고민하고, 살아가는 것의 풍요로움을 발견할 수 있다. 가와무라 선생은 그것이야말로 '고민하는 일의 풍요로움'이라고 말하고, 바로 그렇기 때문에 '베델의 집' 사람들은 모두 '고민하는 힘을 되찾으려고', '고민을 깊게 하고 넓히려'고 해왔다고 말한 것이다.

"문제를 만나 고민과 괴로움에 허우적거립니다. 어떻게 해서 모두가 그런 데서 답을 발견하고 찾아낼까, 하는 데에 어쩌면 인간이 살아간다는 것의 본질이 있는 게 아닐까요? 이는 제가 하는 말이 아니라, 우라카와에서는 모두들 주제넘게 이런 말을 하고 있습니다. 우라카와는 치료하는 일에 그다지 진지하지 않습니다만, 모두가 파고들어 깊이 생각하자고 말하고 있어요. 땅을 일구는 농업 같은 일을 하고 있는데, 우라카와의 정신 의료가 가는 길은 본인들이 고민할 수 있도록 자기들의 문제는 자신들이 그 어려움을 제대로 겪게 하는 것입니다."

문제나 고생, 고민을 없애지 않는다.

그렇게 해 비로소 정신병이라는 '무거운 사실'을 안고 있는 사람들은 그 사실과 마주하고, 그 사실 아래에서 살아가는 자신의 생활 방식을 응시할 수 있다. 그리고 자신의 생활 방식을 "파고들고 파고들어" 고민을 말로 해 모든 사람들 앞에 나아갈 수 있게 된다. 그렇게 한다고 병이 낫는 것은 아니며 고생이 줄어드는 것도 아니지만, 고민하는 일을 포기하지 않고 고민하면서 계속 생각하며 살아가고 서로 이야기를 나누는 데서, 그들은 치료라는 틀에서는 결코 평가되는 일이 없는 풍요로움을 낳고 있다.

즐거운 분열병

그렇다면 '베델의 집' 사람들을 '베델의 집' 사람들이게 하는 그 고생이란 구체적으로 어떤 것이었을까? 그리고 또 그들이 거쳐온 고민이란 어떤 것이었을까? 온화하게 웃음 띤 얼굴 저편에서, 깊은 침묵 이전에, 그리고 또 은밀한 중얼거림 사이에서 나는 그들 안에 빽빽하게 들어차 있을 그 고생이나 고민의 한 부분을 찾아내 보려 한다. 그것을 위해서 공동 주거나 작업장을 찾아가고, 그들과 함께 보내는 시간을 쌓으며 왔다 갔다 하면서 이야기를 계속했다. 그렇게 해서 내 나름대로 이해할 수 있었던 것은 그들이 한 경험의 아주 작은 부분에 지나지 않지만, 거기서 '베델의 집'의 진정한 미스터리에 이르는 확실한 단서를 발견할 수 있었다.

이렇게 말은 하지만 그들의 이야기를 끌어내 듣는 것은 아주 어려운 일이다. 하야사카 씨처럼 타고난 수다쟁이도 없지 않지만, 대부분은 이야기하는 것 자체가 고생스러운 사람들이다. 이야기를 하는 건 고사하고 감정을 표현하는 일도, 다른 사람과 만나는 것조차 머뭇거린다. 그러한 그들에게 억지로 다가가 본들 그들은 당황한 채 꼼짝 못하고 그 자리에 서 있을 뿐이다. 흔히 정신병 환자는 진찰실에서 봐서는 알 수 없고 생활 속에서 보지 않으면 안 된다고들 하는데, '베델의 집' 사람들과 함께 지내면 여실히 알 수 있다.

자신에 대해 이야기할 수 없고 표현할 수 없는 것은 특히 나이 많은 환자들에게는 보통인데, 옛날과 다름없는 정신과 치료를 받아온 사람은 '베델의 집'에 와도 거북이 등껍질 속으로 움츠러드는 것처럼 자기 안으로 틀어박히는 경우가 많다. 그렇다고 아무것도 생각하지 않는 것은 아니다. 생각하고는 있어도 그것을 말할 수 없다. 좀처럼 이야기할 수 있는 "에너지가 나오지" 않는 것이다.

예를 들어 작업장에서 다시마를 포장하고 있는 오카모토 마사루 씨에게 말을 걸면 이런 식이다.

─오카모토 씨도 때로 일을 합니까?

"그다지 일하지 않아."

─가끔 오는가 보죠?

"예."

─때때로 일하고 싶다는 생각이 드는 겁니까?

"그렇습니다."

─어떤 때 그런가요?

"거기(공동 주거)에 있어도 시시하기만 하고."

짧게 주고받은 대화 사이에는 각각 충분한 간격이 있다.

공백을 두면서 오카모토 씨는 천천히 손을 움직이고 때때로 입을 연다.

―매일 하는 건 어떻습니까? 오카모토 씨.

"그건 못해요. 왠지 공허해요."

―공허하겠지만 역시 뭔가 해야 하잖아요.

"그렇네요."

―앞으로 어떻게 하겠습니까?

"몰라. 생각해도 몰라. 이렇게 살아갈 거야."

―지금까지도 잘 살아왔잖아요, 그렇죠?

"그러게요. 여러분들한테 신세를 져서."

―'베델의 집'은 어떻습니까?

"오래 살아보면 시시한 곳이야."

―시시하다고요?

"뭔가 하고 싶어. 사람이라면 뭔가 하고 싶어지잖아."

뭔가 하고 싶지만 뭘 하면 좋을지 "모른다. 생각해봐도 모른다."

그런 식으로 대답하는 오카모토 씨는 아주 적은 말에 복잡한 마음을 담고 있는 것 같기도 하고, 또 정말로 공허한 심정을 토로하고 있는 것 같기도 하다. 하지만 대화는 대체로 이런 식이고, 그 이상 나아가는 일은 좀체 없다. 처음 만나는 사람에게는 참으로 무뚝뚝하고 쌀쌀맞은 이야기다. 그러나 함께 생활하고 있으면 때로 엔카를 부르는 등 오카모토 씨는 결코 무뚝뚝한 사람이 아니다. 말을 무뚝뚝하게 하는 방법밖에 모

우라카와 교회 앞에 있는 이시이 겐씨와 오카모토 마사루 씨. 장화를 신은 모습이 오카모토 씨의 트레이드마크.

른다는 것을 동료들은 잘 알고 있다.

오카모토 씨만이 아니라 '베델의 집'의 오래된 구성원인 사사키 씨도, 이시이 씨도 다키(滝) 씨도, 마찬가지로 모두 도중에 자주 끊어지는 대화를 한다. 물론 주위에서 들은 그들에 관한 에피소드는 산더미처럼 많았고, 여러 차례 만나는 사이에 드문 일이기는 해도 본인이 충분히 이야기하기도 했으므로, 각자의 인품이나 지금까지 살아온 인생이 결국 표면에 드러나 보였다. 하지만 그렇게 해서 알게 된 것은 지금의 그들이고, 과거에 그들이 얼마만큼의 고생을 거듭해왔는지, 어떤 거친 들판을 지나왔는지 나는 좀처럼 실감할 수 없었다.

어느 정도 현실감 있게 그것을 보여준 것은 '베델의 집'의 새로운 세대였다. 무카이야치 씨에 따르면, 하야사카 씨를 비롯해 옛날부터 있었던 구성원들이 "불도저처럼 돌진한" 다음, '베델의 집'은 어느새 풍요로운 흑토가 되어 정신장애인의 새로운 세대를 낳게 되었다고 한다. 일찍부터 '베델의 집'이라는 자리에 놓인 그들 새로운 세대 중에는, 똑같은 정신병으로 고생하면서도 '베델의 집'에서 자라면서 회복하고 화해하고 병을 이야기하기 시작한 젊은이들이 있다. '베델의 집'은 이른바 이 새로운 세대에 의해 병에 새로운 가능성을 열어갈 수 있었다고도 할 수 있다. 그리고 또 이 새로운 세대의 이야기를 들음으로써, 비로소 나는 외부에서 들어온 사람이지만 정신병과 그 병과 함께 살아가는 고생의 내실을 확실하게 실감할 수 있다.

그 한 사람이 마쓰모토 히로시 씨다.

"순수한 정신분열병"을 표방하는 마쓰모토 씨는 1972년에 태어나 초등학교 시절에는 공부도 잘하고 운동도 잘하는 우등생이었다. 그런데 고등학교에 들어가고 나서 분위기가 변했고, 확실하게 이상해진 것은 열여덟 살 무렵이었다. 지금 와서 돌아보면 그게 그거였구나 하는 생각이 드는 발병은 자기 집에 누워 뒹굴고 있을 때의 광경에서 시작되었다.

"못된 짓을 한 일이라든가 야구를 한 일, 공부하는 모습 같은 게 천장에 비쳤어요. 보라색 비슷한 그림으로."

첫 징후는 환각이었을 것이다.

몹시 지쳐 큰 대자로 누워 천장을 올려다보면 거기에 자신의 모습이 뚜렷하게 비쳤어요.

"큰일이네, 보고 있잖아."

자신이 자신을 보고 있다.

"환각이랄까, 이상했어요. 그러고는 말끔하게 사라졌으니까요, 형태가요. 그런데 이번에는 운동 연습을 하고 돌아오는 길에 묘지 쪽으로 갔거든요. 그랬더니 이번에는 묘에서 말이에요, 딸랑딸랑 소리가 나는 거예요. 스님들 지팡이에서 나는 그런 소리요. 그래서 뭐야 이건, 하는 생각을 했거든요."

들릴 리 없는, 스님들 지팡이에서 나는 그런 소리가 들려왔다.

그런 환시나 환청이 나타나게 된 것은 가혹한 연습이 원인이었다.

야구 선수를 꿈꿔온 마쓰모토 씨는 날이면 날마다 '결사적인' 연습을 이어가는 나날을 보내고 있었다. 매일 아침 10킬로미터를 달리고 학교 가서는 야구부에서 연습하고 밤에는 기진맥진한 채 돌아오고, 그러고 나서도 또 팔굽혀펴기를 500번이나 하는 식이었다. 그것도 365일을.

"정말 참고 있었어요. 어쨌든 이제 야구로 쭉, 힘들잖아요. 완전히 녹초가 되었으니까요."

야구를 못 하면 "죽는다는 각오"였지만, 주전 선수에 끼지 못하고 린치와 같은 괴롭힘을 견디는 나날이었다. 하루에 100킬로미터를 달린 적도 있다. 어째서 그렇게까지 했던 것일까, 아무튼 전혀 쉬지 않고 긴장의 연속으로, 몹시 자신을 고통스럽게 했다. 그러자 어느 날 천장에 자신의 모습이 비치고 묘지에서 소리가 들려왔다.

"말을 했어요, 묘한테요. '내가 한 일, 보고 있었죠' 라고요. 그랬더니 묘 전체가 딸랑딸랑하는 거예요, 야, 묘도 보고 있었구나 하고(생각했어요)."

─그거 정말 말한 거예요, 아니면 마음속으로 했어요?

"진짜 말했어요."

묘뿐만 아니라 그 주변에서 온통 소리가 들려왔다.

"바람한테 말을 하면 바아아 하고 돌아와요, 대답이. 말을 하면 대답을 해요. 그래서 '우와, 굉장한걸' 하고 생각했어요. 이건 뭘까? 처음으로 한 경험, 묘가 이렇게 되다니."

그것이 구체적으로 어떤 대화였는지는 기억하고 있지 않았다. 이상하게도 대부분의 분열병 환자들은 환청과 대화를 해도 그것을 말로 기억하지 못하는 경우가 많다. 모든 것은 머릿속에서 일어나는 일이니까 환청 자체가 말로 되지 않는지도 모른다. 하지만 당시 마쓰모토 씨는 환청을 환청인지 모르고 묘가, 바람이, 말을 한다는 걸 믿어 의심치 않았다.

집에 돌아와 그 일을 말하자 부모는 어쨌든 병원에 한번 가보자고 했다.

이미 마쓰모토 씨는 충분히 이상해져 있었다. "방 안에서 자신의 모습이 보인다고" 호소하며 집 안을 맨발로 뛰어다녔다. "왜 나 같은 걸 낳았어?"라고 어머니를 때리는가 싶더니, 돌을 집어삼킨다거나 땅바닥을 핥는다거나 하는 기행이 시작되었다. 방에 있는 모든 것을 내던진 적도 있다. 부모는 진작부터 이건 정말 예삿일이 아니라고 생각하고 있었다.

"병원에 갔어요. 그리고 큰일이라고 생각했어요. 갇히는 게 아닐까 하고요. 그래서 도망쳤어요, 오비히로(帶広) 병원을요."

복도에서 부모를 때리고 도망쳤다. 병원에서 단숨에 30킬로미터를 달렸다. 그리고 버스를 타고 자기 집으로 도망쳐 돌아왔다.

그럭저럭 고등학교를 졸업하고 취직을 했지만, 일하면서도 연습은 그만두지 않았다. 그것은 이제 연습이라는 이름의 자기 괴롭힘에 지나지 않았다. 괴롭다 괴롭다고 생각하면서도 거기에서 빠져나올 수가 없었다. 이미 친구들도 없어진 고독한 청년은, 일을 하면서 달리기를 하고 배팅 연습을 하는 등 여전히 망상에 사로잡혀 있었다. 자포자기 심정으로 유흥가를 들락거리는 등 하는 일은 제각각이었다. 어느 날 몹시 지쳐 그만 의식을 잃고 집에서 구급차로 병원까지 실려간 적도 있었다. 하지만 퇴원하면 똑같은 일이 반복될 뿐이었다. 환각이나 망상은 더욱 커져 텔레비전 화면이 자기 생각을 방영하고 있다고 생각하게 되었다.

그러던 어느 날 마쓰모토 씨는 도쿄로 갔다. 프로야구 선수로 드래프

트될 것임에 틀림없는데 소식이 없다고 믿고, 왕정치(王政治) 감독 집으로 찾아간 것이다. 왕정치는 그가 소년 시절부터 동경해온 영웅이기도 했다.

—만났어요?

"만났어요. 밤 10시쯤 집 앞에 있었거든요. 그랬더니 왕 감독이 그때 마침 돌아와 차에서 내렸어요. 그래서 왕 감독과 악수하고. (악수하면서) 당신을 뛰어넘겠어, 하고 생각했어요, 마음속으로."

—그때 왕 감독이 무슨 말 안 했어요?

"아무 말도 안 했어요. 웬일인지 기자도 있었어요, 두 사람. 힐끔힐끔 보더라고요. 그래서 '악수해주세요'라고 말했어요."

왕 감독은 제대로 악수를 해주었다. 마쓰모토 씨는 '앗싸아' 하고 생각하면서도, 왕 감독은 '왠지 냉정한 사람이구나' 하는 인상을 받았다. '눈이 노려보는 것처럼 보였'기 때문이다. 왕 감독 입장에서 보면 분열병이 한창인 청년이 골똘히 생각하며 악수를 해왔기 때문에, 이 남자, 어딘가 이상하다는 느낌이 들었을 것이다.

그대로 돌아왔다면 좋았을 텐데, 마쓰모토 씨는 좀 있다가 다시 왕 감독 집으로 되돌아갔다. 어쨌든 병이었으니까.

"그날 밤 두 시쯤 다시 갔거든요. 기진맥진해서 도와달라고요."

이미 뭘 하러 갔는지도 몰랐다.

순찰차가 왔다. 경찰이 사정을 물었다. 하지만 범죄를 저지른 것도 아니니 그대로 집으로 돌아가라는 말을 했다. 하네다(羽田) 공항으로 돌아갔지만 어떻게 돌아갔는지는 분명치 않다. 기억은 단편적이다. 공항에 도착한 무렵에는 죽을 만큼 지쳐 눈물이 펑펑 쏟아진 것을 기억하고 있다. 무너지듯 쓰러졌고, 이번에는 순찰차가 아니라 구급차로 병원까지 이송되었다.

"아아 이제 죽는구나, 아직 젊은데 하고요. 그리고 아버지, 어머니가 생각나고, 아아 쓸쓸하다 하는 생각도 했어요. 그다지 좋은 일이 없었던 힘겨운 인생이었구나 하는 생각도요."

필사적이 되는 면과 갑자기 그것이 없어지고 묘하게 심약하게 되는 면.

병원으로 아버지가 데리러 왔다. 아버지와 함께 홋카이도로 돌아가 약간의 우여곡절을 겪은 후 우라카와 일본적십자병원 정신과에 입원했다. 스물두 살 때 일이었다.

"마쓰모토 군은 굉장히 잘 버티는 사람이에요."

도쿄 미타카(三鷹) 시 강연에서 무카이야치 씨는 입원 당시를 돌아보면서 이런 말을 했다.

"입원했는데도 말이에요. 약이라는 이름이 붙은 건 한 알이라도 먹을 줄 알아, 하며 버텼거든요."

"맨 처음에는 약을 먹었는데요, 몸 상태가 안 좋아져서 '헤롱헤롱' 하는 느낌이 들었거든요."

부작용이 싫어서 마쓰모토 씨는 약을 거부하게 되었다. 애초에 병이라고 생각하지 않았으니 무리도 아니었다. 하지만 병원에서는 아무도 약을 먹으라고 강요하지 않았다. 강요하기는커녕 퇴원하고 싶다고 하자 주치의인 가와무라 선생은 "그럼 그렇게 하세요"라고 맥 빠진 말을 했다.

"그 선생도 이상하지, 그치?"

"예. 하지만 그러는 편이 나아요, 나로서는 자유로운 느낌이 더 나으니까요."

"그래서 약도 먹지 않고 밤에도 거의 잠을 자지 않은 거야?"

"예."

정신과 약은 흔히 몸이 딱딱해지거나 혀가 잘 움직이지 않게 되는 등 부작용이 생긴다. 하지만 그것을 참고 한 달, 두 달 계속해서 먹지 않으면 효과가 안정되게 나타나지 않는 경우가 많다. 스물두 살 청년은 그것을 몰랐다. 약을 거부해 입원하기 전과 똑같은 불면과 혼란 속에서 힘든 나날을 보내고 있었다. 예전의 격렬한 야구 연습이 지금은 약을 거부하는 형태로 바뀌어 괴로운 정신병과의 싸움을 계속 하고 있었다.

"그래서 마쓰모토 씨는 8개월 동안을 말이야, 병원에서 말하자면 개방 병동이란 데서 어정어정 돌아다니면서 자기가 하고 싶은 말을 하고, 하고 싶은 일을 하고 있었잖아."

"예."

"8개월째는 그런 것에 정말 지쳤던 건가?"

"예, 그래요. 과식을 하거나 식사를 거부해서 말이죠. 이제 더 이상 그렇게 하면 위험하다는 생각도 들고. 그래서 무카이야치 씨가, '도마 위의 생선'이니까 이제 죽든지 어떻게 되든지 좋으니까 가와무라 선생한테 한번 맡겨보면 어떠냐는 말을 했어요. 목숨을 말이에요. 나도 힘들었으니까, '알았습니다'라고 했죠, 뭐."

항복하기로 했다.

8개월 동안 버텨봤지만, 환각이나 망상은 없어지지 않았고 혼란스럽고 잠을 잘 수도 없었다. 그의 경우 정신분열병은 언뜻 조용한 병으로 보이지만, 본인의 정신은 극도의 흥분과 스트레스로 심신 모두 몹시 지쳐 있었다. 그것도 하루 이틀 일이 아니라 몇 년이고 계속되는 긴장과 혼란, 불안, 또는 공포나 불면. 그런 것을 견디면서 약을 거부해온 마쓰모토 씨에게는 환각이나 불면만이 아니라 섭식(攝食) 장애도 나타나고 있었다. 정말 괴로운 것은 야구 연습 같은 것이 아니라 마음의 병이고, 그것을 계속해서 견디는 일이라는 것을 이제는 지겹도록 알게 되었다.

"그 8개월 동안 마쓰모토 군은 나름대로 열심히, 자기 자신인 마쓰모토 히로시와 사귀었군?"

"예, 그래요."

"그런데 결국 백기를 드는 작전을 세웠네."

"그렇죠, 네."

"하지만 하룻밤 생각할 시간을 달라고 했잖아. 가와무라 선생한테 자기 병을 맡긴다는 걸. 하룻밤 생각하고 다음날 아침에 갔잖아, 상담실로."

"예, 그래요."

"그래서 백기를 들자고 말이지."

마쓰모토 씨는 이제 안 되겠다고 생각했다. 더 이상 견딜 수 없었다. 가와무라 선생 말을 들을 수밖에 없었다. 그리고 누군가의 말을 들어서가 아니라 자신이 납득해 약을 먹기로 했다.

"그래서 회진 때, 마쓰모토 군은 분명히 말했잖아. 선생님께 뭐라고 말했더라, 그때."

"무릎을 꿇고 '잘 부탁합니다' 라고 했지요. 그랬더니 편해졌어요."

"편해졌어?"

"예. 과식도 멈췄고요."

도마 위의 생선은 가와무라 선생에게 무릎을 꿇고 항복했다. 그런데 웬걸 그것만으로도 병은 훌쩍 좋아졌다.

"약을 먹지 않았는데도 편해졌네?"

"편해졌어요. (그때까지는) 사람들을 그리 믿지 않았거든요. 좋은 일도 하지만 나쁜 일도 한다고요. 그래서 인간관계에 대해 그다지 감정이 좋지 않았어요. 인간을 믿지 않게 돼서요."

인간을 불신해서 병에 걸린 것일까, 병 때문에 인간을 불신하게 된 것일까? 어쨌든 마쓰모토 씨는 사람들을 믿는 것이 서툴렀다. 믿을 것은 자기 자신밖에 없었다. 하지만 가와무라 선생도 무카이야치 씨도 8개월 동안 약을 거부하는 마쓰모토 씨를 가만히 기다리고 있었다. 자기 자신이 결정할 때까지 약을 강요하지 않았다. 그것은 가와무라 선생이나 무카이야치 씨가 자신을 믿었기 때문이라고, 마쓰모토 씨는 8개월이 지나서야 드디어 알게 되었을 것이다. 그렇게 믿어준다면 자신도 그들을 믿어보자고 무의식적으로 생각했음에 틀림없다. 그 안에서 하나의 새로운 세계가 펼쳐졌다. 그는 그때까지의 마쓰모토 히로시에서 한 걸음 빠져나갈 수 있었다. 자신의 병에서도 한 발짝 거리를 둘 수 있게 되었다.

"그때 비로소 사람들을 믿는다고 할까, 결단을 내렸던 거군?"

근처 야구장에서 투구 연습을 하는 마쓰모토 히로시 씨.

"예."

"거기까지의 과정이 아주 길었네?"

"길었지요, 예."

"하지만 약을 먹지 않아도 말이에요, 그렇게 해서 '믿고 맡겨볼까' 라고 생각한 것만으로 그만큼 편해졌다는 것은 귀중한 체험이었겠네?"

"예, 그래요. 지금이니까 이렇게 침착하게 말할 수 있지만 말이에요, 정말 그때는 굉장히 힘들었거든요. 제일 힘들었어요."

그리고 약을 먹게 되고 나서 3개월, 그런대로 증상도 일단락된 시점에 퇴원할 수 있었다. 내가 마쓰모토 씨를 만난 것은 바로 그 무렵, 퇴원 직후인 1997년 9월이었다. 퇴원할 때까지 힘들었냐고 물었더니 홍조를 띤 표정으로 이렇게 대답하는 것이었다.

"아아, 정말 힘들었어요. 음, 힘들었지요. 아아……."

입원하기 전에도 힘들었지만 입원하고 나서도 힘들었다. 퇴원했다고 해도 이제 간신히 고개를 막 넘은 참이었다. 이렇게 마쓰모토 씨가 사람을 믿고 '맡기는' 것으로 비로소 병이라는 무거운 짐을 가볍게 할 수 있었던 것은, 약을 거부하다가 복용하기에 이른 8개월 동안의 갈등도 당연히 있었겠지만, 역시 입원했을 때부터 주위에 있던 '베델의 집' 동료들의 힘이 컸다. 퇴원하고 나서 살게 된 공동 주거 '플라워 하이츠'나 작업장 동료들과의 인간관계도 빼놓을 수 없었다. 선배인 나카무라 다시 씨에게, 떨어질 데까지 떨어지고 거기서 다시 기어오르라는 가르침을 받은 것도 퇴원한 후의 일이었다. 당시는 아직 병의 회복기였는데, 잠자는 듯한 말투로 천천히 말을 하던 마쓰모토 씨는 인터뷰에서 이렇게 대답했다.

— '베델의 집'은 어떤 점이 좋습니까?

"마음이 가라앉아요. 마음이 편해지거든요."

— 병에 걸릴 때까지는 힘들었나요?

"힘들었어요."

— 어떤 식으로요?

"역시 일할 수 없게 되면 먹고 살 수 없다든가 하는 그런 불안 같은, 이런저런 생각에요. 편안함 같은 게 없었어요. 뭐랄까 언제나 갑갑한 곳에 있다는 느낌이 들었거든요. 정말 어쨌든 이대로 평생 계속된다면 죽는 편이 낫다고 생각한 때도 있었고요."

실제로 분열병 환자는 그런 괴로움에서, 또는 극도의 우울 상태에서 열 사람 중 한 사람이 자살에 이른다고 한다.[12] 괴롭다는 것은 말로만 하는 이야기가 아니다. 거기서 자신을 붙잡아준 사람이 무카이야치 씨고 가와무라 선생이며, '베델의 집' 동료들이었다고 생각한다. 마쓰모토 씨는 입원하고 나서, 그리고 퇴원한 후 이러저러한 사람들과 만나면서 신뢰와 안정을 느끼게 되었다.

―동료들도 있고.

"동료들이 도와주기도 하고, 예, 굉장히 좋아요."

―어떤 때 도와주나요?

"힘들어졌을 때라든가 그런 때 서로 이야기해준다거나 많이 위로해주기도 하고 괜찮다는 말을 해주기도 하고요, 예."

―그런 말을 들으면 역시 편해지나요?

"편해져요."

그리고 마쓰모토 씨는 회복의 길을 걷기 시작했다.

일본적십자병원에서 퇴원해 공동 주거 가운데 하나인 '플라워 하이츠'에 살게 되었다. 작업장을 다닌다거나 카페에서 아르바이트를 시작하기도 하고, 그때까지 한 사람도 없었던 친구들도 조금씩 생겼다. 일도 하고 회의에도 참가하고 강연에도 다니며, 순조롭게 사회 복귀를 하고 있는 것처럼 보였다.

하지만 분열병자의 역사는 그 정도에서 끝나지 않는다.

그 이후 3년만 봐도 그는 다시 몇 번인가 병의 밑바닥까지 떨어지지 않으면 안 되었다. 첫 번째가 퇴원한 다음 해에 일어난 '자주 입원 사건'이다. 퇴원했다고 해도 병은 결코 치유된 것이 아니다. 항정신병 약을 먹으면서 하는 사회 복귀는, 불과 한두 시간의 아르바이트도 우리가 믿을 수 없을 정도로 부담이 되는 그런 것이다. 마쓰모토 씨는 타고난 '악바리' 근성으로 그것을 해내려고 했다. 이런 정도의 일로 주저앉는 일은 없다고 생각하면서 일을 계속하고 있었다. 그런데 그런 정도의 일도 할 수 없는 것이 분열병의 괴로운 점이다. 마쓰모토 씨는 이미 예전처럼 힘든 일을 견딜 수 있는 몸이 아니었다. 결국 링거를 맞으면서 일하게 되었다.

"일했어요, 그것도 굉장히요. 그것이 쭉 쌓여서, 한 달 정도. 그래서 지쳤고. 하지만 지쳐도 지쳐도, 했어요, 일을요."

당연히 병이 찾아왔다.

어느 날 정신을 차려보니 그는 기진맥진해 자기 방에 누워 있었다. 벌써 며칠이나 그 방에서 자고 있었다. 아무런 의욕도 없고 살아보려는 기력도 없었다. 입원하기 전 자기 집에서 쓰러졌을 때와 똑같았다.

"침대에 누워 있어도 정말 피곤하고 지쳐서 숨쉬기조차 힘든 그런 느낌이었어요. 몸 상태가 안 좋았어요. 역시 그 지경까지 가지 않으면 모르는 거라고 생각해요. 몸의 한계랄까."

이번에는 부모 얼굴이 아니라 '베델의 집' 사람들의 얼굴이 하나하나 눈앞에 떠올랐다.

그런데 아무도 도와주러 오지 않았다.

"모두들 냉정하구나 하는 생각을 했어요. 정말 쓸쓸하구나 하는 생각도요. 전 죽는구나 하고 생각했어요, 1월 10일. 아무도 없고."

아아, 이대로 사라지는구나 하고 생각한 마지막 순간, 마쓰모토 씨는 번뜩 정신을 차렸다.

"큰일이다. 이거 큰일이구나 하는 느낌이었어요."

이대로 있으면 정말 죽겠구나. 기진맥진해 곧 죽을 것 같은 자신을 채찍질해 침대에서 일어나 비틀비틀 일본적십자병원까지 찾아갔다. 다시 입원했던 것이다.

"뭔가 깨달아요, 그럴 때 말이에요. 사람이 죽을 지경이 되면요. 아아, 살아 있는 것만으로도 좋은 거구나 하고 말이죠. 모든 게 괜찮아, 하는 말처럼요. 예. 뭐를 하든 괜찮고 전부 허락할 수 있는 마음. 그러니까 모두들 사랑스러워진다고 할까. 되살아나면요. 정말 너그러운 마음으로 볼 수 있다고 할까."

떨어지는 일, 넉살 좋게 살아가는 일, 그리고 기어오르는 일을 마쓰모토 씨는 이때 벌써 한번 스스로 체험할 수 있었다. 하지만 그렇게 해서 자기 것으로 만들 수 있었던 인생이란 대체 무엇이었을까?

일찍이 마쓰모토 씨는 야구 선수가 되려고 연습에 전념했지만 선수가 될 수 없었다. 쓰러져 입원해 병이 아니라고 우겨댔지만, 역시 자신이 병에 걸렸다는 사실을 깨달았다. 약은 먹지 않기로 결심했는데도 괴로움을 견딜 수 없어서 약의 힘을 빌리게 되었다. 결국 퇴원해 일을 하려고 했는데, 게다가 링거를 맞으면서까지 버텨봤지만 결국 쓰러져 병원으로 돌아오고 말았다. 매일 아침 10킬로미터를 달리고 팔굽혀펴기를 500번이나 한 청년은, 정신을 차리고 보니 하루 한 시간의 아르바이트도 할 수 없는 몸이 되어 있었다. 그러한 경험들은 예전의 마쓰모토 히로시라면 결코 인정할 수 없는 분명한 패배의 연속이었을 것이다.

"제 경우 괴로움에 허우적거리며 어쩔 도리가 없었지만, 어떻게든 됐다 하는 느낌으로……처음에는 괴로운 시기엔 어떻게 될까 하는 생각을 했지만, 아주 편해졌어요."

—힘들 때는 죽고 싶다고 생각한 적도 있었나요?

"있었지요. 분노라든가 마음의 고통, 분명하진 않지만, 기진맥진해서요. 곧 죽을 것 같은 적도 세 번 정도 있었어요. 지금은 그렇게까지 무리하지 않게 되었어요, 자연스럽게요."

—앞으로 어떻게 살고 싶으세요?

"저도 집안에서 전쟁의 반복 같은 일을 겪어왔고, 가정에서요. 그런 걸 20년이나 했나, 그런 것을요. 철들고 나서. 하지만 역시 힘들어요, 그런 것은. 정말 눈물뿐이고요. 즐거움 같은 건 느낄 수도 없어요. 지금은 가정에서도 아주 사이좋게 지낼 수 있게 되었고, 사람들과도 잘 지낼 수 있게 되었어요. 우선 자신과도 잘 지내게 되었고, 사람들과도 사귈 수 있게 되었고, 그래서 지금은 즐겁게 생활하고 있어요."

마쓰모토 씨는 이제 자신은 '즐거운 분열병자'라고 말한다. 분열병이 되기까지는 괴로웠다. 그런데 분열병이 되고 나서 아주 편해졌다. 분열병이 된 덕분에 "전국 방방곡곡으로 여행도 할 수 있게 되었고 많은 사람들과도 만날 수 있었고 가정도 화목해졌고 좋은 일만 이어진다"고 말한다. 물론 그것은 그 힘든 시기를 보낸 경험이 그렇게 말하게 하는 것이지만, 그 경험이 있었기 때문에 '베델의 집' 안에 있으며 자신은 또 다른 자신과도 잘 지낼 수 있게 되었고, 사람들과도 잘 지낼 수 있게 되었다. 그것이 인생에 대해 포기한 결과가 아니라 납득한 결과라고 한다면, 그는 거기에서 자기 자신과 화해한 것이 될 것이다. 이 젊은 분열병 환자는 그 후에도 망상에서 오는 '상상 임신' 소동이나 열렬한 연애와 파국 등의 에피소드를 만들어냈지만, 병은 이미 자신의 개성이 되었다고 믿고 있다. 최근 마쓰모토 씨 이야기를 들은 사람에게서 편지가 날아든 일이 있는데, 그는 내용을 읽고 조바심이 나지 않을 수 없었다. 편지 말미에 "당신의 병이 하루라도 빨리 치유되기를 빕니다"라고 쓰여 있었기 때문이다.

"전, 난처했어요. 이 사람은 제 병이 낫도록 기도한대요."

마쓰모토 씨는 입을 삐죽거리며 무카이야치 씨에게 말했다.

"나으면 곤란해요. 병이 나아서 예전처럼 끝까지 견디며 노력이라도 하면 어떻게 해요?"

예전처럼 힘껏 노력하면 자신의 이 인생은 사라지고 만다. 일찍이 그렇게 견디며 버티던 나날이 얼마나 황량한 풍경을 낳았는지 아직도 기억에 생생하다. 무슨 일이 있어도 병이 낫도록 기도하는 일은 그만둬 달라고, 진정으로 그렇게 생각한다. 그것은 병을 이겨내려고 한다거나 극복하려는 것이 아니라, 그러한 고집스러움에서 벗어나 병을 자신의 생활 방식 안으로 접어넣으려는 '유연한 관계'의 표현인지도 모른다. 병과의 그러한 새로운 관계 방식이 '베델의 집'이라는 장소 안에는 확실하게 퍼져 있다.

등불을 밝히다

마성의 여자

"지금도 불안한 때가 있어요. 두 달에 한 번 정도, 갑자기 몸이 부들부들 떨릴 정도로 무서워요."

발병한 지 10년째, 나가토모 유미(長友ゆみ) 씨는 말끔하게 다 나은 것처럼 보였지만 병이 완치된 것은 아니었다. 대부분의 경우, 이 병은 완치를 기대할 수 없다.

"얼마 전에도 불안했는데, 저보고 '무서운 여자'라는 환청이 들렸거든요. 그래서 아아, 난 무서운 여자구나 하는 생각이 들어 저 자신이 무서워졌어요. 대개 불안할 때는 자신이 무서워지거든요."

정말로 무서워진다기보다 무서워질 것 같은 그런 징조에 겁을 먹게 된다. 자신이 어떻게 될지 알 수 없거나 또 무슨 일을 저지를지 알 수 없는 그런 공포.

"항상 저 자신의 일만 생각하고 있어요. 그게 병이에요. 자신과 사귀는 일에 고생을 하거든요. 좀 더 자신감을 가지면 좋겠지요."

열여섯에 발병했을 때, 나가토모 씨의 병 밑바닥에 있던 것은 불안이었다.

후쿠오카(福岡)에 있는 유명한 고등학교에 입학한 그녀가, 부모와 떨어져 처음으로 기숙사에서 혼자 살게 된 것이 스트레스의 배경이 되었는지도 모른다. 게다가 학교에서는 공부만 강조했고, 선생님이나 학생이나 항상 초조한 상태로 여유가 없었다. 적어도 친구들이라도 있었으면 좋았을 텐데, 기숙사에서 방을 같이 쓰는 아이와도 이야기할 수 없었다. 불안과 긴장이 병을 불러일으켰는지, 아니면 살며시 다가선 병이 불안과 긴장을 강하게 했는지, 고등학교 1학년 3학기에는 공부가 전혀 손에 잡히지 않게 되었다.

"매일 밤 기숙사에서 울었어요. 베란다에 나가서요. 그게 향수병인지 뭔지는 모르겠지만요, 뭐였을까요? 매일 밤 별을 보며 울었어요. 왜 울었는지는 모르지만, 힘들었어요."

어느 날 기숙사 방에 돌아가는 것이 싫어서 방 열쇠를 강물에 던져버렸다. 학교 보건실에서 하룻밤을 보내고, 다음 날 아침 선생님이 정신과로 데려갔다. 편해지고 싶다는 마음도 있었으므로 저항하지는 않았다. 의사 선생님은 과로라고 말하며 안정제를 주었다.

"약을 받았으니까, 아, 이제 나는 죽는구나, 이 약을 먹으면 죽을 수 있겠구나. 그래서 순순히 약을 먹었어요."

소강상태를 거쳐 일단은 기숙사로 돌아왔다. 하지만 그 무렵에는 이미 "누군가가 덮칠" 거라는 막연한 불안감에 휩싸여 떨고 있었다. 공교

롭게도 그때 기숙사에서 단기대학에 다니는 어떤 학생의 자살 미수 사건이 일어났다. 그래서 자신에게도 "악마가 덮칠" 거라는 망상이 시작되었다. 고등학교는 중퇴할 수밖에 없었다. 미야자키(宮崎)의 집으로 돌아가자 얼마 안 있어 환청도 들리기 시작했다.

"'못생겼다', '바보다'라고요. '머리가 나쁘다'라고도요. 아니, 그렇긴 하지만, 그냥 제가 생각하고 있는 것이 그대로 들려오는 거예요. 제가 이런 게 아닐까 하고 느끼거나 하면, 그것이 목소리가 되어 들려오는 거예요. 잠만 자고 있었더니 '자지 마'라는 소리가 들리고, '일해'라는 소리도 들려왔어요. 내내 혼만 났어요."

하루 종일 환청이 들려오는 괴로움은 경험해보지 않은 사람은 모른다. 그것에 더해 망상에 의한 혼란, 끊임없는 불안과 공포에 노출되면 누구나 제정신으로 있을 수 없다. 스무 살에 처음 병원에 입원했다.

"아아, 이제 정말 한계로구나 하는 생각을 했으니까요.…… 죽는 일만 생각하고 있었어요."

―지금 생각하면 그 무렵은 힘들었나요?

"힘들었어요. 정말 힘들었어요."

―죽고 싶을 정도로 힘들었나요?

"뭐랄까, 예, 힘들다기보다는 발작 상태에 빠진 느낌이었어요. 언제나 뭐랄까, 발작 상태 같은 그런 느낌 말이에요."

발병하고 나서 4년 동안, 그저 정말 힘들었다. 죽는 일밖에 생각하지 않았다. 그리고 어느 날 밤 괴로움에서 도망치고 싶은 생각만으로 집 앞의 강물에 들어갔다.

"죽을 생각이었어요. 한겨울인 12월경에 무릎까지 들어갔어요. 그리고 좀 차다는 느낌이었는데, 이제 나는 죽는다고 생각했어요. 그때가 한밤중이었는데 강 건너편에 빛이 보였어요. 아, 빛이 있구나, 빛도 있구나, 밝은 데도 있구나 하는 생각을 했어요."

힘들었지만 죽을 수가 없었다.

결국 자신은 병의 괴로움을 안고 살아갈 수밖에 없다. 죽고 싶다는 생각과 죽을 수 없다는 현실 사이의 숨이 끊어질 듯한 상태에서 출구를 찾고 있을 때, 아버지 친구인 한 목사님이『'베델의 집'의 책』을 건네주었다. 살짝 읽어봤는데 어딘가 끌리는 점이 있었다.

"굉장히 밝은 직장이라고 생각했어요. 갈 수만 있다면 한번 가보고 싶다, 나와 똑같은 고민이 있는 사람들과 함께 있고 싶었어요."

그리고 우라카와로 찾아간 것이 1995년 1월, 한신(阪神) 대지진이 일어난 지 일주일 후였다. 그러고 나서 일본적십자병원 정신과에 4개월 동안 입원했다.

내가 처음 나가토모 씨를 만난 것은, 그녀가 퇴원하고 2년 정도 지난 후 증상이 어느 정도 안정을 찾을 무렵이었다. 일본적십자병원 상담실로 찾아온 그녀는, 큼직한 트레이닝복 소매에서 양손의 손톱만 내놓은 채 무릎 위에 손을 가지런히 올려놓고 앉았는데, 스물세 살 젊은 여성이라기보다 아직 천진난만한 십대 소녀 같았다. 하얀 피부에 차분하게 고개를 약간 숙이고 띄엄띄엄 이야기할 뿐이었지만, 때때로 똑바로 이쪽을 쳐다보는 반짝반짝한 검은 눈동자는 사람을 끌어들이는 힘이 있었다.

그녀를 처음 만났을 때 나는, 이런 청초한 젊은 여성이 정신병원 안에 있다는 사실이 놀라울 뿐이었다. 생각해보면 분열병은 누구라도 걸릴 수 있으니, 청초한 여성이나 늠름한 남성이 있다고 해도 전혀 이상한 일은 아니다. 하지만 깜짝 놀란 것은 그녀가 일본적십자병원 상담실이라는, 정신병 환자가 왔다 갔다 하는 방 안에 있으면서 자연스럽게 그 풍경 속에 녹아들어 있다는 것이었다.

　처음 인터뷰할 때 사무 의자에 앉아 있는 그녀 옆 자리에는 입원해 있는 동료들이 연신 드나들었다. 언뜻 보면 대부분 이상한 풍모의 사람들이었다. 번득이는 눈망울에 다박나룻, 구깃구깃한 파자마에 거친 숨결의 술주정뱅이 같은 사내, 멍한 눈에 뭔가를 중얼거리면서 얼굴을 들이밀고 다가오는 젊은이. 보통의 젊은 여성이라면 깜짝 놀라 자리에서 벌떡 일어설 듯한 그런 사람들이 찾아와, 나가토모 씨 옆 자리에 앉아 인터뷰를 듣고 가만히 탁자 위를 응시하고 있거나, 캔 커피를 홀짝홀짝 마시다가 흘리고 때로는 뭔가 말을 하며 이야기에 끼어들기도 했다. 그런데 그녀는 그런 일에 전혀 신경 쓰지 않았으며, 누가 옆 자리에 앉든 그대로 이야기를 계속했다. 가끔 의미를 알 수 없는 말에 두세 마디 그 나름의 대답으로 응대하고는 다시 아무 일도 없었다는 듯 이쪽 질문을 기다리는 것이었다.

　그것은 기묘하게 감동적인 장면이었다.

　소녀같이 맑고 고운 젊은 여성이 옷차림이 좋지 않고 좀 무섭게 보이는 환자와 아무런 위화감 없이 나란히 앉아 있다는 것. 더욱이 함께 있을 뿐만 아니라 어딘가 안심한 듯한 모습으로 서로를 받아들이고 있다는 것. 나는 인터뷰를 하면서 차례로 찾아오는 환자가 이야기를 방해하는 틈입자라고 생각했는데, 틈입한 것은 바로 나 자신이 아닌가 하는 생각이 들었다. 그리고 인터뷰를 하면서 새삼스럽게 나가토모 씨가 얼마나 깊숙이 '베델의 집' 안에 둘러싸여 있는지를 깨달았다.

— '베델의 집'의 장점은 어떤 건가요?

"뭐라고 할까요, 차별하지 않는 점이라든가, 모두들 서로 격려해주거나 도와주고 또 조언해주고 하는 점이랄까, 그런 것들요. 그리고 절대 혼자 있게 내버려두지 않는다는 것도요. 아무리 병이 심하고 폐를 끼친다고 해도 다시 함께해 줄 수 있다는 것이랄까, 그 사람의 입장에서 봐주는 그런 점이요."

—아주 좋지 않은 상태에 있어도 나가주었으면 하는 생각은 하지 않나요?

"그렇게 생각하지 않아요."

—결국엔 그 사람도 좋아지기 때문인가요?

"예. 지나치게 심하면 싫긴 하지만요. 그래도 그다지 안 와요, 그런 사람들은."

우라카와에 와서 일본적십자병원에 입원한 나가토모 씨는 거칠게 구는 것도 아니고, 환청이나 망상에 지배되어 엉뚱한 행동을 하는 일도 없었다. 왜 이런 사람이, 하는 생각이 들 정도로 그녀는 언뜻 착실한 환자처럼 보였다. 하지만 지금 생각하면 역시 병은 병이었다. 무엇을 묻든지 간에 답안지를 읽는 것처럼 딱딱한 대답밖에 돌아오지 않았다. 결코 싫어하는 것은 아닌데, 그 존재는 어딘가 안타깝고 항상 무언가에 마음을 빼앗기고 있는 것처럼 표정이 부족했다. 밤에는 잘 수도 없었다. 밤중에는 이 사람 저 사람 가리지 않고 긴 통화를 하고 또 찾아다녔다. 한번 자리에 드러누우면 3개월은 일어날 수 없었다. 식사를 할 수 없는 경우도 있었다. 그 내면은 강한 스트레스와 그 반동에서 오는 집요한 피로에 계속 드러나 있었을 것이다. 거기에서 도망치려고 나가토모 씨는 어느새 '마성의 여자'가 되어 있었다.

그것은 일본적십자병원에서 퇴원하고, '베델의 집' 공동 주거에서 생활하면서의 일이었다. 스스로 '연애 중독증'이라고 말한 것처럼, 퇴원하고 나서 그녀는 참으로 '정열적인 생활 방식'을 펼쳐나가게 되었다. 어쨌든 혼자 있을 수가 없었다. 외모로 보나 분위기로 보나 이성의 마음을 강하게 들뜨게 하는 존재였기 때문에, 마쓰모토 씨를 비롯해 구애하며 달려드는 남성은 끊이지 않았고, 그 누구든 언뜻 화려한 '연애 관계'에 빠져들었다. 하지만 초조감에 가득 찬 그녀의 어지러운 편력 안에서 남성들은 누구나 마지막에는 버림을 받아 실의의 나락으로 떨어졌다. 나가토모 유미에게 구애하면 반드시 파멸한다는 데서 '지뢰 유미'라는 별명이 붙을 정도였다. 지금 생각하면 그것 역시 병의 한 증상에 지나지 않았다.

―그 무렵 자신이 마성(魔性)의 지뢰였다고 생각하나요?

"그렇게 생각해요. 정말 뭐든지 제 생각대로 하고 싶은, 그런 거였어요. 상대방한테도 반드시 제 생각대로 하게 했어요."

―하지만 즐겁지는 않았나요?

"전혀요. 괴로웠어요. 매일 밤 방에서 울었는걸요."

―주위 사람들을 휘둘렀을 뿐인가요?

"그래요. 지금은 판단할 수 있게 되었지만요. 전에는 상대방에 대해서는 전혀 생각하지 않고, 그저 저만 좋으면 된다는 그런 식이었거든요."

그러고 보면 정열적인 생활 방식은 불안의 뒷면이기도 했다.

철저하게 상대를 휘둘러 자기 뜻대로 하게 했는데도 본인의 마음에는 평온함이 없었다. 상대를 좋아하면 할수록 자신은 불안해지고 괴로울 뿐이었다. 그리고 좋아하게 되어서는 파국을 맞는 일의 반복. 진정한 연애와는 거리가 좀 먼 것이었다. 우라카와에 오고 나서 한때는 병이 가장 힘들었던 시기도 있었다. 그런 나가토모 씨에게 가와무라 선생은 "그만둬"라는 말을 하지 않았다. 그 대신 한 말이 "될수록 모든 사람들 안에 있는 게 나을 거야"라는 한마디였다. 그 한마디가 나가토모 씨 머릿속에 쭉 남아 있었다.

"그래서 가능하면 혼자 있지 않으려고 했어요."

―그래서 마을을 어슬렁어슬렁 돌아다녔나요?

"마을을 어슬렁거리지는 않았어요. 꼬시거나 하지도 않았어요. 전화방에 전화는 했지만요, 하하하."

―나가서 만나기도 했나요?

"아뇨. 나가지는 않았어요. 이야기만 했어요."

―상대방은 유감이었겠네요?

"하하하. 그 일을 밤에 모두 모여 있는 데로 가서, '지금 전화방에 전화하고 왔다'라고 말했어요. 모두들 깜짝 놀라서 와와, 하는 거예요. '그러니까 불행해지는 거야' 하고 걱정해줬어요. 그것 때문이었는지도

야마모토 가요와 나가토모 유미. 홋카이도 오키정(大樹町)에서 딸기를 따고 있다.

가요와 유미. 홋카이도 오키에서 그네 타기.

모르겠어요. 모두들 마음을 써주었거든요."

정열적인 생활을 하면서도 나가토모 씨는 조금씩 '베델의 집' 안으로 들어갔다.

'베델의 집' 안으로 점점 들어가면서 '정열'은 동료들과의 신뢰로 바뀌었다. 주위 사람들을 신경 쓰지 않고 걸어대던 밤중의 긴 통화도 줄어들었고, 전화와 방황 대신 밤에는 자고 아침에는 일어날 수 있게 되었다. 아침 식사 때는 두부 샐러드도 먹을 수 있게 되었다. 어느새 다른 사람과 이야기도 할 수 있게 되었다. 첫 인터뷰 이후 3년이 지난 후 그녀는 아주 안정된 표정이 되어 있었다.

─전에는 이렇게 말할 수 없었잖아요?

"발병하고 나서는 이야기를 하지 않았어요. '베델의 집'에 와서도 사람들 앞에 자신을 드러내는 게 무서웠거든요."

─그런데 그렇게 자신을 드러낼 수 있게 된 것은 어떻게 된 거죠?

"사람들과 즐겁게 지내면서 자연스럽게라고 할까, 싸우기도 하고 울기도 하고 여러 감정이 생기고, 그래서 순순히 자신을 드러낼 수 있게 된 거지요. 역시 시간, 인생, 여러 경험을 하고, 사람은 정해진 것처럼 살지 않아도 되는 거구나 하는 것을 알게 되었으니까요. 어떤 사람이나 좋은 점이 있다는 것을 알게 되었고, 자신도 받아들일 수 있게 되었고, 또 그래서 자기 의견도 말할 수 있게 된 거예요."

─그렇게 되기까지 10년이 걸렸네요?

"예. 여러 사람들과 의논해서요. 어떻게 하면 좋을지, '베델의 집' 사람들이 가르쳐줬으니까요. 익숙해진 것도 있고, 거기 사람들을 신뢰할 수 있게 된 것이 가장 컸던 것 같아요."

발병한 지 10년째인 나가토모 씨는 "이렇게 건강해질 거라고는 생각하지 못했어요"라고 말할 수 있게 되었다. 때로는 환청이 들리고 불안이 엄습해오는 일은 있지만, 죽고 싶을 뿐이던 괴로운 나날을 생각하면 지금은 꿈만 같다고 한다. 하지만 그 괴로움이 있었기 때문에 지금이 있다고 생각하고 있다. 그 괴로움을 알아주는 동료가 없었다면 아마 여기까지 올 수 없었을 것이다.

"저도 대학에 가서 제대로 된 데서 일하고 결혼도 하고, 그런 예쁜 꿈이 있었는데, 그런 인생만 있는 건 아니라는 걸 알게 되었어요. 여러 인생이 있다는 걸 점차 알게 되었거든요."

약만 복용하면 괴로운 일은 없을 거라는 그 안도감.

낫토[13]와 밥을 정말 맛있게 먹을 수 있게 된 그 행복감.

"모든 사람들과 똑같이 살고 싶은데, 그게 불가능하다는 걸 알게 되었을 때는 굉장히 괴로웠어요. 하지만 사람들과 다른 길을 걸을지도 모르지만 제가 가는 길도, 뭐랄까, 이런 길도 괜찮구나 하는 생각을 했어요. 제가 걷고 있는 곳도 괜찮구나 하는 생각을 했거든요."

밤에 잘 수 있고 아침에 일어날 수 있으며 식사를 할 수 있다는 데서 깊은 평온함을 느끼는 나날들. 그것은 "불안할 정도로 행복"한 일이라고 한다.

돌아보면 열여섯 살에 정신분열병이 발병한 이래, 진학도 취직도 결혼도, 세상 사람들이 누리는 행복은 모두 포기할 수밖에 없었다. 세상 사람들은 그것을 절망의 인생이라고 할지도 모른다. 하지만 망상과 환청, 발작, 그리고 무엇보다도 그 안에서 살아야만 하는 고생과 고뇌를 통과해온 나가토모 씨에게 지금의 평온함은 그 무엇과도 바꿀 수 없는 것이다. 지금 가진 것 이상으로 바라는 게 또 뭐가 있겠는가. 그것은 포기가 아니라, 계속해서 내려가기만 한 인생 앞에 생각지도 않게 펼쳐진 '멋진 대지'에 내려선 듯한 기분이라고 한다.

"뭐랄까, 굉장해요, 혼자 있어도 뭐랄까, 행복하다는 생각이 들거든요. 어렸을 때 맛봤던 아주 행복한 기분이 드는 거예요."

병의 폭풍이 지나가고, 지금은 어린아이처럼 흡족해하고 있다.

중얼거리듯이 그렇게 말하는 나가토모 씨는 이제 혼자 있는 것에 불안해하지 않는다. 오히려 그렇게 혼자 있을 때 가만히 자신의 인생을 들여다본다. 최근에는 일도 조금은 할 수 있게 되어서, 연료회사 사무소에서 전화 받는 일을 하고 있다. 추운 겨울 하루가 끝나갈 무렵 그녀가 아르바이트하는 곳을 찾아가자, 나가토모 씨는 전화 받는 일을 하면서 뉘엿뉘엿 해가 지는 바다를 바라보고 있었다. 해변에 있는 사무소는 횅뎅그렁하니 인적이 없고, 석유난로 타는 소리만 잔잔히 울려 퍼지고 있었다.

"전, 여기서 보는 풍경을 좋아해요, 석양이 지는 게 참 예쁘거든요."

열린 유리창 너머로 슬슬 지기 시작한 태양이 빨갛게 얼굴을 비추고 있다.

"전 여기 있는 게 가장 즐거워요. 혼자 있을 수 있어서요. 청소를 하기도 하고 개한테 밥도 주고요."

전화가 오지 않으면 혼자 멍하니 커피를 마신다.

청소하는 일, 개 밥 주는 일, 인스턴트커피 한 잔, 그리고 혼자만의 시간. 그것이 그녀의 모든 것이었다. 사람의 행복이란 이 얼마나 소탈한 것인가. 그 소탈함이 그녀의 마음을 가득 채우고 있다. 그녀는 모든 것을 잃어버림으로써 모든 것을 손에 넣을 수 있었던 것 같다. 사람이 많이 살지 않는 마을, 아무도 찾아오지 않는 해변에 있는 조립식 주택 사무소에서 나가토모 씨는 깊은 정적과 평온함 속에 우두커니 서 있었다. 그녀 혼자서.

혼자이기는 해도 고독하지는 않다.

현재 그녀의 나날은 가와무라 선생의 조언과 매일 복용하는 항정신병약이 가져다준 것만은 아니었다. 그것은 '베델의 집' 동료들과 함께 생활하는 과정에서 찾아낸 것이며, 바로 거기에 '베델의 집'의 깊은 의미가 담겨 있다.

"'베델의 집'은 아주 재미있는 곳이에요. 한 사람 한 사람이 뿔뿔이 흩어져 있는 것처럼 보여도 꼼꼼하게 주의를 주거든요. 밤중에 놀고 있으면 '밤에 지나치게 놀면 안 되지' 하고 말해줘요. 일을 하고 있지 않으면 다음에 일을 같이 하자거나, 지금 일손이 부족하니까 도와주지 않겠느냐는 식으로 말해줘요. 그러면 굉장히 기쁘거든요."

처음 '베델의 집'에 왔을 때, 나가토모 씨는 무카이야치 씨에게서 좋아지기까지는 5년이 걸린다는 말을 들었다고 한다. 5년이 지나자 정말로 편해졌다.

"'베델의 집'은 자기가 생각하고 있는 것을 발휘할 수 있는 곳이라고 생각해요. 하지만 뭐랄까, 자기 좋을 대로만은 할 수 없어요. 자기 생각대로는 할 수 있어도 자기 멋대로는 할 수 없거든요."

— '베델의 집'이 없었다면 어떻게 되었을까요?

"벌써 죽었겠지요, 하하하. 죽었을 거예요. 예."

—정말 그렇게 생각해요?

"예, 정말 그렇게 생각해요."

—집에 돌아갈 생각은 없어요?

"몇 번인가 돌아가 봤는데 결국 좋은 일이 없었어요. '베델의 집'만 생각나고, 항상 '베델의 집'으로 돌아갈 생각만 했어요. 이제 제가 살아갈 곳은 '베델의 집'이 아닐까 하는 생각을 하게 되었어요."

—이 병이 뭐라고 생각하세요?

"또 한 사람의 자신과의 싸움. 또 한 사람의 자신이 그리고 있는 이상적인 자신과 진짜 자신이 격투를 벌이고, 자신과 사귀는 일에 지치기도 하고 즐거워하기도 하고, 화를 내거나 울고 싶기도 하고요. 자신과 마주하고 있는 사람일수록 이 병에 걸리기 쉬운 것 같아요. 잘은 모르겠지만 정말 진지하게 자신과 마주하고 있으면, 어떻게 사귀어야 좋을지 알 수 없어서 발병하기도 한다고 생각해요. 자신과 잘 사귈 수 없게 되어서 발병하는 거라고 생각하거든요."

그러므로 지금은 될수록 자신과 마주하지 않으려고 조심하고 있다.

"실패해도 괜찮아, 안 돼도 상관없어, 이렇게 생각해요. 정말로 그렇게 생각하고 있는 건 아니지만, 뭐 적당히 해도 되지 않을까, 그렇게 생각하거든요. 무리해서 밝게 보인다거나 이상하게 자신을 꾸민다거나 하지는 않게 되었어요."

우라카와로 오기 전에는 패스트푸드점 아르바이트에 응모했는데, "어두워 보여 안 되겠다"고 거절당했다. 그런데 '베델의 집'에서는 모두들 "어두워도 괜찮아"라고 말한다. 어쨌든 병이니까. 그런가 하고 납득했을 때부터 오히려 밝아졌는지도 모른다.

나가토모 씨에게는 여러 차례 이야기를 들을 기회가 있었다. 상담실에서 인터뷰를 하거나 술자리 잡담, 커피숍이나 공동 주거에서 나눈 이야기에서도, 나는 결국 그녀가 왜 발병했는지 그 이유를 알 수 없었다. 병이 진정되고 나면 그저 보통의 젊은 여성이기 때문이다. 하지만 밤에 잠을 잘 수 없고 아침에 일어날 수도 없으며 먹을 수도 없고, 집에 있을 수 없어서 어슬렁어슬렁 정처 없이 돌아다니던 무렵의 그녀는 확실히 괴로워 보였다. 그것이 진정되는 과정을 그 일부분이나마 보고 있으면, 거기에는 항상 그녀를 혼자 있게 하지 않으려는, 사람들과의 유대라는 것이 다양하게 영향을 미쳤다는 생각을 하게 된다. 사람들과의 그 유대는 나가토모 씨가 아무리 혼란스러웠던 시기에도 끊임없이 그녀를 지탱해주고, 미야자키에 있었던 4년 동안에는 결코 경험한 일이 없는 회복의 길을 걸을 수 있게 했다. 그녀의 병이 "자신과 잘 사귈 수 없었던" 데서 비롯되었다고 한다면, 결국 방법은 자신과 사귈 수 있게 하는 것밖에 없다. 즉 자기 자신과 화해하는 것밖에 해결의 길은 없는 것이다. 미야자키에 있을 때처럼 자신만을 응시하고 있어서는 결코 불가능한 일이다. 사람들 안에 있으면서 그 사람들과의 관계 속에서 인간관계를 회복할 필요가 있었다. 그것이 가능했을 때 비로소 자신과의 관계도 다시 만들어낼 수 있었던 것이 아니었나 싶다.

나가토모 씨와 처음 만났을 무렵, 상담실에서 인터뷰할 때 있었던 일을 지금까지 뚜렷이 기억하고 있다. 인터뷰가 끝나고 카세트테이프를 정리하고 '베델의 집' 동료들에 대한 이런저런 잡담을 하고 있을 때, 동료인 마쓰바라 아사미(松原朝美) 씨가 화제가 된 적이 있었다.

아마 아사미 씨가 삿포로에 강연 갔을 때 일을 이야기했을 것이다. 병이 재발할 무렵이었으니까 재입원 이야기를 했는지도 모른다. 그런 이야기가 대충 끝나갈 무렵, 나가토모 씨가 중얼거리듯 문득 입에 담은 말이 있었다.

"아사미 씨, 불쌍해요. 그렇게 젊은데."

아사미 씨는 열여섯에 분열병자가 되었다.

아직 살아갈 날이 그렇게 많이 남았는데.

하지만 그런 나가토모 씨가 발병한 것도 열여섯 살 때였다.

"유미 씨도 똑같은 나이에 발병했잖아요."

"아하, 그러고 보니 그렇네요."

자기 일은 제쳐두고 다른 사람 병을 걱정하고 있었다.

그것이 이상해서 웃어버리고 말았지만, 나는 그때 그녀가 한 한마디를 그 뒤에도 몇 번이고 돌이켜보게 되었다.

'아사미 씨, 불쌍해요.'

나가토모 씨 입장에서 보면, 아사미 씨는 아직 젊은데 이런 병에 걸려서 참 힘들겠구나 하는 생각을 그대로 입에 담았을 뿐일 것이다. 거기에서 빠져나오려면 먼 길을 가야 하고, 어쩌면 자신과 마찬가지로 힘든 경험을 할지도 모른다고, 그런 마음을 담아 말했는지도 모른다. 그것은 그리 강한 마음에서 나온 말이라고는 생각되지 않았다. 어쨌든 나가토모 씨나 내가 걱정할 필요가 없을 정도로 아사미 씨는 활달한 신세대 분열병 환자였기 때문이다.

그럼에도 나가토모 씨가 중얼거린 것은 심오한 계시처럼 내 안에서 울렸다.

그것은 '베델의 집' 사람들과 관련되어 있는, 눈에 보이지 않는 관계라는 것을 드러내고 있었기 때문일 것이다. 의리나 계산에서 나온 것이 아니고, 배웠다거나 누군가에게 들었기 때문도 아니다. 거기에는 사람이 사람을 생각하는, 인간관계의 가장 기본적인 관계가 드러나 있었기 때문이다. '베델의 집'은 '장소'가 중요하다고 말하고, 그 장소를 만들기 위해 모두가 입을 열 수 있도록 관리를 없애고, 아무도 배제하지 않기 때문에 아주 안심하고 인간관계를 회복할 수 있는 생활 방식을 추구해왔다. 그렇지만 거기에서 가장 기본이 되는 것은 무엇보다도 우선 동료들에 대한 관심이며 타자에 대한 배려일 것이다. 동료나 타자에 대해 관심이 없다면 어떻게 인간관계를 만들어갈 수 있겠는가. 타인에 대한 배려가 없다면 한번 잃어버린 인간관계를 어디서 회복하겠는가.

역시 '베델의 집'에 모인 사람들은 우선 자신을 표현하는 것, 자신을 이야기하는 것에 모든 에너지를 소비하고, 거기에서 타자와의 의사소통을 꾀하려는지도 모른다. 하지만 이야기한다는 행위 자체는 반드시 그 이야기를 듣는 타자를 상정한다. 그 이야기를 받아들여 주는 사람을 필요로 하는 것이다. 거꾸로 말하자면 타자를 상정하지 않는 이야기, 타자에게 말을 걸지 않는 이야기는 인간관계를 만들거나 회복하기 위한 실마리가 되지 못한다. 예컨대 환각이나 망상에 사로잡혀 이야기할 때, 그 이야기는 타자에게 전달되지 못할 것이다. 또는 이해타산에서 자기 생각을 일방적으로 전달하는 형태로 이야기한다고 해도, 거기에서 인간관계가 회복되는 일은 없을 것이다. 우리가 회사나 학교에서 일상적으로 듣게 되는 이야기의 대부분은 사실 타자에 대한 생각을 결여한 이야기고, 바로 그렇기 때문에 거기서는 인간관계가 만들어지기는커녕 황폐해져 갈 뿐이라는 것은 누구나 경험하는 일일 것이다.

이야기를 한다는 것, 자신을 표현한다는 것, 또는 인간관계를 회복한다는 것, 그 가장 밑바탕에는 '타자에 대한 생각'이 있을 것이다. 타자에 대한 그러한 마음을 담은 이야기야말로 모든 사람들이 서로 필요로 하는 것이고, '베델의 집'에서 그 인간관계를 일구고 풍요롭게 해온 '말'의 모습이 아니었을까? 과장일지도 모르겠지만, 나는 그것이 나가토모 씨가 말한 "아사미 씨, 불쌍해요"라는 한마디로 상징된다고 생각했던 것이다.

그러나 그 말을 들었을 때는 그것을 알지 못했다.

인터뷰를 끝낸 다음 날, 여러 가지 일들을 정리하고는 우라카와를 떠나 히가타 본선을 타고, 쓸쓸해 보이는 차창 밖 풍경을 바라보며 열차에 흔들리고 있을 때, 문득 그 말이 되살아났다. 도마코마이(苫小牧) 역에 도착해 치토세(新千歲) 행 열차를 기다리는 인적 없는 플랫폼 벤치에 앉아 있을 때, 다시 그 말이 아무 이유도 없이 갑작스럽게, 이번에는 어디서 오는지도 모르는 강한 울림과 함께 내 마음에 치밀어오른 것이었다.

그건…….

문득 눈을 뜬 순간을 잊을 수가 없다. 그때 나는 한순간에 모든 것을 이해했다고 생각했다.

그랬던가, 그런 일이었던가.

그 말 속에서 나는 '베델의 집'의 새로운 세계를 보고 있었다.

그들은 연결되어 있다. 퍼뜩 깨달았을 때 내 생각의 핵심에는 이런 개념이 있었다. 나가토모 씨와 마쓰바라 씨만이 아니라 '베델의 집' 사람들은 모두 연결되어 있다. 깊은 유대감 속에서 살고 있다. 문제투성이고 가위표투성이로 세상 사람들에게 버림받고 잊혀졌으며, 절망이라는 이름의 저 밑바닥으로 떨어졌으면서도, 또한 거기서 계속 살아온 사람들. 그러한 사람들이 서로 연결되어 있다는 것. 또 그런 사람들이기 때문에 서로가 서로를 생각하는 마음을 가질 수 있었다는 것. 그런 그들의 생활 방식이 얼마나 깊어졌는지를 그때 나는 잘 알지 못했다. 물론 '베델의 집'의 한 사람 한 사람을 돌이켜보면, 그들은 교활하기도 하고 게으르기도 하며 또 거짓말을 하기도 하는 등 모두들 부족하다. 성인군자라고 할 만한 사람은 한 사람도 없다. 그저 소심한 사람들의 무리라는 점에서 우리와 전혀 다르지 않다. 하지만 그들은 "연결되어 있다." 우리 눈에는 보이지 않는 복잡한 인간의 마음속에서 결코 강고하지는 않지만, 그러나 확실히 그들은 연결되어 있다.

이러한 마음이 나를 압도하는 것이었다.

그것이 무카이야치 씨가 "약함을 유대로"라는 말로 표현한 것의 진정한 의미였던 것일까? 그것이 '베델의 집'이 지닌 "흑토와도 같은 풍요로움"의 원인이었던 것일까? 사람이 사람을 생각한다는 것, 그러한 생각으로 연결되어 있다는 것, '베델의 집'이란 그러한 곳이었던가 하고 돌이켜보면서, 그리고 병에 걸렸다고 해도 그 안에서 회복하려고 간절히 생각하고 그 생각을 동료들에게 펼치고 있는 사람들의 생활 방식이 존재한다는 것을 돌이켜보면서, 내 안에서는 뜨거운 마음이 절절하게 솟아나는 것이었다. 홀로 기차역 벤치에 앉아서 나는 숨죽여 울고 있었다.

사람이 살아간다는 게 왜 이다지도 애달프단 말인가.

그런 생각에 휩싸여 있었다. 멀리 잔설이 덮여 있는 원시림을 바라보면서, 나는 '베델의 집' 사람들 하나하나의 얼굴을 떠올리고 있었다. 그 한 사람 한 사람이 간절하게 그리웠다. 가능한 일이라면 이제 막 떠나온 우라카와로 돌아가고 싶었다. 그런 생각을 하면서 나는 계속 앉아 있었다. 그때까지 보아온 '베델의 집' 사람들의 일상이 압도적인 모습으로 눈앞에 다가왔다. 얼마 지나지 않아 치토세 공항에서 하네다로 향하는 비행기 안에서 밤의 장막이 내리는 창 밖을 바라보고 있을 때도, 눈물이 그칠 줄 모르고 소리 없이 흘러내렸다. 왜일까? 왜 그들은 그다지도 다정하게 살고 있는 것일까? 왜 그런 온화함이 간절한 것일까? 똑같은 의문이 계속 고개를 쳐들었다. 그것은 결코 감동이라든가 흥분 같은 마음의 고양이 아니었다. 깊은 평안을 가져오는 마음이었다. 지금 생각하면 그때 나는 '베델의 집'과 진정한 만남을 이루었다. 또 그때, 적어도 그때만큼은 자기 자신과 화해했다.

그리고 그 만남이야말로 '베델의 집'이 계속 추구해온 것이기도 했다.

무카이야치 씨는 강연회에서 "자기 자신과의 화해"야말로 항상 변하지 않는 '베델의 집'의 주제였다고 말했다.

"'베델의 집'은 결코 정신장애인을 이해하고, 정신장애인을 사회로 복귀시키는 데 힘쓰는 것이 아니라……이른바 '화해의 달인'인 '베델의 집' 사람들 한 사람 한 사람의 안내와 지원, 그리고 도움으로 누구나 자신과 화해를 경험하는 장소이며, 자신을 회복하는 장소입니다. 이것이 '베델의 집'의 주제라고 생각해요. 그리고 자기 자신과 화해할 수 있는 사람만이 다른 사람과도 화해할 수 있습니다."[14]

무카이야치 씨는, 자기 자신은 물론 하야사카 씨, 고야마 씨, 가와무라 선생도 "모두들 그 화해의 무리 속에 참가해 왁자지껄하고 있는" 그것이 '베델의 집'이라고 말했다.

취재를 위해 찾아간 나는 처음에는 그것을 알지 못했다. 구성원의 이야기를 듣고 행사나 강연회에 참석해 정신장애인이라느니 '베델의 집'의 고생이라느니 장사라느니 하는 것들을 이해하려고 노력하면서, 그들을 외부에서 관찰하고 있을 뿐이었다. 콕토(Jean Cocteau)의 시처럼 비누 거품 방울에 비친 뜰 같은 것에 지나지 않았던 것이다.[15] 주위를 빙글빙글 돌기만 할 뿐 결코 안으로 들어갈 수 없었다. 그런 나에게 안으로 들어갈 수 있는 계기를 준 것이 바로 나가토모 씨의 한마디였다.

물론 그 한마디가 없었더라도 늦든 빠르든 어쨌든 나는 진정한 '베델의 집'과 만나게 되었을지도 모른다. 그때까지는 어쨌든 '베델의 집'과 사귄지 6개월이 지나고 있었으니까. 하지만 취재가 아니라 그 사람들과 같은 눈높이에서 '베델의 집' 안으로 들어가기 위해서는, 그만큼 성숙

할 시간이 필요했다. 사람들은 다양하게 '베델의 집'과 만난다. 시미즈 요시하루 씨는, 고야마 스나오 씨가 보내준 자료를 읽는 순간 '베델의 집'과 만나 그 안으로 들어갔다. 고야마 씨는, '베델의 집'에 나가 회의를 열고 온 가족이 함께 가까이 사귀면서 '베델의 집'과 만났다. 내 경우는 6개월에 걸쳐 사귄 끝에, 나가토모 씨가 아무렇지 않게 던진 한마디가 '베델의 집'에 눈뜨게 했다. '베델의 집'과의 만남은 이를테면 극적이지도 감동적이지도 않은, 일상의 사소한 한 장면에서부터 나날이 이끌려나오는 것이다. '베델의 집'의 '화해의 달인'들은 뭘 하려고 하는 것도 아닌데, 나날의 삶을 살아가는 과정에서 우리들을 비추고 끌어들이고 변하게 하는 힘을 지녔다.

그리고 그것이야말로 '베델의 집'의 핵심에 자리 잡은 미스터리였다. 사람들은 '베델의 집'에 끌려서 권유를 받고 또는 스스로 우라카와로 찾아온다. 그리고 '베델의 집' 사람들과 만나고 이벤트를 즐기며, 때로는 진짜 정신장애인과 접촉하기도 한다. 그렇게 해 '베델의 집'에 대해 알고 웃고, 그 이념이라는 몇 가지 구호를 배우는 건지도 모른다. 하지만 '베델의 집'의 진정한 힘은 정신장애를 역이용한 웃음이나 그럴듯한 지식을 퍼뜨리는 것에 있지 않다. 언뜻 지루하고 단조로운 일상에 그 반복 속에, 그리고 그 반복을 살고 있는 한 사람 한 사람의 생각과 그 생각을 타자에게 펼치는 관계 속에 '베델의 집'의 힘이 숨어 있다. 그 힘이 '베델의 집'과 만나는 사람을 비추고 변하게 한다. 그렇게 해 스스로가 변했을 때, 사람들은 비로소 '베델의 집'과 만났다는 것을 알게 된다.

병에 대한 센스

"'베델의 집'은 하여튼 복잡한 사회지요."

도쿄 미타카 시의 한 강연회에서 무카이야치 이쿠요시 씨는, 이제 백 명 안팎의 구성원이 있는 '베델의 집'에 대해 이렇게 말했다.

"(하야사카) 기요시 씨처럼 '난 병에 걸려 득봤다'고 하는 사람도 있고, 마쓰모토 군처럼 '(병에 걸려) 어린 시절의 꿈이 이루어졌다'는 이상한 말을 하는 사람도 있는 등, 이러저러한 사람들이 있습니다. 화를 내고 있는 사람도 있고 웃고 있는 사람도 있고, 그렇게 아주 복잡한 사회나 무리라고 할 수 있지요."

지금 사회에서는 그러한 복잡함이 없어졌다.

하야사카 씨든 오카모토 씨든 아니면 이시이 씨든 간에 거의 모든 '베델의 집' 사람들은 지금의 '정상적인' 사회에서는 어찌할 도리가 없는 사람들이다. 비교적 정상적으로 보이는 마쓰모토 씨나 나가토모 씨 경우에도, 이른바 정상인들의 사회에서는 '쓸모 있는 사람'이 될 수 없을 것이다. 하지만 그렇게 뒤처지고 따돌림당해 온 사람들의 무리가 정상인들의 사회에 비하면 참으로 복잡한 인간 사회를 구성하고 있다. 그것은 의도해서 만들어낸 것이 아니었다. 누구나 그대로도 괜찮다고 말하며 서로 그것을 인정하고 모두가 그대로 살아가는 동안 그렇게 된 것이다.

그대로도 괜찮다는 것은 결코 그 사람을 내버려둔다거나 돌보지 않는다는 의미가 아니다. 그 사람을 그냥 그대로 받아들인다는 뜻이며, 또한 그 사람의 문제나 말썽거리, 사귀기 힘든 그 사람의 성격 등을 남김없이 모두 받아들인다는 의미다. 그것은 실로 성가신 일이다. 품이 드는 일인 것이다. 정상적인 사회에서라면 그런 일은 절대 불가능하다. 정상적인 사회는, 문제를 막고 말썽의 싹을 잘라버리며 불거져나온 부분을 억누르는 등 모든 것을 관리하기 쉽게 하려고 온갖 수단을 궁리해 쌓아 올린다. 지금의 학교, 기업, 지역사회 대부분이 이러한 '건실함'으로 성립되었다. '베델의 집'은 그런 것과는 정반대 길을 걸어왔다. 그것도 20여 년을. 그 결과 다른 데서는 볼 수 없는 다양한 사람들 무리가 생겼고, 복잡한 인간 사회가 만들어졌다.

그 복잡한 사회를 낳은 것은, 사람이 사람을 관리하지 않고 그 누구도 누군가를 지배하지 않는다는 아주 단순한 생활 방식이었다.

"모두들, 선생이나 정상인도 포함해 모두가 일렬횡대로 있다는 느낌이 들어요. 그래서 더욱 복잡해졌지요."

이제 막 우라카와에 온 시미즈 리카(淸水里香) 씨는 그때까지 '베델의 집' 같은 사회를 본적이 없었다. 그래서 머리가 혼란스러웠다. 막 입원한 무렵 시미즈 씨는 일본적십자병원 상담실에서 무카이야치 씨와 이런 얘기를 나누었다.

"회사 같은 데도 종적인 사회고 어디를 가든 종적인 관계로 보는 사람이 많은데, 그런데 이렇게 일단 '베델의 집'을 보니까 이런 데도 있구나 하는 생각이 들었어요. 고참이나 새로 온 사람이나 모두 일렬횡대여서, 아주 어수선해요."

—몹시 어수선하긴 하지요.

"그래요. 뭐가 뭔지 통 모르겠어요."

어수선하긴 하지만 그곳에는 어딘가 안심할 수 있는 느낌이 있다. 그렇게 생각하면서 검붉은색 라운드 스웨터를 바싹 받쳐 입은 시미즈 씨는 길게 째진 눈초리를 더욱 가늘게 만들며 웃고 있었다. 옅은 화장이 한결 돋보인 하얗고 둥근 얼굴이 상담실의 살풍경한 벽 앞에서 유난히 눈에 띄었다. 아무래도 7년 동안이나 틀어박혀 삭막하게 살아온 병자로는 보이지 않았다.

—여기는 상사도 부하도 없지요?

"그래요. 그래서 새로 온 사람이 오히려 더 빈틈없기도 해요."

—그렇죠. 으스대기도 하지요.

"예, 특이해요."

—그런 인간관계는, 처음이었겠네요.

"그렇지요. 모두 자신을 아주 소중히 생각하고 있다는 느낌이 들어요."

우라카와에 온 지 2주일 남짓 되었지만, 시미즈 씨는 '베델의 집'의 본질을 영락없이 꿰뚫고 있었다. 모두가 일렬횡대. 그런 인간관계 아래에 놓여서야 비로소 다른 사람에게 자신에 대해 말해도 괜찮구나 하는 생각을 하게 된다.

"병 같은 것도 지금까지 쭉 감추고 있었어요. 다른 사람한테는 말할 수 없었거든요. 그런 말을 하면, 저 사람 좀 이상하다고 생각하는 면이 있잖아요. 그런데 여기 오니까 모두들 즐겁게 옛날 일 같은 걸 이야기하더라고요."

이 병원에 와서 가장 좋은 점은, 좋아진 사람들이 하는 "옛날에 나는 이랬다거나 나도 이런 일이 있었다든가 하는 이야기"를 들을 수 있었다는 것이다. 그런 사람들의 이야기를 듣고 있으면, 1년 후, 2년 후에는 자신도 이런 이야기를 할 수 있겠구나 하는 희망이 솟아난다.

─그런 의미에서 보면 병을 받아들이는 방법 같은 게 완전히 바뀌었네요.

"전, 제가 병자라고는 전혀 생각하지 않았어요. 예, 그냥 틀어박혀 있을 뿐이라고 생각했거든요. 저는 병에 걸리지 않았지만, 힘드니까, 괴로우니까 약을 받으러 병원에 다닌다고만 생각했어요. 그래서 제 부모님이 너는 정상인이 아니니까, 라는 말을 하면 막 반발했어요. 왜 그런 식으로 말하느냐고요."

우라카와에 오기까지 시미즈 씨는 자신이 병자라고 생각하지 않았다. 그런데 일본적십자병원에 입원하고 일주일 정도 지나자, 자신이 어딘가 이상하다는 사실을 깨닫게 되었고, 혹시 병이 아닐까 생각하기 시작했다. '베델의 집' 동료들을 알게 되고, 그들의 이야기를 듣게 되었으며, 자신에 대해 이야기하기 시작했다. 그런 식으로 그녀가 자신을 되찾아가는 과정에는 눈이 휘둥그레질 만한 일도 있었다. 우연히 그 자리에 있었던 나는 거기서 한 사람의 분열병 환자가 인간관계 속에서 회복해 나가는 모습을 목격하게 된다. '베델의 집'에서 그때까지 몇 번이고 몇 번이고 반복되어온 인간 회복이라는 기적을 나는 시미즈 씨를 보면서 더듬어갈 수 있었다.

 1969년에 태어난 시미즈 리카 씨는 대학을 졸업하면서 대형 슈퍼에 취직했다. 머지않아 결혼도 하고 일과 가정을 꾸려가는 행복한 인생이 앞길에 놓여 있을 터였다. 그런데 생각지도 않은 은둔형 외톨이[16]가 된 것은, 입사 직후 직장에서 경험한 사소한 괴롭힘이 계기가 되었다. 퇴원하고 얼마 지나지 않아 쓴 메모에서 그녀는 그때 일을 이렇게 회상하고 있다.

> 입사한 당초에는 연수 등으로 동기들끼리 이야기하는 일이 많았습니다. 그래서 선배 언니들과 친해지기 전에는 자연스럽게 남자 동기들과 이야기하는 기회가 더 많았던 겁니다. 그러자 사내에서 "시미즈가 누구누구와 사귄다"는 소문이 나돌기 시작했습니다. 저는 그런 일이 없기 때문에 "뭐?" 하는 그런 느낌이었는데……소문은 점점 커져 결국에는 "남자를 밝힌다"라든가 "그 여자 신입사원은 이 남자 저 남자한테 집적거린다"는 식의 말을 듣게 되었습니다.

 처음에는 단순히 소문과 험담에 지나지 않았다.

성실하고 순박한 신입사원은 그것을 견디며 "내가 질 것 같아, 질 성 싶으냐고, 이런 각오로 필사적으로" 회사를 다니고 있었다. 입사 동기 중에서 여자는 자기 혼자였다. 수가 많지 않은 대졸 여자 '커리어 우먼'으로서 약한 모습을 보여줄 수 없다는 생각도 있었다. 지금 생각하면 그런 악착스러움이 병의 복선이 되었던 것 같다.

> 그러던 어느 날, 조례 시간에 갑자기 제가 생각하는 것이 상대방에게 전해져서 그 사람이 제 생각을 알아맞히는 일이 일어났습니다. 어쨌든 그때 전 엄청 놀랐습니다. 그 후 제가 생각하고 있는 것을 모두가 알게 되었습니다.

병의 시작이었다.

자신의 마음이 읽혀버리고 자신이 생각하고 있는 것을 상대가 알아버린다는 것은 흔히 분열병 환자들이 호소하는 증상 가운데 하나였다. 그런 일이 있을 턱이 없지만, 우연의 일치로 일단 그렇게 믿게 되면 세상의 모든 것이 한꺼번에 그런 관점에 딱 맞아떨어져 보이게 된다. 그런 바보 같은, 이라고 생각하기 전에 아마 그런 게 틀림없어, 라고 믿어버리고, 그런 믿음 아래에는 수면 아래 빙산처럼 거대한 불안감과 긴장감이 축적된다.

> 어느새 괴롭히던 사람들이 환청으로 나타나고 하루 종일 저를 따라다니게 되었습니다. 어디를 가든 제가 생각하고 있는 것이 상대에게

전해지고, 반복해서 웃음거리가 되고, 화장실에 들어가면 거기서도 "저기, 그거 봤어, 봤어?"라고 매장 사람들이 이걸 봤다, 저걸 봤다, 라고 소문을 퍼뜨렸습니다.

망상이 현실을 잠식해갔다. 시미즈 씨는 언제 어디서든 하루 종일 '그들'이 자신을 보고 있다고 생각하게 되었다. 벽도 문도 막아주지 못했다. 집에 돌아오면, 그 사람들이 집 안을 들여다보고 방 안이 어떻다느니 가족이 어떻다느니 이런저런 이야기를 했다. 그 소리가 들려왔다. 결국에는 감시의 눈을 견디지 못하고, 화장실에 갈 때도 욕실에 들어갈 때도 불을 끄게 되었다. 칠흑 같은 어둠 속에서 목욕을 하면서 그 비참함에 울기만 했다.

저는 필사적으로 질 수 없다고 애를 썼습니다. 그러나 어디를 가든 늘 환청이 따라다녔습니다. 제가 가장 보여주고 싶지 않은, 울고 있는 약한 자신의 모습까지 보여주었을 때, 허세를 부려봤지만 끝까지 강한 척하지 못하고 마침내 물리쳐버릴 수 없게 되었습니다. 이제부터 힘을 내려고 할 때 더 이상 버틸 수가 없었습니다. 견딜 수가 없었습니다. 어디서나 자신의 약함을 완전히 드러낼 수 없게 되었을 때 한계가 왔습니다.

와르르 자신감이 무너지고 마음속의 외침과 약한 모습이 "직접 머릿속에서 부글부글" 끓어오르는 것 같았다. 과호흡(過呼吸)[17]으로 인한 발작이 시작되었다. 괴롭힘 같은 것에 지지 않고 사회인으로서 열심히 살아가려고 계속 견뎌온 신입사원은 불과 6개월 만에 회사를 그만둘 수밖에 없었다. 그때의 좌절감은 더할 수 없이 깊었다고 한다.

하지만 회사를 그만두어도 환청은 사라지지 않았고, 타인에게 감시당하고 있다는 생각은 강해질 뿐이었다. 이제 다른 사람들에게 감시당하지 않기 위해서는 사람들과 관계를 끊을 수밖에 없다고 생각하게 되었다. 그리고 은둔형 외톨이가 되었다. 하지만 환청에서 벗어나고 타인의 눈에서 벗어나려고 틀어박혀 있었는데, 막상 혼자가 되자 망상의 세계는 더욱 강해질 뿐이었다.

> 언제나 심장이 꽉 조여오는 느낌으로, 마음이 점차 거칠어지고 가족한테도 친절하게 대할 수 없게 되었습니다. 가족한테 "사실 저는 에스퍼(esper, 초능력자)라서 사람들에게 감시당하고 있어요!"라고 말해도 "그럴 리가 있나"라고 말할 뿐, 제가 무엇 때문에 힘들어하는지를 전달하지는 못했습니다. 사람들에게 항상 감시당하고 "다른 사람 눈에 비친 자신"에 옴짝달싹 못하게 되어 7년 동안이나 쭉 자신을 잃어버리고 있었습니다.

정신과에 다니며 약을 복용했지만, 의사도 가족도 자신의 괴로움을 알아주지 않았다. 사람들이 무서웠고 밖에 나가는 것이 두려워 쇼핑하러 나다닐 수도 없었으며, 우주 끝까지 도망치고 싶을 뿐이었다.

가족들도 어떻게 해야 좋을지 알 수 없었지만, 온갖 수단을 다 동원해 찾아보는 과정에서 어머니는 '베델의 집' 강연회가 열린다는 소식을 듣게 되었다. 그리고 도치키에서 멀리 오카야마 강연회장까지 직접 가서 구입한 비디오 『아주 평범한 사람들』이 큰 전환이 되었다. 방 안에 틀어박혀 있던 딸이 비디오를 보고 "한번 가볼까" 하는 마음을 먹게 된 것이다. 그것은 아마 어떻게 해서든지 거기에서 빠져나오고 싶다는 본능적인 최후의 힘이었을 것이다. 그렇게 7년 동안이나 틀어박혀 지낸 끝에 시미즈 씨는 우라카와로 향하게 되었다.

> 제가 제일 놀란 것은 일본적십자병원 정신과에서 외래 진료를 받을 때 갑자기 가와무라 선생님께 칭찬을 받은 일이었습니다.

그래, 그랬구나, 정말 고생했구나.
가와무라 선생은 아마 그런 말을 했을 것이다.
하지만 시미즈 씨, 그건 좋은 고생이었어. 7년 동안, 당신이 아니면 할 수 없는 아주 귀중한 경험이었어. 정말 애썼어. 우라카와에서는 말야, 그런 고생을 해온 사람들이 성공했거든.
이렇게까지 말했는지 어땠는지는 모른다. 하지만 시미즈 씨가 눈물을 줄줄 흘리면서 힘든 체험을 말하기 시작하자, 가와무라 선생은 칭찬해주었을 뿐만 아니라 기꺼이 기뻐해주기까지 했다.

> 제가 이렇게 칭찬을 받은 것은 태어나서 처음이었습니다. 병 문제로 자신이 긍정된 것은 처음 경험한 일이었습니다. 지금까지는 "환청이

들린다"고 하면 항상 부정당했습니다. "그게 모두 병이라서", "약을 먹고 있어"라는 이야기밖에 할 수 없었습니다. 우라카와에 와서는 무카이야치 씨도 가와무라 선생님도 뭐든지 간에 기꺼이 제 이야기를 들어주었습니다. "나는 초능력자다"라고 말해도 확실히 이해해준다는 걸 알았을 때 전 안심했습니다. 그것은 제 자신이 칭찬을 받아서가 아니라, 7년 동안 고민하고 괴로워했던 병의 경험을 이해받았다는 느낌이 들었기 때문입니다. 무엇보다도 "당신은 우라카와가 찾고 있던 인재예요"라는 말을 듣고 제 병의 경험을 필요로 한다는 걸 알았을 때, 하늘과 땅이 뒤집힌 것처럼 깜짝 놀랐습니다.

그녀의 생각이 여기까지 정리된 것은 퇴원 후 좀 지나고 나서였다.
내가 처음 시미즈 씨를 만났을 때, 그녀는 입원한 지 얼마 되지 않아선지 아직 약간 혼란스러워 했다. 망상에서 완전히 빠져나오지 못한 채, 망상과 현실 사이의 모호한 경계선에 있었다. 하지만 그녀는 분명 병에서 회복하고 있을 때의 그 안심하는 표정을 보여주었다. 그렇게 막 "정신 차렸을" 무렵의 시미즈 씨는, 어느 날 병원 복도에서 가와무라 선생과 딱 마주친 적이 있었다. 우연히 시미즈 씨와 함께 있던 나는 거기에서 새로 들어온 환자와 베테랑 정신과 의사가 주고받는 대화 장면을 죄다 목격할 수 있었다. 그런 대화는 '베델의 집'에서도 좀체 볼 수 없는 아주 흥미진진한 것이었다. 한 사람의 환자가 변모해가려는 과정이 그 대화에서 그대로 드러났기 때문이다.
엘리베이터 홀 앞의 복도에서 가와무라 선생을 불러 세운 시미즈 씨는 자신의 병명을 알고 싶어했다. 간호사를 통해 선생님께 병명을 가르쳐달라는 부탁을 막 했던 참이었다. 커다란 배를 불쑥 내밀고 있는 가와무라 선생은 시치미 떼는 표정으로 대하고 있었다.

"거, 뭐지, 병명을 알고 싶다고 했다며?"

"그래요. 병, 병명을 알려주세요. 선생님."

"정말? 간호사한테도 좀 전에 말했는데 말이지, '병명을 아는 건 그렇게 서두르지 않아도 된다'고 말야."

서두르지 않아도 된다는 말을 들어도 병명을 모르면 어떻게 해야 좋을지 생각할 수 없다. 가르쳐달라고 추궁하는 시미즈 씨에게 가와무라 선생은 직접 대답하지 않고 지금 상황을 빙빙 돌려서 설명했다.

"지금 막 간호사한테 말하고 왔는데 말이야, 시미즈 씨는 이제 아주 중요한 것을 할 수 있어요. 자신에 대해 아주 능숙하게 말할 수 있고, 지금까지 경험한 것도 아주 알아듣기 쉽게 말할 수 있으니까. 그 점이 아주 좋다고 말야."

자신에 대해 말할 수 있다는 것은 순조롭다는 것을 의미한다. 그것을 그대로 계속해나가면 되는 것이다. 서둘러 병명을 알 필요도 없다. 게다가 정신병 진단이라는 것은 그렇게 간단히 내릴 수 있는 것도 아니다.

하지만 시미즈 씨 처지에서 보면, 7년 동안이나 자신을 가두어왔던 병이 대체 뭐였는지를 알고 싶은 마음이 강할 수밖에 없다. 여전히 가르쳐줬으면 한다고 물고 늘어지자, 가와무라 선생은 괜찮아, 여기서는 모두들 시미즈 씨를 응원하고 있거든, 하고 말하면서 이렇게 덧붙였다.

"지금 굳이 병명을 붙인다면 아마 분열병이라는 병명에 가장 가까울

거야."

확실하게 말할 수는 없지만 분열병에 가깝지 않은가.[18]

시미즈 씨는 진작부터 이 병명을 예상하고 있었던 모양이었다.

"아아, 그렇구나. 환청이 들리지 않는데도 분열병일 수 있는 거네요."

"환청은 말이지, 지금 먹고 있는 약 때문에 좀 약해지기도 했고 이야기를 해서 안심했기 때문이겠지.(환자가) 안심하면 말이야, (환청은) 줄어들기도 하거든. 비교적 괜찮은 데까지 왔어, 지금."

이때 시미즈 씨는 아직 자신의 환청을 환청으로 깨닫지 못하고 있었다. 그런 시미즈 씨에게 가와무라 선생은 이 병과 어떻게 사귀어야 하는지 그 방법을 전해주고 있었다.

"대개 혼자 방에 가만히 있으면서, 아무하고도 세상 사람들과도 사귀지 않고, 다른 사람과도 사귀지 않고, 괴로운 일이 있어도 말하지 않고, 그렇게 있으면 점점 이렇게 (분열병이) 공격해오는 법이거든. 기분 나쁜 일이 점점 더 나타나게 되지. 다른 분열병 환자들한테 물어봐. 자신에 대해, 자신이 괴로웠던 일들을 이야기하기 시작하면, 어쩐지 여러 가지 것들이 변하거든. 영양분을 받는 것처럼 조금씩 말이야. 괴로운 일이 모조리 없어지지는 않아. 잔뜩 있긴 하지만, (이야기를 하고 있으면) 뭔가 좀 달라지거든."

병을 고치고 싶다면 사람들과 함께 있을 것. 사람들 속에 들어가 자신에 대해 이야기할 것. 가와무라 선생은 언제나처럼 그렇게 권하고 있었다. 시미즈 씨는 벌써 꽤 대단하게 그렇게 하고 있으니까 초조해할 것은 없다.

병원에 있는 재미있는 습자.

"여기 온 지 2주 정도 됐나? 2주 동안 여기까지 왔다면 대단한 거야, 훌륭해. 그런데 증상에 대해서는 한 달 단위로 생각하면 되고, 인간관계에서 보면 일 년 단위로 생각하면 될 거야."

"음……."

그렇게 느긋하게 생각하지 않으면 안 되는 것일까? 벌써 7년이나 고민해왔다고 하는데 말이다. 하지만 가와무라 선생은, 이 병은 그렇게 사귀는 것이라고 한다. 그리고 시미즈 씨는 '베델의 집'의 희망이다, 그렇게 사귀는 방법을 꽤 알고 있다, 병에 대한 센스가 좋다고까지 말한다.

"병에 대한 센스?"

"병에 대한 센스. 응, 그런 게 있거든."

쓴웃음 짓는 시미즈 씨에게 가와무라 선생은 그 센스가 좋으니까 병에 대해 모두한테 말했으면 좋겠다고 말한다. 입원한 지 2주일 됐고 병명도 확실하지 않은 환자에게 유망한 신인이다, 희망이다, 라고 말하고 센스가 좋다고 치켜세우면서 출장 강연에 보내려 하고 있었다.

"출장 강연에 가자는 것도 그 센스를 연마했으면 해서야."

"병에 대한 센스 같은 게 다 있네요."

"있지, 있어. 병을 고치기 위해서만이라면 특별히 (강연하러 가기 위해) 비행기를 타지 않아도 돼. 하지만 치료하기 위해서만이 아니라 병과 함께 앞으로 어떻게 생활할까, 어떻게 살아나갈까, 어떻게 사람들과 사귀어나갈까, 어떻게 세상과도 사귀어나갈까 할 때는, 뭐랄까 이렇게 비행기를 타거나 해서 좀 멀리 있는 사람들과 이야기도 해보고 넓은 세계를 경험해봐야 하거든."

"도움이 될까요? 제가 가도 막상 하얗게 질려버릴 것 같은데요."

"믿어달라고 해도 믿을 수 없을지 모르지만, 그냥 속는 셈치고 한번 가보면 어떨까?"

"선생님과 이야기하면 항상 이런 식이네요."

"하하하하."

어디까지가 농담이고 어디까지가 진담인지 알 수 없다. 환자로서 심각한 고민을 상담하려고 했는데, 이 무슨 선생이란 말인가. 웃고 있을 형편이 아니라고 생각을 고쳐먹고 시미즈 씨가 진지한 얼굴로 묻는다.

"(저) 낫겠지요? 매일 고통스러워요, 이래 봬도, 예. 저 자신한테 많이 지쳤어요."

"사실, 그동안 울기만 하고 지냈다는 건 잘 알아. 하지만 이런 이야기를 하니까 그래도 괜찮은 거야. 말할 상대도 없이 혼자서 그 고통을 짊어지고 있었다면, 울 수밖에 없었을 것이라는 건 잘 알지."

"울 수밖에 없었어요, 정말로."

"그래도 시미즈 씨 웃는 얼굴은 말야, 지금 아무렇지 않게 웃는 얼굴인 것 같은데, 그게 소중한 거야. 우연히 웃는 게 아니잖아. 혼자 방 안에 있을 때 웃고 있었던 게 아니니까, 울고 있었으니까. 그걸 돌아보면 (지금은) 좀 다른 것 같은데. 이런 상태로 비행기를 타고 (강연) 출장을 간다면 자신을 이상하다고 생각할 거야, 점점 더."

"제 바보 같은 상태를 사람들한테 이야기하는 거예요?"

"나는 전혀 바보 같은 상태라고 보지 않는데."

"정말요?"

"응, 고생으로, 경험으로 보니까 말이야.…… 생각해보라고, 잘 해왔다고 생각해. 어떻게든 견딜 수밖에 없었을지 모르지만 말이지. 지금도 견디고 있는지도 모르지만, 그냥 견디고 있는 것만은 아니거든. 그 차이는 말이야, 점점 시간이 지나면서 확실해질 거야."

그렇게 말하고 가와무라 선생은 웃으면서 손을 흔들며 복도를 떠났다.

시미즈 씨는 역시 여우에 홀린 듯한 기분이었다. 하지만 반신반의하면서도 선생이나 여러 사람들이 말하는 것을 알 것 같은 기분도 들었다. 병원을 나와 조금씩 내리기 시작한 눈 속을 걸어 근처 찻집 '화'(話)로 들어간 시미즈 씨는 내 인터뷰에 이렇게 대답했다.

"집에 있는 게 괴롭고 더 이상 견딜 수 없어서, 어떻게든 집을 떠날 생각이었어요. 누가 나쁘게 한 것도 아니지만 말이에요. 밖으로 나가는 것이 두려웠어요. 정말 제 자신이 몸속에서 비명을 지르고 있었다고 생각해요."

―어디까지가 병이고 어디까지가 그렇지 않은가는 아직 잘 모르는 건가요?

"저는 언제 병자가 됐는지는 몰라요. 자신과의 싸움, 비참함과의 싸움 같은 느낌이 들기 시작한 것이 대체 언제쯤이었더라 하는 느낌이에요."

―그게 병이라는 걸 알게 되면 조금은 도움이 되지 않나요?

"정신분열병이라는 그 이름을 듣기만 해도 '설마, 내가?' 하는 느낌이었어요. 설마, 환청도 들리지 않고 고생하고 괴로워하긴 했지만, 그것이 분열병이라는 틀 안에 들어간다니. 저는 그저 괴로워하고 있는 정상인이라고 생각했어요. 어떻게든 지금은 좋아졌고, 정상인이든 병자든 제가 저라는 사실에는 변함이 없잖아요. 이름에 뭐가 붙든지 간에 변하지 않는다고 할까요."

내가 분열병자란 말인가.

하나하나 깊이 음미하는 듯한 말투.

설마 내가, 라고 말할 때, 그 목소리는 거의 무성음이었다. 하지만 병명의 심각함보다 드디어 알게 되었다는 안도감이 앞섰다. 꽃다운 20대 대부분을 병으로 허비해버렸지만, 후회보다는 이 괴로움에서 빠져나갈 수 있을 것 같다는 데서 안도감을 느꼈다.

"자신을 너무 괴롭혔으니까 이제 좀 자신에게 친절해질 수 있지 않을까 하고, 가까스로 조금씩 그렇게 생각하게 되었어요. 똑같은 일을 하고 똑같은 인생을 살아도 저처럼 되어버리는 사람과 그렇지 않은 사람이 있는데, 전 자신을 너무 괴롭혔으니까요. 조금은 응석도 받아주고 비위도 맞춰줘 볼까 하는 생각을 하게 됐어요."

   7년 동안 고생하고 고민하며 괴로움을 겪어온 것이 대체 무엇이었는지, 드디어 보이기 시작했다. 그렇게 말하는 이야기 곳곳에서 한숨을 쉬었다. 쌓이고 쌓인 생각을 한꺼번에 토해내기라도 하듯 언제까지고 줄줄 나오는 말은 그칠 줄 몰랐다. 조금씩 내리던 눈도 그치고 저녁 나절의 금색 햇빛이 비치기 시작해도, 이야기는 그칠 줄 모르고 계속되었다. 인터뷰에 대답한다기보다 마치 독백을 하듯 그칠 줄 모르는 중얼거림 속에는 정말 안심했을 때의 평화로운 해방감이 가득했다.

다른 사람과 이야기하는 일

일 년 후, 시미즈 씨는 수기를 썼다.

『체념하는 기술―피해망상과 함께 사는 법』이라는 제목의 이 수기는, 그녀가 어떻게 병에 걸렸는지, 무엇을 어떻게 고민하고 어떤 괴로움을 겪어왔는지를 생생하게 기록하고 있다. 나는 수많은 분열병자를 만나왔지만, 시미즈 씨만큼이나 풍부한 언어 감각으로 자기 병에 대해 말하는 사람을 보지 못했다. 그런 의미에서 그녀의 이야기나 수기는 더없이 귀중한 당사자의 증언이며, 정말 '성가신 병'인 분열병을 분명하게 밝혀주는 길잡이였다. 그 수기에서 나는 이 병에 대해 전문 서적에서보다 훨씬 많은 것들을 배울 수 있었고, 또한 이 병을 안고 살아간다는 것이 어떤 것인가를 아주 가깝게 느낄 수 있었다.

우선 여기서 아주 흥미로운 것은 그녀가 한번 들린 망상에서 어떻게 빠져나왔는가 하는 부분이다. 분열병의 망상은, 있을 수 없는 것을 믿어버리는 일이다. 그런데 그렇게 믿어버리는 방식이 어지간한 것이 아니다. 절대적인 확신인 것이다. 자신이 천황이라고 생각한다거나 CIA가 자신을 노리고 있다고 생각하고, 나아가서는 누군가 자기 머리에 도청기를 설치했다거나 음식물에 독이 들어 있다는 등 과대망상이나 피해망상을 믿어버리고 전혀 의심하지 않는다. 병의 상태가 안 좋을 때는 아무리 설득한다 해도 그 신념이 강해질지언정 약해지는 일은 없다.

그러한 망상에서 결국 빠져나올 수 없는 사람도 있다. 하지만 대부분은 몇 달 혹은 몇 년 지나면 진정되면서, 그것이 망상이었다는 것을 어렴풋이 깨닫게 된다. 확실히 그것이 망상이었다는 것을 깨닫지 못한다고 해도 어딘가 이상하다는 감각은 돌아오게 된다. 문제는 언제, 어떤 형태로 망상에서 벗어날 수 있는가 하는 것이다. 시미즈 씨 수기에는 그런 과정이 아주 분명히 기록되어 있다.

> 아무튼 저는 너무 힘들어서 안정제를 얻기 위해 정신과를 다니고 있었습니다. 도치키 병원에서 선생님은 "컨디션은 어때요?"라는 것밖에 묻지 않았습니다. 그런데 만약 제가 "오늘 컨디션은 좋습니다"라고 대답하면 약을 적게 주지 않을까 걱정되어 솔직한 제 상태를 말할 수 없었습니다. 우라카와에 와서 자신이 받아들여졌을 때, 지금의 제 상태를 솔직하게 말해도 아무것도 변하지 않는다는 안도감을 얻을 수 있었습니다. 이곳에 와서 자신의 체험을 말해 칭찬을 받고 다른 사람과 어울리게 되어 가까스로 '자기를 괴롭혀왔던 것'을 깨닫고 자신의 병을 알게 되었습니다.[19]

자신의 병이 변하기 시작한 것은 입원한 지 일주일 정도 되었을 때였다. 침대에서 혼자 고민하고 있을 때, 주위 동료가 "넌 바보다"라고 신랄하게 입바른 소리를 해주었던 것이다.

에스퍼(초능력)? 텔레파시? 그런 건 누구한테나 다 있는 거야. 이거 바보 아냐, 무슨 말을 하는 거야, 지금…….

악의에서 나온 말이 아니다. 기가 막혀 말도 안 나온다는 그런 말을 듣자 시미즈 씨는 혼란에 빠졌다.

정말 그런 걸까?

동정만 받고 있었다면 빛은 보이지 않았을 것입니다. 정신과에 가서 바보라는 소리를 듣고 조금은 정신이 들었습니다. 격려를 받는 것보다 욕을 먹는 것이 더 효과적인 줄은 몰랐습니다.

하지만 바보라고 말한 환자가 다음 날에는 "감기, 다 나았어?" 하고 말을 걸어왔다. 우라카와에 와서 처음으로 그러한 "사람들과의 관계"가 생겼다. 그런 식으로 심한 말을 듣는 동안 시미즈 씨 안에서 솟아난 의문은 "내 성격이 나쁜 걸까?"라는 것이었다. 예전 같으면 그런 것은 절대 인정하고 싶지 않았을 것이다. 그러나 그런 것을 생각하고 있을 때, 동시에 가와무라 선생이나 무카이야치 씨에게 들은 말이 떠올랐다.

"제구실을 못하는 그대로의 시미즈 씨도 괜찮아."

그것은 제구실을 못하는 자신 그대로를 받아들이라는 말이기도 했다. 그렇게 하려고 마음먹기 시작했을 때, 한줄기 빛이 보였다.

'제구실을 못하는 자신 그대로'가 진정한 자신이라는 현실을 알기 시작했을 때, 이것이 현실이라고……거기서 처음으로 망상의 세계에서 벗어날 수 있었고, 자기 자신이 보이기 시작했습니다. 제구실을 못하는 그대로의 자신을 받아들일 수 없었고, 그 때문에 다른 사람들한테 어떻게 보이는가 하는 것이 걱정되어 아무것도 할 수 없었던 것입니다. 그러나 실제로는 다른 사람이 보고 있는 이미지는 자신이 만든 이미지였습니다. 어둠 속에서 그것이 맨 먼저 보였던 것입니다.

다른 사람이 보고 있는 이미지는 사실 "자신이 만든 이미지"일 수밖에 없다. 그녀의 입장에서 보면 그것은 코페르니쿠스적 전환이었다. 거기서 시미즈 씨는 비로소 망상에서 빠져나갈 수 있는 출구를 찾은 것이다.

망상은 처음부터 강력하고 집요한 상념이 아니었다. 망상은 사소한 괴롭힘에서 시작되어 점차 하강하는 나선을 따라 확대되고 강화되며, 어느새 그 사람을 포로로 만들어버린다. 불안이 불신을 낳고 의심이 어둠을 지배하는 귀신을 낳으며, 착각 속에 칭칭 묶여 옴짝달싹 못하게 된다. 사람의 마음에는 그러한 메커니즘으로 되어 있는 부분이 누구한테나 있는 게 아닐까? 하강하는 그 나선을 무너뜨린 것은 "제구실을 못하는 자신이어도 괜찮다"는 사고방식이었다. 그리고 "제구실을 못하는 자신"을 받아들일 수 있는 계기가 된 것은 "뭐라고 해도 '다른 사람과 이야기하는 것'이었던 것 같다"고 한다. 자신마저 자신을 받아들일 수 없는데도 "우라카와 사람들은 자신을 받아들여 주었다는 실감"이 시미즈

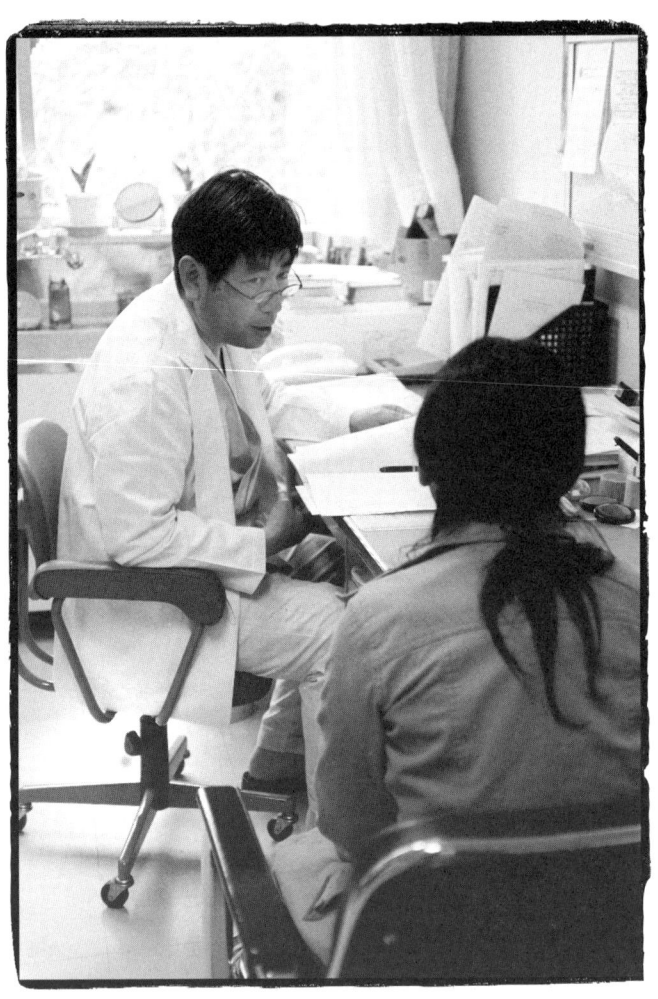

우라카와 적십자병원 정신과 외래 진찰실에서 진찰하고 있는 가와무라 도시아키 선생님.

씨에게는 아주 의미 있는 체험이었던 것이다.

> 멀리 떨어진 곳에 편하게 살 수 있는 방법이 있다는 것을, 자신이 편해지기까지는 알지 못했습니다. 고민에 고민을 거듭한 그 정점에 회복이 있는 것이 아니라, 밑으로 밑으로 내려가는 바로 그 밑에 좋아질 수 있는 일이 있었습니다.……지금은 압니다. 회복의 핵심어는 '다른 사람과 이야기할 수 있는 것'이라는 것을.

 자신을 지키기 위해 다른 사람과 관계를 끊어버리려고 필사적으로 틀어박혀 있었다. 하지만 다른 사람과의 관계라는, 정반대 방법에서 회복의 길이 열렸다. 그때까지는 자기 자신의 말만 생각하며, 마치 고민이라는 "쇠똥이 가득 찬 산"이 되어 있었다. 그러다가 사람들과 어울릴 수 있게 된 것은 쇠똥을 조금씩 "따끈따끈한 흑토"로 바꿔주는 무수한 지렁이가 있었기 때문이다. 하야사카 씨나 다른 '베델의 집' 사람들이 살아가는 걸 보고 있는 사이에 자신도 모르게 체념하는 법을 배웠는지도 모른다. 그것은 자포자기한다는 의미가 아니다.

> 멀리 우회해 가까스로 제구실을 못하는 그대로의 자신이어도 괜찮다는 사실을 깨달았습니다. 자기 혼자서 몹시 고민하고 있었을 때는 체념한다는 게 불가능했습니다. 저 이외의 사람들이 하는 이야기를 듣고 체념할 수 있었습니다. 그래서 저로서는 아무리 해도 끊을 수 없었던 고민의 악순환을 끊어버릴 수 있게 되었습니다.

제구실을 못한 채로 살아간다는 것. 그것이 '베델의 집'의 "굉장한 고등 기술"이며 "심오한 사고방식"인 것 같다는 것을 알게 된 것은 일본 적십자병원에서 퇴원하고 나서였다. 지금은 그러한 경험을, 동료들과 함께 시작한 SA(Schizophrenics Anonymous, 무명의 정신분열증 환자들)라고 불리는 모임에서 함께 이야기하며 나누게 되었다. 알코올 중독자들 모임(AA: Alcoholics Anonymous)을 모델로 한 SA는 아마 일본에서 첫 시도였을 것이다. 그곳에 찾아온 오카모토 씨나 야마토(大和) 씨 같은 오래된 구성원들은 생각지도 못한 그런 이야기까지 하게 되었다. 수많은 지렁이들의 도움을 받은 시미즈 씨는 이제 커다란 지렁이가 되어 '베델의 집'이라는 터를 일구고 있었다.

시미즈 씨는 우라카와에 막 왔을 무렵을 돌아보면, 또 하나 생각나는 일이 있다. 처음 가와무라 선생에게 진찰 받을 때의 일이었다. 이 사람이라면 이야기해도 괜찮을 거라고 생각해, 눈물을 흘리면서 7년간의 괴로운 심정이나 고통스러운 경험을 계속해서 이야기했다. 마음속에 담아둔 이야기를 다했다고 생각하고 선생의 얼굴을 올려다봤더니 입술 언저리가 실룩실룩하고 있었다. 이상하다고는 생각했지만 그때는 생각할 여유조차 없었다. 지금이야 그것이 무엇이었는지 잘 안다.

"정말, 그때 선생님은 필사적으로 참고 있었어요, 재미있어서 웃음이 나오는 걸. 사람이 눈물을 뚝뚝 흘리며 울고 있는데 말이에요."

들어보니 친구가 진찰을 받을 때도 그랬다고 한다. 그러니 '베델의 집'에는 당할 재간이 없을 수밖에.

고고한 전사

시미즈 씨처럼 자신의 병을 말하기 시작한 새로운 세대 중 한 사람으로 혼다 미키오(本田幹夫) 씨가 있다. 아이치현(愛知縣) 출신으로 1971년에 태어난 혼다 씨는, 지금 생각하면 고등학교를 졸업했을 무렵 이미 자신은 뭔가 이상하다는 막연한 느낌을 갖고 있었다고 한다.

"종교 단체가 저를 노리고 있다는 망상 때문에 집에서 좀처럼 나갈 수 없어서 집에만 틀어박혀 있었어요. 그런데 그때는 어딘가 제가 병에 걸린 게 아닐까 하는 의심과 그것(종교 단체가 저를 노리고 있다는 것)은 역시 현실일 것이라는 생각이 반반 정도인 상태로 집 안에 틀어박혀 있었습니다."

항상 병은 급격하게 시작되는 것이 아니다. 징조처럼 "어딘가 이상하다"는 상태가 한동안 계속되다가 결국 눈에 보이는 변화가 나타난다. 혼다 씨 경우, 병에 이르는 전주곡이 길었는지도 모른다. 은둔형 외톨이가 되기도 했고, 찻집에서 아르바이트를 하기도 했다. 그러다가 결국 본격적인 병이 시작되었는데, 그때 경험한 기구한 모험담을 '베델의 집'이 새롭게 만든 비디오 시리즈 『정신분열병을 산다』에서 생생하게 말하고 있다.[20]

이야기는, 집에 틀어박혀 지내는 것을 그만두고 도쿄로 놀러 갔을 때 있었던 일에서 시작한다. 혼자 자동차를 운전해 니시신주쿠(西新宿) 근처를 배회하다가, 기묘한 상황에 사로잡히고 말았다. 어떤 교차로에서 좌회전하려고 하는데 아무리 해도 좌회전을 할 수가 없었다. 오른쪽으로 밀려나 한 바퀴를 돌아 다시 그 자리로 돌아와도 좌회전을 할 수 없었다. 똑같은 모퉁이를 몇 번이고 빙빙 돌기 시작했다. 그 전날 밤 거의 잠을 자지 않고 밤을 샌 것이 좋지 않았는지도 몰랐다.

"그러는 사이에 열을 받아 발끈했어요. 그러자 왠지 주변 사람들이 모두 저를 감시하고 있는 것 같았어요. 그리고 망상이 점점 부풀어올랐어요. 감시하고 있다고 생각하니까, 아아, 정말 내가 길을 헤매고 있는 건 '그놈들'이 그렇게 만들어서다, 이런 생각이 들었어요."

'그놈들'이란 예전부터 자신을 노리고 있다는 종교 단체를 가리킨다.

혼다 씨는 어느새 자신이 길을 헤맨 것은 그 종교 단체 탓이라고 생각하기 시작했다. 쇠사슬에라도 꽁꽁 묶여 있는 것만 같았다. 이런, 그놈들이 아예 자동차를 조종하고 있는 게 아닐까?

"그래서 자동차를 버리고 걸어서······도쿄에서도 산 같은 게 있는 데라서 걸어서 산을 넘어 도망쳤어요."

처음에는 촛불처럼 작은 불안이었지만, 누군가 노리고 있다고 생각하자 모든 것이 그렇게 생각되었다. 불안은 한꺼번에 불타오르고 퍼져 나가 발작 상태가 되었다. 자동차를 버리고 도망쳐, 한밤중에 신주쿠에서 마치다(町田)까지 거의 30킬로미터 정도를 걸었다. 아침이 되어 오다큐선(小田急線) 선로를 걷고 있는 그를 역무원이 발견했다. 옥신각신 몸싸움을 하다 역무원을 두들겨 패고 말았다.

"마지막에는 붙잡히고 말았는데요. 그런데 붙잡혀도 난동을 부리니까 경찰까지 출동했어요. 결국 팔과 발이 묶인 채 경찰서까지 이렇게 대롱대롱 매달린 채 연행되었고, 그대로 유치장에 넣어졌어요."

사로잡힌 곰처럼 손발이 묶인 채 연행되었다.

하지만 혼다 씨의 망상은 사라지지 않았다. 너무나도 바보 같은 상념을 의심할 수가 없었던 것이다. 한편으로는 역시 병에 걸린 건 아닐까 하는 생각도 들었다. 그러고 있을 때 우연히 텔레비전을 보고 '베델의 집'을 알게 되었다. "아아, 만약 내가 병이 들었다면 저런 데서 살아야지" 하고 생각한 그는, 아버지에게 자동차로 홋카이도까지 데려다달라고 부탁했다. 페리를 타고 도마코마이까지 갔고, 거기서 자동차로 우라카와로 가는데 그 사이에 망상은 더욱 악화되어갔다. 도중에 머문 숙소에서 결국 종교 단체 보스를 상대로 한 치열한 싸움이 시작되었다. 그는 영적인 힘으로 다가오는 적에게 자신 역시 영적인 힘으로 대항하려고 했다.

"주문을 외웠어요, 혼자서······계속해서요. 그 뭐냐 이상한 주문 같은 걸요, 제가요. 지금은 잊어버렸지만, 주문을 외우면서 그 숙소 안을 빙빙 돌아다녔어요. 그랬더니 뭔지는 잘 모르겠지만, 그 '종교 단체 보스가 죽었다'는 걸 느꼈어요. 텔레파시 같은 것으로요. '아, 정말, 내 주문이 이겼구나' 하고 생각했죠. 종교 단체 보스는 제가 외운 주문 때문에 죽었다고 생각했어요."

적이 죽고, 왜인지는 모르겠으나 몹시 슬펐다. 엉엉 울기 시작했다.

"큰 소리로 울었어요. 정말 굉장히 큰 소리로요. 하지만 아무리 울어도, 울어도 그 슬픔이 가시지 않아서 계속 울었더니 아버지가 달려와서는, 야, 괜찮아? 괜찮아?, 하고 물었어요. 병원으로 가자, 병원에 가자고 했어요."

그런데 적이 죽었다고 해서 망상이 사라진 것은 아니었다. 혼다 씨는 종교 단체 보스가 죽었어도 그 배후에는 더욱 거대한 악마가 있다고 생각하기 시작했다. 진짜 적은 세계를 지배하고 있는 이 악마였다. 마침내 그 악마가 나타나 습격하려고 했다. 최후의 싸움이었다. 혼다 씨는 다시 일어나 전심전력으로 계속 주문을 외웠다.

"하지만 그 망상은 진짜 현실감이 있어서, 이건 정말 현실 세계가 아니라는 생각은 절대 할 수 없었어요. 진짜 현실 세계였어요, 저한테는요, 그때는. 그러니까 그때는 '살해당하고 말 거야!' 하는 공포감으로 심장이 두근두근, 두근두근했거든요."

여기서 지면 세계는 파멸하고 만다. 이기느냐 지느냐, 사느냐 죽느냐. 공포감에 큰 타격을 받으면서도 그는 싸웠다.

"심장이 점점 더 빨리 뛰니까, 이제 정말 발광하고 싶어지더라고요, 확하고요. 죽는다고, 외치고, 마음껏 시내에서 외치고 싶을 정도로요. 살려줘, 정말 이렇게 외치고 싶을 정도였는데, 그걸 꾹 참고 싸웠어요."

울기도 하고 벌벌 떨기도 하면서 영문을 알 수 없는 행동을 하는 아들을, 아버지는 어떻게든 차에 태우고 우라카와에 있는 일본적십자병원까지 데려가려고 했다.

"아버지한테, 무서워, 악마가 와, 날 죽이러 오는 놈이 있어, 이렇게 울부짖으며 호소했더니, 아버지는 그런 놈은 없어, 괜찮아, 괜찮아, 차 안에서 그렇게 말했어요."

공포는 극한까지 부풀어올랐다. 엄습해오는 죽음의 그림자에 혼다 씨는 벼랑 끝에서 부들부들 떨었다.

"난 죽을 거야, 죽이러 오는 놈이 있어, 이런, 망상이 없어지지 않아서, 무서워, 무서워, 하고 울부짖었더니 아버지는, 괜찮다, 괜찮아, 내가 어떻게든 해볼 테니까 괜찮아, 하고 말했어요. 하지만 저런, 소용없어, 난 죽어, 아버지 죄송해요, 하고 말하면서, 난 이제 죽을 거야, 하고 울부짖었어요."

난 죽을 거야, 죽어, 하고 외쳐대는 아들. 괜찮다고 하면서 병원을 향해 운전하는 아버지. 이때 본인에게는 자신을 죽이러 오는 악마의 모습이 보였던 것이 아니다. 다가오는 악마가, 정체를 알 수 없는 그 섬뜩한 것이 지금 바로 자기 몸 안으로 밀고 들어오는 것 같은 감각을 실제로 느꼈다고 한다. 그놈이 들어오면 죽음을 당할 것이다.

"그래서 온다, 온다, 온다, 죽이러 오는 그놈이 온다고 차 안에서 외쳤더니 아버지가 '괜찮아, 이얍!' 하고 소리를 질렀어요."

검도에서 상대에게 쳐들어갈 때처럼 아버지는 기합을 넣었다.

"내가 그런 놈은 쫓아버릴 테니까, 이얍, 하고 소리쳤어요. 그랬더니 정말로 마음이 편해졌어요. 죽이러 오는 그 위압감 같은 게 말끔히 사라졌어요."

아버지가 큰 소리로 기합을 넣자마자 안개가 걷히듯 그렇게 강했던 공포감이 순식간에 날아가 버렸다. 별안간 자기 자신으로 돌아온 혼다 씨. 하지만 좀 있으니까 다시 "죽이러 온다"는 그 악마 같은 감각이 되살아났다. 악마가 자기 몸 안으로 침입하러 왔던 것이다. 그래서 "아버지, 왔어, 왔어, 왔어!" 하고 외치자, 아버지는 즉각 "이얍!" 하고 기합을 넣었다. 악마는 사라졌다.

그런 일이 거듭 반복되면서 간신히 일본적십자병원에 도착했다.

입원해 약을 먹고 조금씩 망상의 세계에서 현실 세계로 돌아왔다. 물론 그 상태가 단순하고 변함이 없었던 것은 아니었다. 그 후에도 여러 차례 그 악마의 망상은 다시 찾아왔다. 한번은 무카이야치 씨가 악마로 보여 큰 소동이 일어났는데, 그럴 때마다 "이얍! 이얍!" 하는 기합 소리가 정신과 병동에 울려 퍼졌다. 자기 자신이 기합 소리를 외칠 때도 있고 다른 사람이 외칠 때도 있었다.

그것도 몇 개월이 지나자 진정되었다. 그 다음에는 흥분이 완전히 식었고, 약을 먹으면서 얌전히 입원 생활을 하는 아주 조용한 청년의 모습만 남았다.

혼다 씨가 아직 흥분이 가시지 않은 무렵, 망상의 세계가 자기에게는 얼마나 현실 같았는지, 그 공포가 어느 정도였는지, '베델의 집' 동료들에게 그때 일을 생생하게 이야기했다. 동료들은 모두 재미있어하면서 그 이야기를 들었다. "이얍!" 하고 기합을 외치는 장면에서는 모두들 우스워 죽겠다며 나뒹굴었다. 그리고 다시 이야기를 들으면서 모두들 자신에게도 그런 일이 있었다, 이런 일도 있었다, 하면서 각자의 모험담을 이야기하기 시작했다. 그 이야기를 듣고 있으면, 분열병의 망상이란 그 얼마나 파란만장하고 기복이 많은 풍요로운 세계를 낳는가 하는 생각을 하게 된다. 그것도 단순한 공상이 아니라 진짜라고 철석같이 믿는 본인이 그 주인공이니까, 공포 영화에 비할 게 아니다. 그런 체험을 하고 나면 현실 세계가 왠지 싱겁게 보이는 일도 있는 모양이다.

입원하고 6개월이 지난 후, 혼다 씨는 인터뷰에서 망상이 있었을 때가 더 "좋았다는 생각을 할 때도 있습니다"라고 말했다.

―그때가 훨씬 더 흥분된 상태여서요?

"예."

―주위 사람들은 그것에 휘둘려서 힘들겠지만 말이죠?

"허허허."

―혹시 그냥 보통 생활이 싱겁게 느껴지나요?

"예, 그때는 세계를 짊어지고 싸운다는 느낌이 있었으니까요. 세계에서 악의 근원과 싸우고 있다는 심정이었기 때문에, 그때가 그립지요."

―다시 한 번 그때로 돌아가고 싶나요?

"아하하하. 하지만 돌아가 봤자 망상의 세계인 걸요."

지금은 웃으면서 당시 일을 돌이켜보지만, 망상 체험은 게임과 달리 체험자 안에 강한 흔적을 남겼다. 입원하고 나서 6개월이 지나도 혼다 씨는 아무것도 할 의욕이 생기지 않았고, 그 무엇에 대해서도 적극적인 자세를 취할 수 없었다. 정말 세계를 짊어지고 싸운 극도의 긴장과 고양 상태 뒤에 오는, 몇 달 몇 년에 걸친, 상상할 수도 없는 깊고 깊은 피로가 계속되는 그런 것이리라.

정신과 병동 식당에서 미역 된장국과 고등어조림을 먹고 있는 그는, 아무리 그렇다고 해도 왜 그렇게 되었는지를 돌이켜보면서, 좀 힘이 없어 보였다.

"최근엔 아무것도 없어요. 최근에는요. 요 3개월 동안은 그저 자고 일어나고 먹고, 그리고 멍하니 있는 그런 생활이에요. 아무것도 하는 게 없어요. 머리도 잘 돌아가지 않고요."

―한동안 푹 쉬자는 것이겠지요?

"예……. 간호사는, 파도가 있어서, 이런 파도가 있다면 내려가는 시기니까 다시 올라갈 때가 있을 거라고 말합니다만. 이렇게 내려가는 시기가 벌써 몇 개월이나 계속되고 있거든요. 거의 떨어져 내려가는 느낌이에요."

―어디까지 갈까요?

"이대로 망령이 들어버리는 건 아닌가 하는 생각도 들어요. 지금이 최악의 시기인지도 모르지요."

확실히 이런 이야기를 들었던 때는 최악의 상황이었다.

그 후 퇴원한 그는 해변에 있는 공동 주거 '시오사이소'(潮騷荘)로 옮겨가 어느 정도 활기를 되찾았다. 동료인 와다 마고토(和田真) 씨 권유로 그림에 흥미가 생겼고, 태평양의 파도 소리를 들으면서 '베델의 집' 동료들의 얼굴을 소묘하게 되었다.

혼다 씨 이야기에서 아주 흥미로운 게 하나 있다. 악마가 그를 덮치려고 할 때, 심장이 두근두근 경종처럼 울리고, "우왁, 나 죽는다"라고 큰 소리로 외치고 싶은 그런 다급한 상황에서 일어난 일이었다. 그는 "발광하고 싶어지더라고요"라고 말했다.

여기서 발광할 수 있었다면 얼마나 편했을까?

그렇다. 그렇게 생각했음에 틀림없다.

하지만 그때 그는 발광하지 않았다.

아니, 그 후에도 발광하는 일은 없었다. 발광할 수가 없었고 자신을 없앨 수 없었으므로 힘들고 괴로워서 어쩔 도리가 없다고 몸부림을 쳤다. 여기서 이 병의 심연을 들여다볼 수 있다. 발광조차 할 수 없는 고통. 그것이 혼다 씨가 말하는 "발광하고 싶어지더라고요"라는 말의 의미다. 몇 달, 몇 년이 걸려 그 괴로움과 고통에서 그들은 다시 돌아온다. 게다가 돌아온 장소는 이전과는 다른 장소인 경우가 많다. 전혀 예전처럼은 아닌 것이다. 왜 그런 경험을 해야만 하는가. 아무도 그 질문에 답할 수 없겠지만, 그들 대부분은 그러한 경험을 거치면서 인생을 살아가게 된다. 그런 자신들의 인생에 대해서 혼다 씨는 비디오 『정신분열병을 산다』 시리즈에서 동료인 시미즈 리카 씨와 이런 이야기를 주고받았다.

"아아, 정말 평생 이 병과 싸운다고 할까, 착 들러붙어서 말이지."

"절망적인 기분이 들죠?"

"좀 그렇지요."

"저도 그런 때가 있었어요. 이 고통이 정말 없어지지 않는 게 아닐까 하고요. 그런 생각을 하니까, 정말 살아 있는 것도 힘들어지더라고요."

"뭐랄까, 정말 충동적으로 죽고 싶어요. 갑자기 그냥 콱 죽어버리고 싶은 마음이 들어요. 정말, 이렇게요, 꽉 졸라매고 싶어요, 제 목을요. 그래서 목숨을. 그러니까 그게 무서워요, 그런 기분이 드는 게, 그런 기분이 들지 않을까 하고 생각하는 것이."

"그래도 죽으면 안 돼요. 정말이에요. 그게 가장 중요한 거예요."

"난, 좀 생각해봤는데요, 죽어도 괜찮다, 뭐, 저, 발광해서 말이죠, 발광해서 죽어도, 그래도 괜찮지 않을까 하는 생각을 하면 말이에요, 오히려 편해졌어요."

"저도 알 것 같아요. 고통이 나타나면 그 고통을 통째로 휙 하고 내던져버릴 수 있게 되면 편해지거든요."

"받아들인다는 의미인가요?"

"받아들인다고 할까, 손을 뗀다고 할까."

"포기한다는 뜻이에요?"

"그래, 그래, 그래요. 그랬더니 말이에요, 꽤 가라앉더라고요. 제 경험에서 봐도 말이에요, 아아, 이건 정말 아무것도 안 되는구나, 아아 정말 이래서는 안 되겠구나 하고 포기했더니 상당히 후련하고 편해질 수 있었다고 할까요. 언제까지고 싸우고만 있으면 말이에요, 점점 힘들어져요, 예."

분열병자가 되는 사람들은 흔히 성실하고 순박하며 꼼꼼한 사람들이다. 무슨 일이든 적당히 넘길 수 없고 지나치게 생각하는 사람들이다. 그런 사람들이 "고통을 통째로 휙 하고 내던진다"는 것은 좀처럼 할 수 없는 어려운 일일 것이다. 어렵지만 거기에 집착해 어떻게든 해보려고 싸우고 있는 한 편해질 수 없다. 혼다 씨도, 시미즈 씨도, 또 그 이야기를 옆에서 듣고 있으면서 자꾸만 고개를 끄덕이고 있던 미즈노 노리코 (水野典子) 씨도, 모두들 제각기 병의 형태는 다르지만 병으로 고생해왔다는 공통된 경험을 했다. 게다가 그 경험은 흔히 전 세계에서 단 한 사람, 자신만이 이런 고통과 괴로움을 당하고 있다는 절망적인 고독감이 따른다. 어쩌면 분열병의 진정한 괴로움은 환각이나 망상에 휘둘리는 것보다 이러한 고독감에 있는 게 아닌가 하는 생각마저 든다.

    동료들과 만나고 서로 경험을 나누면서 괴로움을 당하고 있는 것은 자신만이 아니라는 사실을 확인해나간다. 자신도 그 괴로움과 고생을 경험하고 있다고 서로 이야기를 나누면서 같이 연결되어 동료를 구하고 자신을 구해낸다.

분열병의 진실

'베델의 집' 사람들이 사는 힘과 회복하는 힘을 만들어내는 것은 한 사람 한 사람 안에 가득 차 있는 고생이다. 고민하면서 축적해온 고생이다. 보통 인간으로서 마을 사람들과 똑같이 고생을 받아들이고 "이리저리 몸부림"을 치면서도, 그리고 병으로 인해 나타나는 괴로움을 감싸 안으면서도, 그들은 자신과 화해하고 동료와 관계를 회복하려고 노력해왔다. 고생을 함으로써, 장사를 함으로써, 정신병이어도 자신은 이 세상에 있는 의미가 있다는 것을 확인해왔다. 그러한 의미에서 '베델의 집' 사람들은 "어떻게 살까"를 계속 생각해온 인생의 달인이라고 할 수 있을 것이다. 그들에 비하면 대체 정상인이라는 사람들 중에는 살아가는 의미를 이 정도로 생각해온 사람들이 얼마나 있을까.

그러한 사람들과 계속해서 이야기하고 듣는 과정에서, 정신병은 거기에서 진정한 모습을 드러내는 것이 아닌가 하는 생각을 하게 된다. 정신병, 그 중심인 정신분열병은 그 이름이 생긴 백 년 전부터 격리와 치료 대상으로 생각되었다. 그것은 정상적인 정신 상태에 대한 광기를 지시하는 학명이 되어, 수많은 함의를 흡수하면서 보통 사람이 출입해서는 안 되는 특수한 세계를 만들어온 것처럼 보인다. 하지만 그러한 시선의 기만성을 지적하고, 분열병을 신체 질환과 똑같은 의료 기술 대상이나 분류 개념 아래에 두는 것을 비판한 미셸 푸코는 『광기의 역사』에서 이렇게 말하고 있다.

> 정신병을 만들어내고 있는 티 없이 맑은 세계에서, 현대인은 이제 광인과 교류하지 않는다. 즉 한편에는 이성적인 사람이 존재하고 광기에는 의사를 파견하며, 병이라는 추상적인 보편성을 통해서만 관계를 인정한다. 다른 한편에는 광기의 사람이 존재하고 역시 똑같이 추상적인 이성, 즉 질서와 신체적이고 정신적인 구속, 집단에 의한 무명의 압력, 순응성의 요구인 이성을 매개로 해서만 이성적인 사람과 교류한다. 양자 사이에 공통의 언어는 존재하지 않는다. 아니, 차라리 이미 존재하지 않는다고 해야 한다.[21]

정상적인 정신 상태에 있는 사람들이 만들어내는 "티 없이 맑은 세계"는, 모든 방도를 궁리해 광기를 포착하고 격리하며 교정하고 치료하려고 해왔다. 이성으로 광기를 제압하려고 해온 것이 최근 백 년의 정신의학이며, 정신병원이나 보건소 중심으로 만들어져온 정신의료 체제였다. 아니, 이 사회 자체의 모습이었다. 그러한 기술이나 체제는, 예컨대 뛰어난 항정신병약을 개발하거나 사회 복귀를 중시한 개방 의료 흐름을 낳았고, 큰 성과를 거두어온 것은 틀림없는 사실일 것이다. 하지만 한편으로 이 병에 대해서는 아직도 원인을 모르고 결정적인 치료법도 없다. 한줌밖에 안 되는 환자를 제외하면 완치는 어렵다. 평생 가는 병이어서 어떻게든 재발을 막고 가능한 한 사회 복귀를 이루는 것이 이 병에 대한 "티 없이 맑은 세계"의 전략이었다. 그러나 그 전략은 곳곳에서 균열을 보이고 있다.

무엇보다 우선 사람들이 "그대로도 괜찮다"고 말할 때, 오늘날의 정신의학은 어떻게 답할 수 있을까? 정신병이어도 좋다, 병을 치료해주지 않아도 좋다, 그것보다 우리는 당신들과 마찬가지로 고생하며 살아보고 싶다, 그러한 과정에서 회복하고 싶다고 말할 때, 의학은 그에 대한 답을 줄 수 없다. 의학이란 증상을 기술하고 분류해 병명을 붙일 수는 있어도 그 의미를 설명할 수는 없기 때문이다. 당신은 분열병입니다, 하고 말할 수는 있어도, 그렇다면 어떻게 살아가야 하는가에 대해 살피는 것은 의학의 책임 밖의 일인 것이다. 그러나 그 부분을 무시하는 한, 환자는 회복할 수 없다. 정신병은 결국 인간관계의 문제라는 부분이 상상 이상으로 크기 때문이다.

오해하지 않도록 덧붙이자면, 물론 '베델의 집' 사람들도 약을 먹고 있다. 의료나 복지를 거부하는 것은 아니다. 기꺼이 그 은혜를 입고 있다. 그렇지만 진찰을 받고 약을 먹는 것만으로 정신병을 치료할 수 없다는 것을 그들은 스스로 경험을 통해 뼈에 사무치도록 잘 알고 있다. 회복해가는 과정은, 병으로 한번 깨진 인간관계를 사람들 속에서 말로써 되찾는 작업을 반복하면서 비로소 발견할 수 있는 과정인 것이다. 그것도 고민하고 고생하며 그 고생을 공유하고, '베델의 집'이라는 장 안에서 서로 연결된 사람들이 만들어내는 풍요로움이 있어야 비로소 가능해지는 일처럼 보인다. 그러한 작업을 가능하게 한 것은 "티 없이 맑은 세계"의 이성적인 사람들이었던 것일까? "병이라는 추상적인 보편성을 통해서만 관계를 인정하는" 사람들의 언어였던 것일까? 하야사카 씨와 무카이야치 씨가 하는 말이나 혼다 씨와 시미즈 씨 대화를 듣고 있으면, 그리고 또 그들이 만들어내는 인간관계와 그 관계를 맺는 방법을 보고 있으면, 나는 도저히 그렇게는 생각되지 않는다. 정상적인 정신 상태와 광기를 엄격히 구별하고, 이성의 언어만 존재하는 데서 병과 마주한다고 해도, 아마 치료는 부분적인 성과밖에 올릴 수 없을 것이다. 그 연장선상에서 아무리 신통한 약을 개발해도 이 병이 완치되는 일은 없을 것이다. 깊이 파고 들어가 보면 정신병은 극히 인간적인 병이기 때문이다. 그 병을 없애려고 한다면 인간성 자체의 변경이라는, 있을 수 없는 본말전도를 불러오게 될 것이기 때문이다.

간단히 말하자면 '베델의 집' 사람들이 이룩한 것은 '광기와의 교류'였다. 광기를 제압하거나 없애는 것을 포기한 끝에 이른 전략으로서, 그들은 광기와 함께 살고 그 주장에 귀를 기울이고 말을 걸고, 그 생활 방식에 어떤 때는 공명하고 또 어떤 때는 빠져나가면서, 결코 광기를 적으로 삼아 티 없이 맑은 세계에 대치시키려고 하지 않았다. 그때 비로소 정신병은 인간의 얼굴을 한 것이 아닐까? 정신병은 다른 세계에 있으면서 인간의 이성을 미치게 하는 지긋지긋한 병리가 아니라, 애초에 인간 존재의 일부라고 생각함으로써 그 본래 모습을 보여주는 것이다.

하지만 그것은 '교류'함으로써 정신병이 승화된다는 의미는 아니다. 정신병, 즉 분열병은 항상 우리를 그 세계로 되돌린다.

> 광기는 자신의 본질적인 신비함 속에서 깨어났다.[22]

푸코는, 정신병은 티 없이 맑은 세계에 의해 소외된 지평 저편에서, 그 자신 안에서 깨어 있다고 했다. 그것은 이성이 어떻게 취급하든 결코 사라지지 않으며 그 본질이 약화되지도 않는다. 인간성을 바꾸지 않는 한 사라지는 일이 없다는 정신병 안의 어떤 절대성이 바로 '베델의 집'의 모든 생활 방식에서 가장 기본적인 토대를 이루어왔다. 정신병의 이 절대성이 있기에 '베델의 집' 사람들은 그 완강함에 스스로를 맞추어 자신들의 생활 방식을 결정해야 했다. 무카이야치 씨는 그것을 이렇게 말하고 있다.

> 현실에는 수많은 사람들이 병에 걸렸으면서도 "꿈이여, 다시 한 번"이라는 마음을 버리지 않고 경쟁하면서, 계속 상승하는 인생의 방향을 목표로 몇 번이고 몇 번이고 자신에게 꿈을 의지하며 상승하는 인생으로 되돌아가려고 한다. 그런데 이상하게도 '정신장애'라는 병은 그것을 허락하지 않는다. '재발'이라는 형태로 완강히 저항한다. 그것은 마치 당신 자신이 사는 방향이 아니라고 말하는 듯이……. [23]

"꿈이여, 다시 한 번"이라는 것은, 예컨대 사사키 미노루 씨가 그때까지 먹던 약을 끊었을 때와 같은 일이다. 퇴원한 지 몇 년이나 지났고 증상도 안정되어 이제 괜찮겠지, 여기까지 왔다면 괜찮을 거라고 생각하고 약을 끊었을 때, 아니나 다를까 그 병은 잠에서 깨어났던 것이다. 또는 마쓰모토 히로시 씨가 퇴원하고 나서 일하러 나갔을 때도 그렇다. 보통 사람들처럼 일해 자신도 어엿한 한 사람의 인간이 되려고 떨쳐 일어났을 때, 병은 위로 올라가려는 그를 확실하게 끌어내린 것이다. 마쓰모토 씨는 링거를 맞으면서 일했고, 녹초가 되어 쓰러져 결국 보통 사람들처럼 되는 것을 포기하지 않을 수 없었다. 분발해서는 안 된다, 분발하지 않아도 괜찮다, 당신은 그런 생활 방식을 하도록 정해져 있기 때문이다. 이 병은 마치 이렇게 말하고 있는 듯했다.

> 거기서 나는 신기한 자연의 섭리를 느끼지 않을 수 없었다. 어쩌면 병이란, 재발이란 가장 이치에 맞는 마음의 외침일지도 모른다. 그런 의미에서 정신장애라는 병 자체가 우리가 생활하는 방식의 방향을 결정하는 센서로서 기능하고 있는 것으로 보인다.[24]

정신장애인이란 누구보다도 정밀도가 높은 센서를 가진 사람들인지도 모른다. 한편 정상인이라는 사람들은 그 센서의 감도가 낮은 것일까? 그 때문에 분발하고 마는 것일까? 아니면 감도가 낮아 인간관계를 애매하게 하고 얼버무리는 것인지도 모른다. 병에 걸릴 수 없는 사람들은, 겉과 속마음을 약삭빠르게 구분해서 대응하고 타인에 대해 가면을 쓰며 어느새 갑옷을 걸치고 있다. 정신장애인은 그런 요령 좋은 생활 방식이 불가능한 사람들이다. 위로 오르고 성공하고 계속 상승하는 것이 당연시되는 이 사회에서 그것을 할 수 없어 뒤처지고 밑바닥에 머물러 있는 사람들이다. 하지만 그들이 이 세상에 있음으로써 종종 높은 곳에 있는 사람과 강한 사람을 인간 존재의 소외와 황폐함에서 구하고 화해시키는 힘을 지닌 것은 왜일까?

> '정신장애'라는 꺼림칙한 병에는 인간 자신에 대한 심오한 메시지가 숨어 있다는 느낌을 지울 수가 없다. 원래 인간에게는 인간으로서의 자연스런 생활 방식의 방향이라는 것이 정해져 있는 게 아닐까?……그 생활 방식의 방향이 바로 '계속 내려가는' 방향이고 상승하는 생활 방식에 대한 '하강하는 생활 방식'인 것이다.[25]

나가토모 유미 씨는 그것을 "모든 사람들과는 다른 길"이라고 했다. 그 길을 걸어야 한다는 것을 알았을 때는 아주 괴로웠지만, 지금은 그런 자신의 길이 "뭐랄까, 괜찮구나" 하고 생각한다. 시미즈 리카 씨는 그것을 "멀리 떨어진 곳에" 있는 생활 방식이라고 했다. 그러한 생활 방식을 찾기까지 20대 대부분을 줄곧 고민해야 했지만, 그 고생 끝에 "고생을 통째로 내던지는" 생활 방식에 겨우 이르렀다. 또는 하야사카 기요시 씨는, 자신들을 '가위표'라고 한다. 안타깝고 부족한 것들뿐, 그래서 모두 가위표일지도 모른다. 하지만 잔뜩 있는 가위표를 전부 에워쌀 수 있도록 마지막에는 커다란 동그라미가 붙어 있다.

그러한 모든 것을 낳은 것이 '말'이었다. '베델의 집'에서 쓰는, 진짜 살아 있는 말이었다. 말을 되돌리는 것이 회복으로 가는 첫걸음이라는 것을 가와무라 선생은 반복해서 말했다.

"그들한테서 멋진 말이나 근사한 경험이 잔뜩 솟아나온다는 것은 제가 이 일을 시작한 당시에는 상상도 할 수 없었습니다. 지금 '베델의 집' 구성원은 압도적으로 많은 말을 갖고 있습니다. 그리고 저희는 말로 만나가는 것이 정말 중요하구나 하는 것을 새삼 느끼고 있습니다."

그들이 말을 되찾는 과정은 마치 일본에 온 외국 유학생이 일본어를 배워나가는 것과 비슷한 것이라고 한다. 그렇게 해서 말을 되찾아 말을 하기 시작했을 때, 거기에는 그때까지 아무도 본 적도 들은 적도 없는 풍요로운 세계가 나타난다.

"환청도 그렇고 망상의 세계도 전혀 부정적으로 볼 필요가 없고, 어쨌든 모두가 있는 자리에서 경험담을 이야기하는 것으로 시작해 많은 사람들을 해방시키고 웃게 합니다. 웃으면서 이야기하고 있으면 자신 안에서도 '확실히 이상했구나' 하는, 자기 자신을 객관적으로 보는 관점이 생겨나기도 하고……이러저러한 사람들의 생활 방식이라든가 관계 맺는 방식 중에서도 뭔가 소중한 것을 서로 발견하게 됩니다."

그러한 의미에서 가와무라 선생은 환청이나 망상을 부정하거나 치유하려고 하지 않는다. 환청도 망상도 그것이 모든 사람들 안에서 이야기될 때는 하나의 문화가 되고, "풍부한 커뮤니케이션이나 풍요로운 관계를 만들어가는 데 중요한 세계"가 될 수 있기 때문이다. 그러한 분열병의 증상 하나하나를 병으로 파악했을 때는 아주 볼품없는 것인데도, 그것을 "모두가 가지고 모일" 때는 아주 달라져 풍요로움으로 변한다. 그 이유는 무엇일까?

"'베델의 집' 사람들은 '철학자 집단'이 아닐까 하는 생각을 합니다."

2001년 봄, 도쿄 스기나미(杉並)의 이즈미(和泉) 교회에서 인사말을 할 때 가와무라 선생은 이렇게 말했다.[26]

"다행히 제가 병을 치료하지 않는 사람이니까 (그들은) 병보다도 '살아가는 것', '지금 존재하는 것'의 의미, 기존 의료의 틀에서 말해온 것들의 차원을 넘어선 것을 생각했다고 봅니다. 저는 그것을 방해하지 않는 의사였습니다."

가와무라 선생도 처음에는 열정적인 의사였다. "선생님 덕분에 나았습니다"라는 말을 듣기 위해 열심히 진료에 임했다. 그런데 그것을 그만둔 것은 "우라카와에서는 그런 의사가 삼류"라는 사실을 깨달았기 때문이다. 이 마을에서는 자신의 생각을 강요한다거나 사람들이 고생할 권리, 고민할 기회를 빼앗는 의사는 "환자를 원망하면서 전락"하게 될 뿐이다.

"무카이야치 같은 사람은 최악의 인간이고, 의사는 진짜 단련됩니다. 그는 '선생님, 역시 여러 가지로 문제가 없으면 안 되겠네요'라고 말합니다. 그러면 '뭐! 대체 그게 무슨 말인가'라고 생각하게 되지요. 보통 문제가 없는 편이 낫다는 건 뻔한 이치입니다. 그러나 우라카와에서는 그것으로는 안 됩니다. 단련되는 것입니다. '지금, 눈앞에서 벌어지고 있는 것에 어떤 가치와 의미가 있는가', 계속 그것을 물어야 합니다. 그렇지 않으면 사물을 부정적으로만 보게 됩니다. 그리고 이상한 선의라든가 이상한 치료를 하게 됩니다. 그것은 서로의 관계 안에서 풍요로움이 생겨날 가능성을 모조리 잘라버리는 일입니다."

인구가 적은 우라카와에서 정신병이라는 현실에 직면하고, 인간으로 태어나 정말 행복하구나 하는 데 다다르기 위해서는 도대체 어떤 조건이 필요할까, 그것을 생각해야 한다.

그리고 사실 그것을 계속 생각한 데서 '베델의 집'이 태어났고, 사람들이 모여들었으며 사람들의 생활이 확대되어갔다.

처음부터 지금처럼 풍요로웠던 것은 아니며, 그것을 목표로 한 것도 아니다. '베델의 집' 사람들은 오로지 생각하고, '살아가는 것'이나 '지금 존재하는 것'의 의미를 계속 묻고 시행착오를 거듭하면서, 지금 같은 생활을 쌓아올린 것이다. 그것은 의료의 틀이라는 차원을 넘어, 인간 사이의 충돌과 만남을 반복하면서 만들어진 생활 방식이었다. 그러한 생활 방식이기에 '베델의 집'은 계속 구성원이 늘고 활동은 커지고 있다. 그리고 모든 문제는 무엇 하나 해결되지 않고 늘어날 뿐이므로, '베델의 집'이 없어지는 일은 없다. 한편 그러한 생활 방식을 바꾸지 않았기 때문에 그곳에 적응하지 못해 떠난 사람도 적지 않았다. 애당초 적응할 수 있고 없고의 문제 이전에, 병이 악화되어 폐쇄 병동으로 돌아간 이도 한두 사람이 아니었다. 병은 그것이 마치 인간의 조건인 듯이 모든 사람들의 생활 방식의 전제가 되고 현실이 되었다. 그런 현실이 있기에 사람들은 생각하는 것이다. 살아가는 것을, 그리고 지금 존재하는 것의 의미를 말이다.

'베델의 집'은 모든 사람들을 행복하게 하는 구조는 아니었다. 그런 틀이기는 커녕, 찾아온 사람들에게 자신들이 직면한 문제의 의미를 묻고 생각하고 고민하고 고생하며 살아가는 방법을 찾게 하는 곳이었다. 그곳에 온다고 해도 병을 안고 살아가는 고생은 무엇 하나 변하지 않는다. 변하지 않지만 생각하고 고민하고 고생하고, 그 모든 것을 사람들 속에서 드러내면서 살아가는 생활 방식을 20년이나 지속해온 데서 복잡한 사람들의 유대가 생겨났고, 눈에 보이지 않는 풍요로움을 낳는 장소가 생기고 경계 없이 열린 공동체가 만들어졌다. 내가 그 안으로 들어갔을 때, 그곳에 모인 사람들의 관계가 나를 지지해주고 나에게 말을 걸어주고 그 온정이 나를 둘러쌌는데, 나는 이것이야말로 인간의 진정한 삶의 모습이 아닌가 생각했다. 무엇보다도 거기에는 사람들의 무리 안에 있다는 감각이 있으며, 그 사람들은 살아 있는 말로 연결되어 있다는 영혼의 평안함 같은 안도감이 있다. 그것은 아주 우수한 사람이 살아남는 사회 어디에서도 찾아볼 수 없는 감각이었다. '위로! 위로!'를 지향하는 생활 방식에서는 상상도 할 수 없는 인간 생활의 본모습이었다.

돌아보면, 내가 지나온 강한 사람의 사회, '베델의 집'에서 보면 구름 위에 있으며 번영하고 계속해서 상승하고 있는 듯이 보이는 사회, 그런 학교나 기업, 지역은, 생각하면 그 얼마나 부족하고 약한 인간관계밖에 가질 수 없었던 것일까? 둘러보면 어디에나 규칙이나 설명서, 교훈, 지혜 등이 산더미처럼 있는데도, 사람들은 진실에 연결되어 있지 않고, 연결된다는 것이 어떤 것인지도 모른 채 정신의 황야에 고립되어 있다. 하지만 우라카와라는 작은 마을에서, 부족한 것투성이인 나날 속에서 '베델의 집' 사람들은 살아가기 위해서는 없어서는 안 되는 것들을 손에 넣고 익혀왔다. 정신병자라는, 이다지도 고립되고 배제당하고 자주 가치의 유무를 질문당하는 사람들은, 연결되고 모이고 생활하는 과정에서 말을 되찾고 살아가는 것의 의미를 계속해서 묻고 있다. 아무것도 없는 곳에서 생겨난 동료에 대한 배려, 이야기하는 말, 화해의 시선. 거기서 나는 다시 그 스러지는 듯한 중얼거림을 생각해냈다. '아사미 씨, 불쌍해요, 그렇게 젊은데.'

사람은 빵만을 위해 사는 것이 아니라고 하는데, 그렇다면 무엇을 위해 사는가. 바로 이러한 인간관계를 위해 사는 건 아닐까? 또 사람은 빵만으로는 살 수 없다고 하는데, 그렇다면 무엇을 의지해 사는가. 관계와 그 관계를 낳는 타자에 대한 마음으로 살고 있을 것이다. 혹은 그렇게 생각하게 하는 생활 방식의 깊이가 '베델의 집' 사람들에게 공유되고 있다. 그런 생활 방식의 형태가 깊은 평온함을 낳고 있다. '베델의 집' 사람들은 우라카와 마을에서 이 평온함이라는 메시지를 전하면서 아직도 문제투성이 나날을 보내고 있다.

절망에서

그리고 내 앞에는 '베델의 집'의 마지막 미스터리가 남아 있다.

'베델의 집'에는 장소의 힘이 있고 살아 있는 말이 있으며, 그것을 낳은 한 사람 한 사람의 고생이나 유대가 있었다고 하자. 그렇다면 그 총체인 '베델의 집'을 가능하게 한 것은 대체 무엇이었나. '베델의 집'을 만든 것은 개성에 넘친 한 사람 한 사람 구성원들의 생활 방식이었다고 해도, 또 독특한 지원 스태프들 덕분이었다고 해도. 그리고 고야마 씨 등을 비롯한 마을 사람들의 힘을 빼놓을 수 없다고 해도, 역시 '베델의 집'이 왜 우라카와라는 마을에 생겨났고, 20년 남짓 세월을 거쳐 많은 사람들의 마음을 사로잡게 되었는지를 완전히 설명할 수는 없다.

애초에 설명할 수 없는 일인지도 모른다. 하지만 거기에는 역시 한 사람의 생활 방식이 짙게 반영되어 있다는 것을 잊어서는 안 된다. 무카이야치 이쿠요시라는 사회복지사가 계속 관여하면서 '베델의 집'은 그

바탕을 만들고, 이념이 될 만한 사고방식을 만들어낼 수 있었다. 나날이 산더미처럼 생기는 문제와 마주하고 고생하며 고민하는 가운데 한 사람 한 사람이 살아가는 힘을 익히는 것, 또는 문제의 책임을 묻는 것이 아니라 그 의미를 생각하는 것, 그러한 생활 방식은 무카이야치 씨 한 사람이 처음 주장해서 된 것은 아니었지만, 무카이야치 씨가 '베델의 집'과 만나며 수많은 사람들과 20년에 걸쳐 충돌과 만남을 반복하는 과정에서 키워지고 단련되고 끊임없이 주위에 전달되었던 것이다.

그러한 사고방식, 생활 방식을 찾고 서로 이야기할 수 있게 된 것은 무카이야치 씨 자신이 '베델의 집' 구성원과 마찬가지로, 그러나 다른 형태로 이러저러한 고생을 거듭해온 것과 깊이 관련되어 있다. 학창 시절 무카이야치 씨는 자신의 위기는 고생이 없는 것이라고 느꼈다고 한다. 하지만 그것은 실제로 고생하지 않았다는 것이 아니다. 집에서 생활비나 학비를 받지 않고 자립 생활을 하면서 난치병 단체 지원 활동도 했다고 하니까, 처음부터 학생으로서는 이미 고생을 충분히 해온 셈이다. 그래도 납득할 수 없었다고 하니까 처음부터 완고한 성격이었을 것이다. 그것이 우라카와에 와서 드디어 '진정한 고생'을 경험하게 되었다. 게다가 그 고생 끝에 좌절을 거듭하며 깊은 감동을 안게 되었다.

그것은 1978년 무카이야치 씨가 일본적십자병원에 취직했을 때부터 시작되었다.

우라카와 마을에 처음 찾아온 스물두 살 사회복지사를 먼저 기다린 것은 알코올 중독자나 그 가족이 안고 있는 잡다한 문제들이었다. 인구가 적은 마을이라고 하는데도 알코올 중독자만은 이상하게 많았고, 알코올 중독자인 노숙자까지 있던 시대였다. 지금은 '베델의 집'의 활달한 구성원이 되어 있는 몇 명의 환자가 일본적십자병원의 현관 어귀에서 술에 곯아떨어져 있다거나, 집단적으로 일본적십자병원 구급 병동에 실려 오는 일도 드물지 않았다. 가정 방문을 하면 우당탕하는 소동에 휘말려 호통 소리를 듣거나 맞기도 하고, 된장 국물을 뒤집어쓰기도 하면서 무카이야치 씨는 이 문제의 심각함, 어려움을 속속들이 체험했다.

"그런 가정에서 많은 아이들이 자라고 있다는 것을 알게 되었습니다. 그리고 그 아버지들도 같은 환경에서 자랐다는 것도 알게 되었습니다. 그리고 할아버지들도 똑같은 환경에서 자라 가난과 술로 무너져가는 집에서 어린 시절을 보내고, 이런저런 상처나 고생, 그리고 차별적인 체험을 짊어지고 어른이 되어 술에 빠지게 되었습니다. 그러한 반복이 수십 년, 수 세대나 반복되고 있는 현실과 만났던 겁니다."

알코올의 아수라장은 날이면 날마다 똑같이 반복되면서 끝이 없었다. 더욱이 그 반복은 어제오늘 시작된 것이 아니라, 역사와 문화, 그리고 지역에 깊이 뿌리 내리고 있었다. 사회복지사 한 사람의 노력만으로는 거의 아무것도 바꿀 수 없다는 것을 알았을 때, 무카이야치 씨는 엄청난 벽에 부딪친 듯한 심한 무력감을 맛보지 않을 수 없었다.

그렇게 고민하는 무카이야치 씨를 더욱 닦달하고 철저하게 단련시킨 것은 공동 주거에서 함께 생활한 한 알코올 중독자였다.

에니와(惠庭)의 자위대에 있었다는, 그래서 대위로 불린 이 환자는 술에 취하지 않은 평소에는 정말 성실하고 정직하며 예의 바른 사람이었다. 그러나 조금이라도 술이 들어가면 사람이 확 변했다. 그 사람이 술에 취한 모습은 이상 만취라고 할 만큼 아주 극적이었는데, 이 병이 우라카와 마을이나 사람들에게 불러온 재액이나 말썽거리는 지금 돌이켜봐도 이만저만한 것이 아니었다. 그 대위와 무카이야치 씨는 공동 주거에서 함께 생활하게 되었다. 이변이 일어난 것은 함께 생활한 지 일주일이 지났을 때였다.

"적기 내습!……."

대위는 공동 주거 2층에서 쌍안경으로 밖을 살피며 맥주병이 든 상자를 쌓아올렸다. 방안에는 일본 국기 히노마루(日の丸)를 내걸고 카세트로 군가를 틀어놓고 창에는 탈출용 로프를 늘어뜨렸다.

"공격 개시! 수류탄!"

이렇게 외치면서 대위는 맥주병을 2층 창문에서 큰길로 내던졌다. 차례로 병이 깨지고 유리 파편이 이리저리 튀어 길은 온통 거품 천지가 되었다. 그래도 큰 병을 계속해서 내던지는 대위는 "포복 전진!"이라고 외치며 광란 상태로 옮겨갔다. 근방의 사람들이 다 뛰쳐나오고, 이웃 교회에 있던 미야지마 부인도 달려 나와 지켜보는 가운데 '전투'는 계속되었다. 사람이나 자동차가 우왕좌왕하고 온 마을에 큰 소동이 일어 순찰차까지 출동했다.

그 후에도 대위의 망상은 가라앉지 않았다. 2층에 있으면 적이 공격해올 위험이 있다고 1층에 있는 무카이야치 씨 방에 신발을 신은 채 들어와 농성했다. 교회를 지키는 개 '곤'도 데리고 들어왔다. 그리고 방 안에서 전화로 교환을 불러 "백악관 연결해!"라든가 "아라파트 의장 나오라고 해!" 하는 지리멸렬한 교신을 시작했다. 자고 있던 무카이야치 씨를 억지로 깨워서는 "너도 싸워!"라고 명령했다. 피곤에 지친 무카이야치 씨가 "이제 휴전하겠습니다"라고 말하고는 잠자리에 들면, 나이프를 들이대고는 프로레슬링 기술로 겨드랑이 밑으로 손을 넣어 목덜미에서 깍지를 끼고 꼼짝하지 못하도록 세게 죄기도 하고, 귓가에 자명종 시계를 대고 크게 울려서 잠을 잘 수 없게 했다. 개 '곤'도 그에 맞춰 짖어댔다.

대위는 이상하게 항상 무언가를 두려워하고 있었다. 자기 방 열쇠는 삼중으로 하고, 쇠파이프를 모포로 둘둘 말아가지고 다녔다. 그런가 싶으면 또 히노마루를 쳐들고 군가를 크게 틀어놓고 시내 은행에 가 1엔씩 저금하고는 트집을 잡았다. 병원 로커에 도둑으로 들어가 "우라카와 전도소(傳道所) 사람이다"라고 말하며 여기저기서 돈을 빼앗고 무전취식을 거듭해 마을에서 가장 싫어하는 사람이 되어갔다. 술에 곯아떨어져 거리에서 자고 있는 것을 순찰차가 실어다 교회에 옮겨놓은 일도 한두 번이 아니었다. 수많은 알코올 중독자들을 봐온 미야지마 부인이 "일품이었지요. 그런 사람과는 만난 적이 없어요"라고 말할 정도의 인물이었던 것이다.

그 대위와 함께 생활하며 무카이야치 씨는 정말 이리저리 휘둘렸다. 아주 정나미가 떨어지게 혼이 났다. 그리고 뼈에 사무치게 깨달은 것은 이런 일은 "이제 싫다", "나는 할 수 없다"는 마음이었다. 평소 사회복지사로 정신장애인을 둔 가족에게 이렇게 하세요, 저렇게 하세요, 하고 말해온 자신이 막상 그 입장에 놓이고 보니 아무리 해도 할 수 없었던 것이다. 맥주병이 날고 나이프가 들이닥치고 '곤'이 짖어댔다. 그런 일이 자기 눈앞에서 벌어지자 이제 사태에 대해 거리감을 갖고 냉정히 받아들이는 일은 불가능했다.

우라카와에서 2년 남짓 생활한 다음, 병원이나 관청, 소방서나 모든 마을 사람들이 대위에게 "제발 나가주세요" 하고 청해, 대위는 열차에 밀어넣어지듯이 마을을 떠났다. 어디로 어떻게 해서 갔는지, 10년 후에 다시 우라카와로 돌아왔을 때는 이미 몸이 만신창이가 되어 있었던 모양이다. 일본적십자병원에 입원한 지 2개월 만에 조용히 숨을 거두었던 것이다. 그때 그의 나이 마흔여덟이었다.

대위의 장례식이 끝난 뒤, 무카이야치 씨는 가와무라 선생에게 "그게 '베델의 집'의 시작이었잖아요"라고 말했다.

그것은 대위가 빼어나게 많은 문제를 일으켰기 때문이다. 문제가 있는 곳에 '베델의 집'이 생겨난다고 한다면, 대위는 바로 '베델의 집'의 태동으로 이어졌던 것이다. 철저하게 휘둘리고 혼이 나면서 그때 우리도 아주 많은 것들을 배웠어요, 하고 말하는 미야지마 부인은, 무카이야치 씨 역시 그렇게 해서 키워졌어요, 하고 회상한다. 간단히 말하자면 그 정도 문제에 직면하면 이제 아무것도 두렵지 않게 된다는 의미일 것이다. 또는 이때 이미 모든 문제에 대처할 수 있는 마음 자세를 배웠다는 뜻인지도 모른다. 그것은 누구도 대위 대신 살 수 없고 대위의 문제를 떠안을 수도 없다, 대위의 문제는 한없이 대위에게 돌아갈 수밖에 없다는 것이었다. '베델의 집'에서 그러한 생각은 그때부터 지금까지 변함없이 관철되고 있다.

한편 알코올 문제에 휩쓸리고 대위의 존재로 자신의 한계를 깨닫게 된 무카이야치 씨는, 직장에서도 수렁 같은 인간관계에 휩쓸려 있었다. 당시 일본적십자병원 부장이었던 정신과 의사가 무카이야치 씨에게 정신과에 출입하지 못하도록 했던 것이다.

상사인 그 정신과 의사는 그래도 진보적인 의사였다. 그 지역에서 처음으로 단주회(斷酒會)나 환자의 회복자 클럽을 조직하는 등 정신 의료에서 남들보다 갑절이나 되는 열의와 궁리를 짜내던 사람이었다. 하지만 그런 의사가 보기에도 역시 무카이야치 씨가 하는 일을 이해할 수는 없었다. 환자와 거리를 두기는커녕 함께 생활했으니 말이다. 그런 방식을 그만두라고 하면서, 이제 다시는 병원에 오지 말라고 했다. 사직 권고인 셈이었다. 그래도 그만두지 않았더니 결국 무카이야치 씨에게 정신과 '출입금지' 명령을 내린 것이다.

5년이나 계속 발이 묶였다.

이 무렵이 무카이야치 씨에게는 가장 고생스러운 시기였다.

술로 무너진 가정의 끝없는 싸움이나 다툼에 휩쓸려 녹초가 되었고, 그 배후에 있는 역사의 벽에 점점 무력감이 깊어졌으며, 하야사카 씨가 쓰러지는 것을 보고도 어떻게 해볼 도리도 없었고, 그렇지 않아도 '베델의 집'은 다툼 천지였는데 다시마 부업도 막혀버렸다. 차례차례 다 짊어질 수 없을 정도의 무거운 짐이 한꺼번에 몇 개나 덮쳐누르고 있을 뿐이었고, 무엇 하나 해결의 길은 보이지 않았다. 게다가 직장에서는 쫓겨났고 인간관계는 파탄 났다. 연이은 좌절로 배까지 아팠다. 위궤양이었다. 무력감에 지친 나머지 다시 일어설 수가 없었다.

거기서 보이기 시작한 것은 뭐였던가.

1999년 삿포로 강연회에서 무카이야치 씨는 그때 일을 이렇게 말했다.

"이러저러한 일이 있었을 때, 저는 절망감 같은 것을 자신 안에서 실감하고 있었습니다. '어쩌면 이것이 진짜 절망감일지도 모른다'고, '절망감'이라는 깊은 광맥을 파낸 것 같은 감개랄까요, 감동이 저를 덮쳐 왔습니다. '아, 이것이 진짜 막다른 곳인가', '이것이 진짜 절망이라는 것인가', '난 좋은 경험을 하고 있구나' 하는 생각이 들었어요. 이거다, 라고요. 제 앞에는 자살 미수를 했다거나 살기 어려운 여러 가지 문제를 안고 있는 사람들이 있습니다만, '이런 기분이 되는 건가. 그렇구나, 이런 기분으로 그렇게 되는구나. 음, 그렇구나. 그래서 살고 싶지 않은 마음이 들거나 사는 것을 그만두려고 생각하는 거구나', '정말 좋은 경험을 했다'라는 생각이 들었던 겁니다. 궁극적인 것을 찾아냈다고 느끼게 되었습니다."

거기에는 마침내 자신도 절망에 빠졌다는 '감개'가 있었다.

그때야 비로소 무카이야치 씨는 하야사카 씨나 사사키 씨, 또는 '베델의 집'에 있는 모든 사람들에게 다다랐고, 연결되었다는 마음을 가질 수 있었는지도 모른다. 자신의 고생은 이 세상 어딘가와 연결되어 있을 것이라고 진작부터 생각하고 있었지만, 어디서 어떻게 연결되어 있는지는 알지 못했던 것이다. 그런데 이런 데서 절망이라는 광맥을 파내어 이어졌다는 것이, 깊은 감회와 함께 마침내 보이기 시작한 것이 아니었을까?

"저는 하야사카 씨나 사사키 씨를 만나서, 즉 병을 경험한 사람들을 만나서, 이 사람들은 인간관계에서 상처를 입고 관계 속에서 자신을 잃어버리고 관계를 닫아온 사람들이구나, 그러니 그것을 회복하는 관계가 필요하겠구나, 풍부한 관계가 필요하겠구나, 하고 생각했던 겁니다.……인간관계에서 고생하고 있다. 그렇다면 이 고생을 어떻게 하면 풍요로운 관계로 바꿀 수 있을까, 정말 중요한 숙제를 안았다고 저는 생각했습니다."

절망 속에서 생각한 것은 그런 것이었다.

5년이 지나 상사인 그 정신과 의사가 "자네한테는 졌네" 하면서 악수를 청해왔다. 삿포로 병원에서 가와무라 선생이 찾아와 그 뒤를 이었고, 일본적십자병원 정신과는 조금씩 지금 같은 모습으로 변해갔다. '베델의 집'도 어느새 밑바닥에서 빠져나왔고, 마을로 나가 장사의 길을 걷기 시작했다. 5년이 지나고 보니 '베델의 집' 사람들의 도움을 받아 무카이야치 씨 역시 밑바닥을 뒤로 하고 있었다.

'베델의 집'이 걸어온 길이 어디서부터 시작되었는지를 생각해보면, 그 시작은 사사키 미노루 씨가 낡은 교회당에 입주했을 때부터라고 볼 수도 있고, 옛 교회당에 '베델의 집'이라고 이름 붙였을 때로 볼 수도 있다. 유난히 많은 문제를 일으킨 대위가 우라카와로 찾아왔을 때가 시작인지도 모른다. 하지만 '베델의 집'의 생활 방식, 삶의 방식이 진짜 뿌리를 뻗고 내실을 갖게 된 것은, 무카이야치 씨가 "절망이라는 광맥"을 파낸 무렵과 겹쳐볼 수 있지 않을까? '베델의 집'이 하나의 이념으로 확립되었다면, 그 이념은 그렇게 절망을 체험한 데 기원을 두고 있다.

절망, 즉 모든 바람이 끊기는 일.

그것은 '베델의 집' 사람들 한 사람 한 사람이 다양한 형태로 체험해온 일이었다. 분열병으로, 알코올로, 우울증으로 또는 그러한 병 때문에 생긴 차별과 편견으로, 한 사람 한 사람이 각자 밑바닥을 경험하고 절망에 완전히 짓눌려 왔다. 그래서 살아가는 것을 그만둘 생각을 하고, 하지만 그렇게 하는 것도 뜻대로 안 되어 살아남은 끝에 결국 정신을 차리고 보니, 정신병이라는 무거운 짐을 짊어진 채 혼자 황야에 남겨져 있었다. 그런 사람이 한 사람 두 사람 모여 무리를 이루고 터를 닦고 생활을 꾸려온 것이 '베델의 집'이었다.

거기에서 살아가는 것은 항상 하나의 질문을 품고 있다.

어떤 부조리로 자신은 정신병이라는 병에 걸렸고, 절망 속에서 여전히 이 세상에 살아 있어야 하는가. 병을 안고 사는 인생에 대체 무슨 의미가 있는가.

이런 질문에 대해 무카이야치 씨는 V. E 프랭클의 말을 인용해 이렇게 말했다. "이 인생을 살아가는 데 무슨 의미가 있는가"라고 생각해서는 안 되고, "이 인생이 자신에게 무엇을 묻고 있는가"를 생각해야 한다고 말이다.[27]

"우리는 앞으로 생길 인간관계만이 아니라 다양한 고생이나 위기를 만나는 그 장면에서 어떻게 살아갈 수 있을까, 그 생활 방식의 태도를 자신에게 부과해나갑니다.……이 인생이 나에게 무엇을 '묻고 있는'가, 내가 묻는 것이 아니라 인생이 나에게 묻는 것입니다. 당신은 이 절망적인 상황이나 위기 속에서 어떻게 살아갈 것인가 하고."

절망 속에서의 물음.

그것이 '베델의 집'의 이념이 시작되는 곳이었다.

만약 '베델의 집'이 절망이 아니라 희망에서 시작되었다면, 그 길은 전혀 다른 길이 되었을 것이다. 구성원은 내일을 믿고 서로를 격려하며 병을 치료하고 생활을 제대로 갖춰 기술을 익혀 일에 도전하고, 그리고 어려움을 극복하고 계속 상승하여 사회 복귀를 이뤄내는 길을 목표로 했을 것이다. 하지만 절망에서 시작된 접근은 정반대 길을 걸으려고 한다. 거기서는 최후에는 죽어야 할 존재인 인간이, 병을 안고 있으면서도 고생하고 고민할 것을 요구받고, 한 사람 한 사람이 살기 힘든 것을 살지 않으면 안 되며, 약함을 유대로 해 서로 관계를 맺고, 한없이 내려가 넓은 대지에 내려서려고 한다.

절망에서 시작해 깊은 환멸을 빠져나가 오로지 내려가기만 하는 생활 방식이기 때문에 '베델의 집'에서는 고생이 주어지고 고민이 권유된다. 절망하는 것이 원조를 받고, 병이라는 것이 긍정되며, 그대로도 괜찮다는 생활 방식, 또는 그대로 있을 수밖에 없다는 생활 방식이 제창된다. 신기하게 아니면 당연하게 그렇게 되는 것일까, 그 생활 방식은 너무나 많은 문제를 안고 있음에도 그 밖의 다른 어떤 곳에서도 찾아볼 수 없는 사람들의 좋은 표정, 깊은 안도감, 생각지도 못한 풍요로움을 낳고 있다. '베델의 집' 사람들은 그러한 생활 방식이 지금 당장 이 사회에 도움이 되지 않는다고 해도, 앞으로 2백 년 후, 3백 년 후의 세계에서는 반드시 좋은 평가를 받을 만한 가치가 있다고, 가만히 그 망상을 키우고 있다.

후기

'베델의 집'이나 정신장애인을 취재한 이유는 뭔가. 몇 번인가 이런 질문을 받은 적이 있다. 우연히 그렇게 되었다고 하는 것이 가장 옳겠지만. 굳이 말하자면 텔레비전이라는 미디어의 일원으로서 정신장애인이 관련되었다는 몇몇 사건에 직면해 우왕좌왕한 경험 때문이었다고 말할 수도 있다. 그런 사건이 일어날 때마다 우리 미디어는 그것을 어떻게 전해야 할지 여러 차례 혼란스런 논의를 거듭해왔는데, 정신을 차리고 보면 거기서는 누구 하나 그 정신장애인이 어떤 사람인지, 그리고 그들이 무슨 생각을 하고 있는지 알지 못했다.

원래 관심이 많은 주제기도 해서 나는 1997년 봄쯤부터 정신병원에 직접 찾아가 전문의 의견을 듣고 작업장을 견학했다. 그리고 6개월쯤 후에 '베델의 집'과 만났다.

'베델의 집'은 그때까지 본 어떤 작업장이나 그룹과도 다른 이색적인 존재였다.

정신 의료 세계에서 이색적이었다는 것만이 아니다. 이 사회에서 또는 이 지상에서 살아가는 사람들 중에 용케도 이런 인간 집단이 존재할 수 있었구나, 하고 경탄을 금할 수 없는 생활 방식, 삶의 방식이 거기에 있었던 것이다. 이건 대체 뭘까, 이런 생활 방식이 가능한 이유는 뭘까, 그런 생각을 하기 시작한 무렵 나는 이미 '베델의 집'에 사로잡혀 있었는지도 모른다.

그러고 나서 시작된 일은 취재라기보다 내 정신의 표류였던 셈이다.

저널리스트가 취재 대상에 동화되어 사로잡힌다는 것은 보통은 역부족의 증거다. 그런 의미에서 나는 전혀 힘이 없었다. 그러나 32년 동안 보도 현장에서 취재하면서, 이 정도까지 자신의 생활 방식을 돌아본 적은 없었다. 얼마 지나지 않아 나는 거기서 저널리스트로서의 윤리라든가 역량, 그런 것이 아무 의미가 없을 정도로 자기 자신이 질문당하고 있다는 사실을 깨달았다. 정신장애를 알고 이해하려고 시작된 취재는 어느새 애초의 주제에서 동떨어져, 인간이란 무엇인가, 산다는 것은 어떤 것인가, 하는 것들을 생각하는 나날로 바뀌어 있었다. 물론 그러한 사색이 곧바로 결실을 맺는 일이 있을 리는 없었다. 하지만 역시 계속 생각하려고 하는 사람들의 무리 속에 자신을 놓아둠으로써, 나는 자기 자신이 변하고 자신과 세계의 관계가 변해가는 것을 되풀이해 실감할 수 있었던 것 같다. 그 경험이 이 책의 바탕을 이루고 있다.

또한 이 책에 나오는 하야사카 기요시 씨를 비롯한 '베델의 집' 사람들의 말은 주로 인터뷰나 모임 자리에서 채록했는데, 각지에서 한 강연에서도 많이 인용했다. 그러한 강연이나 '마음의 모임' 기록을 참조할 때, 미야무라 가즈에(宮村和枝) 씨, 무카이야치 에쓰코(向谷地悅子) 씨, 스즈키 유타카(鈴木裕) 씨, 고야마 스나오(小山直) 씨, 고야마 쇼코(小山祥子) 씨를 비롯한 여러분들에게 많은 도움을 받았다. 또 발언의 일부는 TBS '보도 특집' 1997년 12월 7일 방송, '치쿠시 데쓰야(筑紫哲也) NEWS 23' 1999년 10월 8일 방송, 2000년 2월 18일 및 2001년 5월 10일 방송에서 인용했다. 『'베델의 집'의 책』 등 문헌에서 인용한 부분은 본문이나 각주에 따로 표시했다.

마지막으로 취재에 협조해준 '베델의 집' 여러분과 관계자 여러분들에게 깊이 감사한다.

'베델의 집' 연락처
우편번호 057-0024
北海道浦河郡浦河町築地三丁目 5-21
홈페이지 : http://www.tokeidai.co.jp/beterunoie

2002년 2월 3일
사이토 미치오

주석

1. 일반적으로 정신병이라 불리는 질환은 정신분열병(통합실조증)이 중심이고, 그 밖에도 울증, 약물중독 등을 포함하는 경우도 있다. 분열병은 폭넓은 개념으로, 진단에도 평균치에서 벗어나 흩어지는 일이 있다. 그런데 대부분은 환각(환청이나 환시), 망상, 사고의 혼란 등이 따른다. 지역이나 시대, 문화 배경을 불문하고 백 명 중 한 명이 걸리는 일반적인 병이고, 대부분의 환자는 발병한 한 시기를 제외하면 사회생활을 해나갈 수 있다.

2. 정신과(精神科) 사회복지사, PSW(Psychiatric Social Worker)나 복지사(Worker)라고도 한다. 정신과의 환자 가족은 진료 장면 이외에 가정이나 사회에서 여러 가지 문제를 안고 있는 경우가 많은데, 그러한 사람들을 의료 상담 등의 형태로 지원하기 위해 도입한 전문직이다. 정신과의 역할은 최근 들어 점차 중요해지고 있어 법률로는 '정신보건복지사'라는 국가 자격으로 규정하고 있다. 무카이야치 씨의 경우는 정신과에 한정하지 않고 병원 전체의 모든 상담을 맡고 있다.

3. 정신분열병 환자의 대부분은 외래 치료를 받고 있다. 증상이 심하면 일시적으로 입원하지만 퇴원해도 병이 완치된 것은 아니기 때문에 장기간 약을 복용해야 한다. 증상이 안정되어 있는 상태는 치유라고 단언할 수 없으므로 관해〔*寬解: 정신분열증의 증상이 없어짐―옮긴이〕 등으로 표현한다.

4. *170엔(일반적인 담배가 250엔에서 350엔이니까 제일 싼 담배에 속한다), 타르 22mg, 니코틴 1.6mg.(케이스나 가격 면에서, 지금은 사라진 우리나라의 '청자'와 비슷한 이미지다.)―옮긴이.

5. *피차별 부락으로 불리는 지역에서 태어나거나 살고 있다는 이유만으로 인간으로서의 권리를 침해당하고 차별받는 것이 부락 차별이다. 부락 차별의 형성은 일본 역사, 특히 에도 시대의 신분제도와 크게 관련되어 있다. 에도 막부(幕府)는 '사'(士) 아래 '농민(百姓)과 초닌(町人, 도시의 상공인)'을, 다시 그 아래에 항상 사람들로부터 차별당하는 존재로서 '에타'(穢多)와 '히닌'(非人)이라는 신분을 만들어냈다. 이 신분의 사람들은 '정화'의 힘을 가졌다고 생각된 적도 있어서, '불결'함과 깊이 관련된 소나 말을 잡는 일이나 가죽 생산 등의 업무가 부과되었다. 그러나 시대가 변화함에 따라 '불결함'의 의식만이 강해졌다. 이 외에도 메이지 시대 이후의 후쿠오카(福岡)의 탄광에서 일하거나 오사카(大阪) 시 인근 지역에서 신발 생산에 종사한 노동자들이 집단으로 거주하여 새롭게 생긴 부락도 있다. '에타'와 '히닌' 신분은 '메이지'의 해방령(1871)에 의해 소멸했지만, 메이지 정부가 차별을 해소하기 위한 정책을 만들지 않았기 때문에 수백 년이나 계속된 부락 차별은 여전히 사회 안에 남아 있었다. 피차별 부락 사람들은 사회의 가장 밑바닥에 놓였으며, 1922년에는 스스로 해방을 요구하는 '전국수평사'(全國水平社)를 설립해 운동을 벌였으나 차별은 사라지지 않았다. 그리고 제2차 세계대전 후에도 마찬가지로 피차별 부락 사

람들은 '부락' 출신자라는 이유만으로 안정된 직장을 얻지 못한 채 냉엄한 현실에 내몰렸다. 1969년의 '동화정책사업특별조치법'(同和政策事業特別措置法) 이후 오늘날까지 시행되어온 동화정책 사업에 의해 주거 환경 면에서는 개선책이 눈에 보이는 성과를 올렸지만, 교육과 직장을 비롯한 생활면에서는 아직도 여전히 문제로 남아 있다. 또한 부락 사람들에 대한 편견도 뿌리 깊이 남아 있어 부락 차별은 결코 사라진 것이 아니다. ─ 옮긴이.

6. *홋카이도에 살던 원주민이다. 아이누족의 홋카이도는 메이지유신 정부가 가장 먼저 문명의 이름으로 개척하여 식민지화한 곳이다. 지금은 미국의 인디언들처럼 민속박물관에나 갇혀 있는 존재로 전락했다. ─ 옮긴이.

7. *자택에서 요양하는 환자의 간호나 병구완을 말한다. ─ 옮긴이.

8. 『ポンキッキ通信』, 21号, 1993.

9. *알코올, 모르핀 중독 및 급성 전염병 등으로 인한 병증이다. 의식의 혼탁, 착각, 망상 및 대화의 요령부득과 때로 비애, 고민, 상쾌성 등을 띠며 마비에 빠진다. ─ 옮긴이.

10. *크기와 모양이 감의 씨와 비슷해서 이런 이름이 붙었다. 간장 맛이 나는 쌀로 만든 갈색의 과자다. ─ 옮긴이.

11. *히나마쓰리(雛祭り, 3월 3일, 작은 인형을 제단에 장식하고 여자아이의 행복을 비는 행사) 때 먹는 단맛 나는 과자다. 연한 분홍, 녹색, 노란색 등 색깔이 다양하며 찐 찹쌀로 만든다. 맛과 크기, 모양은 요즘 맥주 안주로 나오는 색깔 있는 튀밥과 비슷하다. 다음부터는 그냥 튀밥으로 번역한다. ─ 옮긴이.

12. 笠原嘉, 『精神病』, 1998, p. 101

13. *푹 삶은 메주콩을 띠운 식품이다. 주로 밥에 얹어 비벼 먹는다. ─ 옮긴이.

14. '베델의 집'이 펴낼 예정인 『'베델의 집'의 '비' 원조론』('べてるの家'の'非'援助論, 醫學書院)의 초고에서 인용.[*참고로 이 책은 'べてるの家'の'非'援助論—そのままでいいと思えるための25章』(『'베델의 집'의 '비' 원조론—그대로도 괜찮다고 생각할 수 있기 위한 25장』)이라는 제목으로 2002년 6월 1일에 출판되었다.—옮긴이.]

15. *비누 거품 방울 속에/ 뜰은 들어갈 수 없기에/ 둘레를 자꾸 돌고만 있다.(장 콕토, 「비누 거품」)—옮긴이.

16. *최근 일본에서 사회문제가 되고 있는 히키코모리(ひきこもり)는 방에 틀어박힌 채 외부와 접촉을 끊어버리는 현상을 말한다. 여기서는 '은둔형 외톨이'라고 번역한다. 최근 언론 보도에 따르면 현재 일본에는 이러한 사람들이 백만 명에 이른다고 한다.—옮긴이.

17. *이유 없이 답답하게 느껴지고 그 답답함에서 벗어나려고 열심히 호흡을 하는 동안 더욱 답답해져서 흥분 상태에 빠지고, 때로는 실신하게 되는 수가 있다. 지나친 호흡으로 인해 몸 안의 탄산가스가 너무 밖으로 나와서 일어나는 점에서 과호흡증후군이라고 한다.—옮긴이.

18. 실제로 시미즈 씨가 가와무라 선생에게 정신분열병이라는 병명을 정식으로 통고받은 것은 그 1년 후였다.

19. '베델의 집'이 펴낼 예정인 『'베델의 집'의 '비' 원조론』 초고에서 인용.

20. '베델의 집'이 2001년에 제작한 비디오 시리즈 『정신분열병을 산다』 전체 10권 가운데 제2권 "영웅들의 싸움"에서 혼다 씨는 자신의 그 경험을 말하고 있다.

21. ミシェル・フーコー, 田村俶 譯, 『狂氣の歷史』, 新潮社, 1975(미셸 푸꼬, 김부용 옮김, 『광기의 역사』, 인간사랑, 1999, 13쪽)

22. 미셸 푸코, 같은 책.

23. 向谷地生良, 『こころの科學』, 67号, 1996.

24. 같은 책.

25. 같은 책.

26. 이 부분의 가와무라 선생 발언은 『榛名拾遺集』(石田望編著, 2001, 6)의 기록에서 인용했다.

27. Frankl, Viktor Emil, 山田邦男・松田美佳 譯, 『それでも人生にイエスという』 (Ja zum Leben sagen), 春秋社, 1993. p. 27. "우리가 '살아가는 의미가 있는가' 라고 묻는 것은 처음부터 잘못되어 있습니다. 다시 말해 우리는 살아가는 의미를 물어서는 안 되는 것입니다. 인생이야말로 질문을 하고 우리에게 물음을 제기하고 있기 때문입니다." (방점은 원저자)